U0746871

陶行知的德育哲学

金维才 ◎ 著

本书为2017年教育部人文社会科学研究规划基金一般项目「陶行知德育思想的心学渊源及当代价值研究」（项目批准号：17YJA880036）阶段成果

教师

安徽师范大学出版社

·芜湖·

图书在版编目(CIP)数据

陶行知的德育哲学 / 金维才著. —芜湖:安徽师范大学出版社,2018.12
ISBN 978-7-5676-3757-3

Ⅰ.①陶… Ⅱ.①金… Ⅲ.①陶行知(1891—1946)—德育—教育哲学—研究 Ⅳ.①G410

中国版本图书馆CIP数据核字(2018)第200471号

陶行知的德育哲学

金维才 著

责任编辑:王一澜
装帧设计:丁奕奕 陈 爽
出版发行:安徽师范大学出版社
　　　　 芜湖市九华南路189号安徽师范大学花津校区
网　　 址:http://www.ahnupress.com/
发 行 部:0553-3883578　5910327　5910310(传真)
印　　 刷:江苏凤凰数码印务有限公司
版　　 次:2018年12月第1版
印　　 次:2018年12月第1次印刷
规　　 格:700 mm×1000 mm　1/16
印　　 张:19.25
字　　 数:316千字
书　　 号:ISBN 978-7-5676-3757-3
定　　 价:57.80元

目　录

导　论

一、陶行知德育思想研究述评

陶行知研究（以下简称"陶研"）专家张凤山在《德育的根本任务是塑造真人——陶行知德育思想试析》一文中提出，陶行知的德育思想博大精深、切实可行，具有浓郁的时代气息、革新精神和民族特点，是一部具有中国特色的德育学"教材"。该文是从德育目标和德育方式两个维度研究陶行知德育思想的。一是德育目标：教人做真人，即做追求真理、为真理献身的人；做人中人，而不是人上人；做有道德的人；做一个整个的人；立志改革，做创造的人。二是德育方式：在生活中塑造真人——注重整体，全面渗透；学生自治，教育民主；通过集体，注重训练；远处着眼，近处着手；情感陶冶，"爱满天下"①。学者古人伏的研究成果《陶行知的德育思想与实践》认为，陶行知德育思想主要包括德育的目标、德育的内容、德育的方法以及诗教②。胡天非《陶行知德育思想初探》一文认为陶行知德育思想既有透明度，又有说服力，内容博大精深。表现在目标上教人做人，做真人，做人中人，不做人上人、人下人，用爱国主义思想和国际主义精神教育学生。德育方法很有特色，基本方法深入浅出，重视诗教，提倡自治、演讲。陶行知重视教育者的模范作用，强调"真"字当头③。学者梅汝莉的《陶行知德育思想的历史渊源》论文探讨了陶行知德育思想的

---

① 张凤山，等.德育的根本任务是塑造真人——陶行知德育思想试析[J].教育研究，1987(10).

② 古人伏.陶行知的德育思想与实践[J].教育科学，1989(2)：18-24.

③ 胡天非.陶行知德育思想初探[J].行知研究，1986(4).

历史渊源，提出陶行知继承并发展了我国古代道德教育的优秀传统，特别是孔子"学为仁"的传统德育思想，提出了"教人做人"的观点，要求学生每天问自己，道德有没有进步。从德育内容德目来看，陶行知继承与发展了先秦时期的智仁勇"三达德"的理论，继承孟子"大丈夫"的教育精神而又抛弃了其培养"人上人"的糟粕，创生为培养"人中人"的目标，还将传统"礼、义、廉、耻"德育内容中的"廉"德和"耻"德应用于爱国主义教育①。李文奎的论文《陶行知的德育思想探析》探究了陶行知德育思想中有关德育地位，德育内容（理想教育、爱国主义教育、集体主义教育、劳动教育、智仁勇教育），德育原则（知识与品行统一的原则、知情意统一的原则、发扬民主的原则、学校教育与社会实践结合的原则），德育方法（从小抓起、说服教育、坚持教学的教育性、躬行实践、自我教育、以身作则）等方面的内容②。黄伟的论文《陶行知德育思想探微》提出陶行知德育思想的基本内涵：一是培养"真人"的德育目标；二是三个德育原则（集体主义的德育原则，"在劳力上劳心"的德育原则，"爱满天下"的德育原则）以及独具特色的德育方法（知情意合一，知识品行合一，师生共学共事共修养，美育陶冶）③。陶研专家何国华的论文《陶行知的德育思想和实践》指出，陶行知德育思想强调人格教育以及德育的意义和作用，德育任务是教人做人，德育目标是"追求真理做真人"。德育内容包括爱国主义教育，大丈夫精神教育，"公德"、"私德"教育，文明习惯教育，等等。德育原则和方法有实践、自治、集体、劳动、遵守规范、以身作则、引导④。陶研专家陈波发表的《陶行知的德育思想是现代中国人的人生指针》一文，观点明确、一目了然⑤。刘超良在《试探陶行知的生活德育思想》一文中从生活德育入手探讨了陶行知生活德育的特质，包括确立生活德育目标，设置德育内容，组织生活德育过程，实施生活德育途径，培养"爱满

---

① 梅汝莉.试析陶行知德育思想的历史渊源[J].教育史研究,1993(3).

② 李文奎.陶行知的德育思想探析[J].山东师范大学学报(社会科学版),1991(1):38-43.

③ 黄伟.陶行知德育思想探微[J].教育研究,1996,17(11):54-58.

④ 何国华.陶行知的德育思想和实践[J].江西教育科研,1991(5):14-25.

⑤ 陈波.陶行知的德育思想是现代中国人的人生指针[J].丽水师范专科学校学报,1998,20(3):36-40.

天下"的生活德育情怀①。周玉琴的论文《陶行知德育思想及现代价值反
思》按德育学理论主要框架，研究了陶行知德育思想的基本方面：德育的
重要性（道德为本）；德育的内涵（德育的目标——真善美的活人，德育的
内容或德育思想的核心部分是爱国主义思想、爱民的德育思想、"立大志做
大事"的艰苦奋斗精神）；实施德育的措施（德育方法的四个方面，即知情
意合一、注重社会实践、注重师生互学的方法、主张寓德育于美育中）②。
朱子善、郑云树编著《陶行知德育思想新编》搭建了陶行知德育思想的基
本架构，在详细介绍陶行知的生平和事业后，从十个方面分别探讨了千学
万学学做真人、同心尽力中华、人民第一、科学教育、创造的人生观、建
筑人格长城、公德、生利主义、幸福只在专爱里、最应注意的在乎实行等
思想③。这本书看上去不像是一部德育思想新编，倒像是道德思想或伦理思
想新编。陈善卿等学者的专著《生活德育论》提出陶行知德育理论实质上
是生活德育论，认为生活德育是生活教育的灵魂，生活德育的目标是教人
做真人，教学做合一是生活德育的基本原则，集体生活是生活德育的主要
途径与方法，等等④。此后，生活德育遂成为陶研理论界的热点论题，一些
学者以各自的立场、观点、方法，从生活德育的地位、目标与内容、过
程、原则、方法、途径等方面展开了探讨。敬良斌的专著《陶行知德育思
想探索》探讨了陶行知德育思想形成的两个理论渊源，即批判继承中国传
统道德教育思想，对西方德育思想（主要是杜威的德育思想）引进和超越
（即王阳明和杜威的理论），进一步阐释陶行知德育思想内涵，包括以"爱
满天下"的情怀贯穿德育思想之始终、以建筑人格长城为德育思想的重要
根本，以三大理论（生活即教育、社会即学校、教学做合一）为德育思想
的关键，以师德教育为德育思想的重要环节，最后讨论陶行知诗教与德
育⑤。

① 刘超良.试探陶行知的生活德育思想[J].河北师范大学学报（教育科学版），2004，6
（4）：34-37.

② 周玉琴.陶行知德育思想及现代价值反思[J].高等教育研究，2004，20（1）：15-17.

③ 朱子善，郑云树.陶行知德育思想新编[M].北京：中国文联出版社，1999：1-2.

④ 陈善卿，等.生活德育论[M].长春：东北师范大学出版社，2005：1-2.

⑤ 敬良斌.陶行知德育思想探索[M].成都：电子科技大学出版社，2011：1-2.

纵观自20世纪80年代以来陶行知德育思想研究的成果，主要有如下特点：一是联系实际和时势的成果居多，应用研究成果居多，尤其是联系学科教育和学校德育实际，这是必要的，也是必须的，但是往往缺乏理论高度和学术深度；二是陶行知德育思想的研究者注意到陶行知德育思想的渊源，包括基督教情怀和佛家学说，尤其是王阳明心学之知行合一的认识论，但较少注意其德育思想之渊源的多源性；三是陶行知研究者少有人关注陶行知德育哲学，往往以论代史，急于建构一个思想体系或自说自话的体系，而疏于其德育思想的哲学意蕴；抑或注意到哲学研究视域，但疏于史论结合以及理论分析、文本分析与案例分析相结合等研究方法。

二、陶行知德育哲学研究的价值

理论价值。陶行知德育哲学继承前人和域外德育理论成果而有所创新和发展，形成富有特色的德育哲学观点和理论框架，因此陶行知德育哲学研究一方面有益于继承我国优秀的美德教育传统和传统德育哲学，弘扬中华民族高尚的道德文明和优秀传统，另一方面可以拓展、深化教育思想研究，特别是陶行知教育思想、德育思想研究，发掘陶行知德育哲学理论资源，丰富社会主义德育学科、德育理论。

实践价值。随着我国社会主义市场经济体制改革的深入推进和政治、文化、民生等事业的发展，社会出现新旧体制转型所带来的道德震荡（有人说道德危机或道德滑坡），极个别领域和人群出现贪污腐化、诚信缺失、低俗炒作、不守公德、见危不救等道德问题。为此，培养什么人、怎样培养人、为谁培养人成为各级各类学校、教育机构面临的新课题、新挑战。党的十八大提出"把立德树人作为教育的根本任务"，十九大报告进一步要求"落实立德树人根本任务"。立德树人是我国新时期教育的根本任务、中心工作，是各级各类学校的立身之本，是培养德智体美全面发展的社会主义事业建设者和接班人的本质要求。落实立德树人根本任务，要求学校立校格，教师立师德，以至于学生立品德。由于陶行知德育哲学理论本身具有系统、完整的理论框架且涉及多个学段和教育领域，故本书对于落实立德树人根本任务，可以提供政策及研究的参考，对于学校德育、家庭德育、社会德育、终身德育等也具有现实指导意义。

三、陶行知德育哲学意涵

要说陶行知德育哲学意涵，先要认识何为德育、哲学。首先，关于德育内涵，《中国大百科全书·教育卷》释之为："教育者按照一定社会或阶级的要求，有目的、有计划、有组织地对受教育者施加系统的影响，把一定的社会思想和道德转化为个体的思想意识和道德品质的教育。"[①]这里的关键短语是"施加……影响"和"转化……"。显然，这是将受教育者作为被动接受德育的客体。《教育大辞典》（简编本）将"德育（moral ethical education）"界定为："旨在形成受教育者一定思想品德的教育。"[②]这是从结果或目的角度看德育含义。本书认为，德育是教育者与学习者相互作用或互动而形成学习者品德的教育活动。其次，关于哲学含义，可谓仁者见仁，智者见智。哲学，乃是经由日本舶来的外来语，其英文为 philosophy，法语为 philosophie。日本学者西周（1829—1897 年）认为，哲学从希腊语"热爱"philo 的"爱知者"一词之义派生而来，其学问称作"philosophy"，正是周敦颐所谓的"士希贤"之意。西周肯定 philosophy 的哲学译名，意指欧洲儒学，用以别之于东方儒学[③]。哲学，本义即"希贤"，亦即求贤，希求多才多能。哲学，在欧洲语言里，其术语由古希腊哲学家创造，即希腊语 Φιλοσοφια，拉丁语 philosophia，其义由两部分构成，即 Φιλο（philo，热爱，兴趣）与 σοφια（sophia，知识）。到公元前 5 世纪，随着知识含义的扩充，哲学成为一个含义复杂的概念，其最宽泛的、一般的含义是"学习"与"教化"[④]。爱知、希贤、学习、教化等等，诸如此类术语及其所指称的活动和实践，皆与人心之思密切相关。

陶行知哲学（包括德育哲学）逐渐从唯心论向唯物论过渡，最后转向马克思主义。陶行知于金陵大学求学时期服膺王阳明心学，留学美国后师

---

① 中国大百科全书：教育卷[M].北京：中国大百科全书出版社，1985:59.

② 顾明远.教育大辞典[M].简编本.上海：上海教育出版社，1999:53.

③ 孙彬.西周的哲学译词与中国传统哲学范畴[M].北京：清华大学出版社，2015:24.

④ 潘德荣.何谓哲学[J].哲学分析，2012,3(2):146-147.

事实用主义教育大师杜威，后受试验主义影响，指出王阳明格物不成反格心之法不得法：假使阳明更进一步，不责物之无可格，只责格之不得法，兢兢然以改良方法自任，则近世发明史中，吾国人何至迄今无所贡献[①]？然而，陶行知并未动摇王阳明心学之知识论的根基。直到1927年，他才颠覆了王阳明"知是行之始，行是知之成"的知行合一知识论：阳明先生虽倡知行合一，但是不知不觉中仍旧脱不了传统的知识论的影响，又误于良知之说，所以一再发表"知是行之始，行是知之成"的言论。我现在愈研究愈觉得这种见解不对。一年前，我写了一篇文字证明："行是知之始，知是行之成。"恰与阳明先生相反[②]。这是陶行知1928年写给朱端琰的一封信中的话，这里的"一年前"当是1927年。与此同时，陶行知对于自己尽心竭力践行的其师教育理论核心命题"教育即生活"、"学校即社会"、"从做中学"进行了创造性转化：我拿杜威先生的道理体验了十几年，觉得他所叙述的过程好比是一个单极的电路，通不出电流。他没有提及那思想的母亲。这位母亲便是行动。……行动生困难，困难生疑问，疑问生假设，假设生试验，试验生断语，断语又生了行动，如此演进于无穷[③]。于是，生活即教育，社会即学校，教学做合一，这些真正的生活教育理论应运而生。这一转变的直接动因，按照陶行知弟子张健的看法，是后来陶先生学习了英文版马克思主义著作，接受了中国共产党党员（包括他的党员学生）的影响。这里的"后来"可能是1924年以后，即陶行知受到萧楚女（1891—1927年）1924年2月发表于《中国青年》（第18期）上的《陶朱公底"平民教育"》一文对其平民教育运动批判的刺激和影响以后。据朱泽甫《陶行知年谱》记载，有人送陶行知一本《中国青年》，上有萧楚女评论《陶朱公底"平民教育"》一文[④]。中国共产党早期党员之一、中国共产主义青年团的创始人萧楚女在该文开头就批判陶行知的平民教育运动："安徽人陶知行

---

① 陶行知.试验主义与新教育[M]//华中师范学院教育科学研究所.陶行知全集：第1卷.长沙：湖南教育出版社，1984：95.

② 陶行知.谈教学做合一[M]//华中师范学院教育科学研究所.陶行知全集：第5卷.长沙：湖南教育出版社，1985：210.

③ 陶行知.思想的母亲[M]//华中师范学院教育科学研究所.陶行知全集：第2卷.长沙：湖南教育出版社，1985：404.

④ 朱泽甫.陶行知年谱[M].合肥：安徽教育出版社，1985：80.

和一位称为朱先生（女）①的，不肯让黄炎培以'职业教育'专擅美誉，乃崛起而主张了一个'平民政育'。……他们疲敝于轮轨之间，跋涉山川——到处说教。"但是，"他们认为这些'读书处'和'协进会'，不过是商会所玩的把戏，来这里当教员只是混饭罢了"。萧楚女继续猛烈抨击陶行知的平民教育："在今日这个世界上的今日这个中国提倡平民教育，至少总应该在脑中唤起一个连带的观念。是的！平民教育是要紧的！但是'起码的生活'，不更要紧么？……现存的制度若不彻底推翻，那么平民教育只是做个聋子的耳朵，徒为装饰哩！即令有效，也不过是多使平民认得几个字，因而多使平民添几分烦恼痛苦而已！"萧楚女甚至警告陶朱公："平民并不稀罕你们这种制造顺民的教育。他们将要自己给自己一种真的教育。他们自己的教育，第一步即是消灭你们，恢复'人'的含义。他们的教育跟随革命之后！革命之后的人的教育，那才是真正的平民教育。"②对于这些马克思主义观点和立场，善纳真言、胸怀宽广的陶行知阅读此文后，不会置之不顾、无动于衷。换句话说，萧楚女对平民教育运动的批判，对于奋不顾身冲进教育救国之迷雾的陶行知，不啻一副清醒剂，使他主动接近、学习、接受马克思主义。正是在1924年，陶行知以中华教育改进社主任干事身份应其母校哥伦比亚大学师范学院国际教育研究所邀请，为该研究所编辑的《1924年世界教育年鉴》撰写了《中国》一文。在该文中，陶行知就运用了阶级斗争和剥削概念："与工业的发展同时，发生了劳工和阶级斗争问题。……中国妇女和儿童的劳动受到的保护最少，而受到的剥削最重。……人们现时在中国所看到的工业状况既然如此，教育工作者便面临着诸如将人这个因素纳入工业主义，树立正确对待劳资双方的态度……"③萧楚女所言的平民自己的教育恢复"人"含义，与陶行知所谓的教育工作

---

① 此处所指即朱其慧。朱其慧（1887—1931年），字淑雅，别称熊朱其慧，江苏宝山（今上海）人。民国时期教育家，中华民国总理熊希龄夫人。曾辅佐退出政界的丈夫创办慈善机构和教育机构，从事社会福利和教育事业，1923年与陶行知、晏阳初发起平民教育运动。1931年8月25日因积劳过度突发脑溢血逝世。

② 楚女.陶朱公底"平民教育"[M]//恽代英，等.红藏 进步期刊总汇（1915—1949）：中国青年（第1册）.湘潭：湘潭大学出版社，2014：299-301.

③ 陶行知.中国[M]//方明.陶行知全集：第6卷.成都：四川教育出版社，2005：225-226.

者面临着将"人"这个因素纳入工业主义,似是一脉相承。毛泽东后来断定陶行知的知行合一理论就是马克思主义"理论和实践相统一"的理论,更是有力的明证。

有人认为,人类所有的实践领域都可以提出一些基本问题。换言之,任何事情都有哲学。……每一个实践领域都有自己的哲学,对这一领域的基本概念、原理和方法提出质疑,因此就有了科学哲学、宗教哲学、艺术哲学等①。照此说法,陶行知的生活教育实践和德育实践,自有其哲学,更何况陶行知的生活教育实践是有其独到的"基本概念、原理和方法"作为实践前提的,或者说陶行知的教育(包括德育)思想与理论是其实践的源泉和根基。作为一种过往的德育实践和思想,陶行知自然也有自己的哲学,这就是陶行知的教育哲学,其中就有德育哲学。"哲学是一种思想活动,一种通过抽象的理智的概念构造来进行的思想活动。而各种哲学观点、理论和原理,则是这种思想活动的成果,和进一步展开这种思想活动的前提。换言之,哲学是思,活生生的思;哲学家在思,不断地思。"②职业哲学家或书斋型哲学家苦心孤诣进行抽象的、理智的概念构造,而实践的哲学家则没有此等闲暇做这些玄想式的哲学之思,他们往往是在形而下的实践中提炼出形而上的道——"抽象的理智的概念"。他们不是进行纯粹的思想活动,不是书斋式的思想活动,而是实践的思想活动。哲学家之思与实践者之思的区别在于,前者之思乃玄思、泛思,是一种普遍之思、系统之思,并以理论的形式形成一套有特色的体系;后者之思却是一种直觉之思,行动中的思,行以致思思更行,行以求知知更行,并对行动中的问题进行追问之思。陶行知的知行合一哲学以及在此基础之上的德育哲学,皆是其鲜活教育实践之思的凝练。陶行知将王阳明"知是行之始,行是知之成"(可简曰为"知始行成")理论翻了半个筋斗创造性地转化为"行是知之始,知是行之成"(可简曰为"行始知成")的知行合一哲学。

"行是知之始,知是行之成"的知行合一哲学,与"在劳力上劳心"的劳动观之内在精神是一致的,这就是如前所述的马克思主义"理论和实践

---

① 布莱恩·麦基.哲学的故事[M].季桂保,译.北京:生活·读书·新知三联书店,2002:6-7.

② 舒远招.智慧的芳香:哲学概论[M].北京:科学出版社,2001:13.

相统一"的理论精神。在此意义上，陶行知所言的"在劳力上劳心的人"是知行合一的人。这种人是自觉的人、独立自主的人。列宁指出："本能的人，即野蛮人没有把自己同自然界区分开来，自觉的人则区分开来了。"①自觉的人与野蛮人（本能的人）之根本区别在于前者较之于后者有着更为显明的自知，前者把自己同自然界区别开来，后者却没有。真正的人之形成，须经由本能的人、野蛮的人到自觉的人的转变。人在不断地尝试自身与自然界揖别后，使得自身逐渐成为自觉的人。按照伊曼努尔·康德之见，人并不是由本能所引导着的，或者是由天生的知识所哺育、所教诲着的，倒不如说是"由自己本身来创造一切的"②。人"生产出自己的食物、建造自己的庇护所、自己对外的安全与防御（在这方面大自然所赋予他的，既没有公牛的角，又没有狮子的爪，也没有恶狗的牙，而仅只有一双手）、一切能使生活感到悦意的欢乐、还有他的见识和睿智乃至他那意志的善良，——这一切完完全全都是他自身的产品"③。自觉的人是由他自己本身创造出来的。人自己创造自己，包括他所需要的物质与精神产品，乃至他自己。人的本能只是这种创造的基础和前提。但是在人中确乎存在着野蛮的人和自觉的人。陶行知讲的三种人——奉头脑做司令的人、奉肚皮做司令的人、奉生殖器做司令的人中，奉头脑做司令的人乃自觉的人，其他两种人则为本能的人、野蛮的人。陶行知的人中人、人上人、人下人之辨别，意在帮助人做人中人，通过教育、革命、斗争实现人上人和人下人的改造而使之归于人道，实现人的创造和解放。这里包含了陶行知哲学之旨趣与意蕴，也是其德育哲学之旨趣与意蕴。

四、陶行知德育哲学内容

本书的第一章在简介了陶行知所提出的"生活主义"含义之后，阐发

---

① 列宁.哲学笔记[M].北京:人民出版社,1993:78.

② 康德.世界公民观点之下的普遍历史观点[M]//康德.历史理性批判文集.何兆武,译.北京:商务印书馆,1996:5.

③ 康德.世界公民观点之下的普遍历史观点[M]//康德.历史理性批判文集.何兆武,译.北京:商务印书馆,1996:5.

了科学主义哲学即近代哲学的主客二分世界观和本质主义思维方式所遭遇的困厄以及现实生活世界观和生成性思维方式的生活哲学应运而生之历史必然性，继而辨析陶行知"生活即教育"命题的四种偏颇解释以及此命题与杜威"教育即生活"论的实质性差异，并发掘其哲学意蕴——陶行知理论中的生活与教育之一体两面性、"生活即教育"之真义，提出陶行知所言的生活主义即生活哲学、生活教育即生活哲学等观点，并在此基础上阐释德育即生活教育（包括德育即生活，生活即德育）的义理，申述德育的生活过程：在集体生活中教育，在自治中学习自治，在民主生活中学习民主，在自动上培养自动力，等等。

本书的第二章诠释了陶行知德育哲学之美德可教理论。首先辨析了苏格拉底之问——美德是否可教——的论辩主题本身的问题，也就是陶行知表达方式的转换（即从"美德可以传授吗"到"如何传授美德"的转换）之合法性，包括苏格拉底的"困惑"与"自相矛盾"，普罗泰戈拉的"困惑"与"自相矛盾"，在此基础上分别论证美德可教的三个重要基础，即美德可教的人学基础（生活本位的人、人性：善性和恶性），美德可教的伦理学基础（陶行知的道德本质观、"道德为本"），美德可教的教育学基础（道德可教、人皆可以为圣贤）。

本书的第三章阐述陶行知德育哲学之德育与真人观。陶行知德育理想是教人求真，学做真人，其人格架构源于道家"真人"之名而汲取孔子（包括思孟学派）君子人格内容以及基督教博爱情怀，嬗变为"整个的人"之"整个的心"和人中人之爱以及为人民服务的明民德，在此基础上探寻陶行知真人观的"诚"底蕴及其在不同历史时期的变迁轨迹，并进一步阐明真人含义（做人中人，做有道德的人，做整个的人，做创造之人，做真善美的活人，做有益于人类的人，做自由人，做与时俱进的现代人），概括真人的精神即求真精神、爱的精神、服务精神、创造精神等。

本书的第四章，在陈述陶行知的教育自动主义理论（包括"五四"新潮，儿童主体和解放论，自动主义教育观）的基础上，分析了陶行知自动德育观的实践基础、基本内容、主要影响以及学生自治运动失败的原因，进而论述陶行知"互相教育"的意蕴、"互相感化"的特性、"共同生活"的方式，最后讨论陶行知关于教师与德育理论的教师德性（包括教师的爱心、责任心和信仰心、好学精神、创造精神、乐观精神）和教师德育方式（以教育者为主的方式，如启发诱导、以情育德、以美育人、长善救失、以身作则等；以学习者为主的方式，如行动体验、自我教育等）。

　　本书的第五章，对陶行知生命本质观做了阐释，又在德育之于生命价值上，阐述陶行知所提出的"把青春留住"之卓见、"人生超过一切"的思想、"身体不属于自己"的观点、"人生做大事"的理想，并在简释其生命境界观的基础上，揭示其德育之于生命境界之升华意蕴，即德育的生命取向和生命旨归，包括尊重生命、爱护生命、顺应生命、提升生命。

第一章　德育与"生活主义"

第一节　生活哲学

生活哲学家，可以理解为对世界和生活进行沉思的人①。生活哲学，即生活主义哲学。陶行知是一位生活哲学家，他的生活哲学就是他曾提出的"生活主义"："生活主义包含万状，凡人生一切所需皆属之。其范围之广，实与教育等。"②生活主义、生活哲学，亦即生活教育。这三种东西，名称相异而意义相同。"凡主义之作用，所以指导进行之方法。"陶行知早年将生活主义归纳为四大类③，即职业之生活，消闲之生活，社交之生活，自然界之生活，而道德贯穿于四大生活乃至整个人类生活——诸如陶行知后来提出的康健的生活、劳动的生活、科学的生活、艺术的生活、改造社会的生活、政治经济生活、集体生活等等——之始终。这就是说，以主义相称者，都含有方法论之义，因为"凡主义之作用，所以指导进行之方法"④。

德育是生活教育之要义。生活教育教人做人，做好人，其中的德育之功，乃圣功。生活即教育之义为生活作为教育或作为教育的生活，因此，承认并做到生活即教育，之后才有教育即生活。在生活即教育的视野里，德育即生活教育，生活教育即德育，德育即生活，生活即德育。德育为生

---

① E.W.奥尔特."生活世界"是不可避免的幻想[J].哲学译丛,1994(05):63.

② 陶行知.生利主义之职业教育[M]//华中师范学院教育科学研究所.陶行知全集:第1卷.长沙:湖南教育出版社,1984:78.

③ 陶行知.生利主义之职业教育[M]//华中师范学院教育科学研究所.陶行知全集:第1卷.长沙:湖南教育出版社,1984:78.

④ 陶行知.生利主义之职业教育[M]//华中师范学院教育科学研究所.陶行知全集:第1卷.长沙:湖南教育出版社,1984:79.

活所原有，为生活所自营，为生活所必需，德育属于生活，德育为了生活，德育通过生活。

一、生活哲学与科学主义哲学之异义

科学主义是从西方近代实验科学产生以来出现的一种哲学思潮，它对现代社会、现代教育的影响甚重。科学主义哲学在19至20世纪给世界、人生带来诸多问题和阻遏，于是生活主义、生活教育等生活哲学理论应运而生。

（一）生活即人的自我生成之过程

生活哲学首先要回答：何为生活？陶行知将生活界定为："有生命的东西，在一个环境里生生不已的就是生活。"①有生命的东西的生生不已就是有生命的东西"通过摄取和排泄来实现的新陈代谢，是一种自我完成的过程"②。就人言之，生活就是人与环境之间相互作用而产生的新陈代谢和自我更新现象，或曰，生活就是人生，就是人的"自我生成之过程"③。人的生活，作为人的自我生成过程，又是经由人的对象性活动而实现的。赫勒认为，在生活中，"个人以多种形式使自身对象化。他通过塑造他的世界（他的直接环境）而塑造自身"，"当我把我的世界传递给他人，我是在表达自己对这一世界的体验；当我'传播'我的世界时，我同时也在使曾经占有这个世界的我对象化"④。这就是作为主体的社会的人的对象性活动。

人的生活乃是人之于环境的关系性建构，即人的对象性活动，人的感性活动，人的革命的实践。这样，人就并非唯"物"或唯"事物"的人（旧唯物主义的"人"），亦非唯"心"或唯"精神"的人（唯心主义的

① 陶行知.生活即教育[M]//华中师范学院教育科学研究所.陶行知全集：第2卷.长沙：湖南教育出版社，1985：180.

② 恩格斯.反杜林论[M]//中共中央马克思恩格斯列宁斯大林著作编译局.马克思恩格斯选集：第3卷.北京：人民出版社，1972：121.

③ 李文阁.生活哲学：一种哲学观[J].现代哲学，2002（3）：8.

④ 陈学明，等.让日常生活成为艺术品——列菲伏尔、赫勒论日常生活[M].昆明：云南人民出版社，1998：127.

"人")。生活哲学观照的人乃人之精神与物质交互作用而建构的实践的人、现实的人、生成的人。这是一种具体的人,具体的社会关系中的人,而不是抽象的人。卡尔·马克思说,人是"对象性的、感性的存在物"①,即是说,人是对象性关系中的具体的人。人的一生正是通过这种对象性的感性的活动,通过革命的实践,通过作为教育的生活(life as education),而持续地自我建构、自我生成。陶行知曾言:有吃饭的生活,便有吃饭的教育;有穿衣的生活,便有穿衣的教育;有男女的生活,便有男女的教育。过什么生活便是受什么教育:过康健的生活便是受康健的教育;过科学的生活便是受科学的教育;过劳动的生活便是受劳动的教育;过艺术的生活便是受艺术的教育;过社会革命的生活便是受社会革命的教育②。所以,生活即教育,这种教育"与生俱来,与生同去。出世便是破蒙,进棺材才算毕业"③。人的现实生活过程具有教育作用,亦是人之自我建构、自我生成。人在生活中,亦在教育中,生活意味着教育,意味着人的自我生成、自我生长。

(二)生活世界观与科学主义世界观之异趣

生活哲学的世界观是"生活世界观",它是相对于科学主义的世界观(科学世界观)而言的。近代哲学的世界观是一种科学主义的世界观。它是牛顿力学所描绘的自然观的哲学化,是一种天人二致、主客两分的世界观。此种世界观把世界看作与人无关的、本质既定的、独立自存的、自我封闭的、只有线条而无色彩的实体性存在。这样一种世界观由于难以说明主客体的统一,易于导向人与自然的相互奴役,而被现代哲学所摒弃。马克思从来不谈论与人无关的自然、世界或存在,而只讲人的现实世界。而人的现实世界无非是他们的实际生活过程④。

① 马克思.1844年经济学哲学手稿[M].北京:人民出版社,2000:107.
② 陶行知.教学做合一下的教科书[M]//华中师范学院教育科学研究所.陶行知全集:第2卷.长沙:湖南教育出版社,1985:288.
③ 陶行知.生活教育[M]//华中师范学院教育科学研究所.陶行知全集:第2卷.长沙:湖南教育出版社,1985:634-635.
④ 李文阁,于召平.生活世界:人的自我生成之域[J].求是学刊,2000,134(1):26.

生活世界观是一种生成性思维。世界观本身即是"观"世界，包含观世界什么，怎样观世界，等等。生成性思维重创造、过程、个性、差异。近代科学世界观是本质主义思维。此种思维认定任何事物都有其先天的恒定本质，不论事物如何发展，事物的本质都不会改变。这样，人便是客观世界之外的渺小的旁观者，是自然的仆役，它必须顺从自然。而顺从的前提是认识自然，认识事物的本质。这种本质主义思维把人之外、之上或之后的异世（科学世界、理念世界）或超世（神学世界）作为世界的本质或本质的世界，并用彼岸世界来解释人生活于其中的周围世界、此岸世界。相反，生活世界观则不承认异世或超世的存在，它认为只有人生活于其中的现世，并从现世即人自身或人的生活出发来解释人、世界以及异世或超世的产生①。简而言之，本质主义思维是一种"岸上学游泳"的思维方式，而生成性思维则是一种"水中学游泳"的思维方式，其表征的是天人合一式的心路历程，即对象的人化和人的对象化，二者皆经由生活实践和生活体验路径，是属于同一过程的不同思维运作。

二、科学主义教育哲学之现实偏差

现代教育所面临的诸多问题，从根本上说就是科学主义教育哲学的偏差所致。

（一）教育的效率主义疏于人的生活

科学主义教育哲学只重视效果、效率及社会效益，而并未将人、人生、人的生活考虑在内。正如学者葛剑雄所批评的：大学在招聘或录取研究生时"就看是否名校，是否985、211大学。同样是这些学校的毕业生，还要拼其他条件，成绩积点、竞赛、实习、社团、证照，甚至户籍、相貌、家庭条件、社会关系，多多益善"②。在这些"多多益善"的条件面前，人还是一个整个的人吗？学生如此，教师何尝不是！大学教师既要有教学工作分满足教学工作量，又要有科研工作分，还要有社会服务工作；

---

① 李文阁,于召平.生活世界:人的自我生成之域[J].求是学刊,2000,134(1):28.

② 葛剑雄.中国的教育问题? 教育的中国问题?[N].光明日报,2014-01-06(16).

既要发表论文、论著，又要跑课题、争项目、拼奖项，以应付针对教师的名目繁多的考核。套用中小学生的话"分分分，学生的命根；考考考，老师的法宝"，大学教师现如今是"分分分，老师的命根；考考考，领导的法宝"。大学人，实实在在地"碎片化"、"命分化"了，成了陶行知所批评的"不完全、命分式的人"，遑论"做一个整个的人"①、"培养合理的人生"②。

（二）教育的工具主义致使教育异化和错位

科学主义教育哲学过于偏重实用型功利性知识，导致学校发生异化与错位。在2013年10月10日由中国科学技术大学承办的"一流大学建设系列研讨会"上，中国首批"985"大学（C9或九校联盟）校长或校长代表与美国大学联盟（AAU）、欧洲研究型大学联盟（LERU）、澳大利亚八校联盟（G08）的负责人，共同签署的《合肥宣言》指出，近现代社会，越来越把大学当成工具，与培养现代经济运作所需的知识和技能捆绑在一起，与支持国家发展的科研活动捆绑在一起。这种工具主义方法贬低甚至放弃了大学的深层能量和无形产出，而政府和社会大众从大学获得的利益，大部分正是来自他们的深层能量和无形产出。倘若国内和国际政策环境持续强调短期临时性利益，忽视长期性发展，强调现存已知性，忽视探索求知性，侧重狭窄性，而忽略广博性，那么，各国的大学都将面临丧失影响力的风险③。大学教育被当成工具而趋于世俗化、庸俗化，学术的资本化而疏于其追求真理和智力冒险的本体意义，以致丧失其作为一种生活方式的特质和探微知著与创生（创造性生成）的美，最终损害原始性的创新。大学教育走上工具主义道路，使得大学自身发生异化和错位。

---

① 陶行知.学做一个人［M］//华中师范学院教育科学研究所.陶行知全集：第1卷.长沙：湖南教育出版社，1984：594.

② 陶行知.古庙敲钟录［M］//华中师范学院教育科学研究所.陶行知全集：第2卷.长沙：湖南教育出版社，1985：568.

③ 中国科学技术大学新闻中心.中国科学技术大学新闻辑刊（2013）［M］.合肥：中国科学技术大学出版社，2014：26.

（三）教育的专业主义造成人格分裂、人生乏味

科学主义教育哲学过于专业化，而使人才培养趋于实用化、就业导向式，以至于人格的分裂和人生的乏味。过分专业化、单纯强调专业知识灌注与专业技能训练的大学，其"教育青年人的方式，对于青年人的训练，人们接收的大量信息——这一切都有助于人格的分裂"。具体表现为，为了训练的目的，人的理智认识被分割得支离破碎，而其他方面被遗忘，被忽视；为了专门化需要，对青年人应该进行的充分而全面的培养被弄得残缺不全；过高估计提高技术才能的重要性而损害了其他更有人性的品质①。阿尔伯特·爱因斯坦曾警告世人："用专业知识教育人是不够的。通过专业教育，他可以成为一种有用的机器，但是不能成为一个和谐发展的人。要使学生对价值有所理解并且产生热诚的感情，那是最基本的。他必须获得对美和道德上的善有鲜明的辨别力。否则，他——连同他的专业知识——就更像一只受过很好训练的狗，而不像是一个和谐发展的人。"②专业主义教育的全部注意力，都集中于向学生的头脑灌输更多的关于周围世界的知识、更多的科学真理和道德准则。学生认识了许多事物，了解了许多知识，但是他并不认识和了解自己③。

三、生活哲学观的教育之价值与使命

（一）生活哲学观与教育具有内在的契合性

生活哲学的生活世界观及其生成性思维方式与教育"独立之精神、自由之思想"特质具有内在的契合性。学术大师陈寅恪所追求的自由思想、独立精神即是一种创生品格——创造性的生成性品格："唯此独立之精神，

① 联合国教科文组织国际教育发展委员会.学会生存——教育世界的今天和明天[M].北京:教育科学出版社,1996:193-194.

② 爱因斯坦.培养独立思考的教育[M]//爱因斯坦文集:第3卷.许良英,赵中立,张宣三,编译.北京:商务印书馆,1979:310.

③ 苏霍姆林斯基.给教师的建议[M].北京:教育科学出版社,1984:339.

自由之思想，历千万祀与天壤而同久，共三光而永光。……思想而不自由，毋宁死耳。……我要请的人，要带的徒弟都要有自由思想、独立精神。不是这样，即不是我的学生。"①牛津导师的"喷烟"活动体现的即是一种生成式教育理念："对大学生真正有价值的东西，是他周围的生活和环境。一切他真正学到的东西，从某种意义上说，是靠他自己的智力积极活动，不是作为被动的听讲者而学到的。"②正如著名经济学家、教育家王亚南所说的："真正的大学教育，并不是要大家到学校里来，张着口，让老师像'填鸭'般地灌进一些在他认为'营养'的东西。而是要大家在就学期间，利用学校的人的、物的环境，利用一切可能的机会，自己去寻觅'食物'，自己去消化。自己找来的东西，自己消化了的东西，往往是最有益于自己身体的。"③这又离不开大学"老一辈人"的参与、扶持与帮助。诚如怀特海所言，大学是青年人和老一辈人共同参与的探险活动的家园，其教育是训练对于生活的探险，研究则是智力的探险。大学之所以存在，主要原因并不在于仅仅向学生们传授知识，也不在于仅仅向教师们提供研究的机会，而在于它使青年人和老一辈人融为一体，对学术进行充满想象力的探索，从而在知识和追求生命的热情之间架起桥梁。这种充满想象力的探索会产生令人兴奋的环境氛围，知识会在这种环境氛围中发生变化。青年人富于想象力，而大学的任务正在于将想象力与经验融为一体，从而加强青年人的想象力，并使这种想象的活力保持终生④。

（二）生活哲学观的教育彰显生成的人的本性

生成的人的本性，也就是实践的、现实的人的本性。生活哲学观的教育彰显生成的、实践的、现实的人的本性。生活哲学，不仅批判哲学领域的庸俗主义，更是对整个社会生活领域所发生的庸俗化的抗争，是试图把

---

① 陈寅恪.对科学院的答复[M]//陈寅恪.讲义及杂稿.陈美延,编.北京:生活·读书·新知三联书店,2002:463-464.

② 裘克安.牛津大学[M].长沙:湖南教育出版社,1986:87.

③ 王岱平,蒋夷牧.王亚南与教育[M].福州:福建教育出版社,1981:148.

④ 怀特海.教育的目的[M].徐汝舟,译.北京:生活·读书·新知三联书店,2002:138-146.

人从唯"物"主义的泥潭中拯救出来的一种努力①。生活世界观的教育将人作为实践主体，意味着人学的转向，人之本性探究的转型。这正暗合了学者张应强对高等教育的定性：高等教育是"属人"的教育，而不是"唯物"的教育，是"人性"的教育，而不是"人力"的教育。这就是"以塑造完美人格为核心的高等教育哲学"。即高等教育把"人"作为现代化的主体和主题，造就现代化的人——具有主体意识、批判精神和创新能力的实践主体②。陶行知在谈到"生活教育现代化"时曾说："做一个现代人必须取得现代的知识，学会现代的技能，感觉现代的问题，并以现代的方法发挥我们的力量。时代是继续不断的前进，我们必得参加在现代生活里面，与时代俱进，才能做一个长久的现代人。"③培育现代人，造就整个的人，培养合理的人生，过现代生活，这是生活哲学观的教育的重大使命。

（三）生活哲学观的教育帮助青年人成为他自己

这种教育让青年人清楚地了解过去，直面现实，并清楚地认识人类的久长，深深地意识到地球的渺小，意识到人类个体生活之短暂。与此同时，还让青年人从内心感到个人能够达到的那种伟大，认识到尚有不知的东西。这种人能够"真切地认识自己、生命和世界"，其心灵反映着世界，也和世界一样伟大。这种人具备了伟大的灵魂，他"会敞开心胸，让宇宙间每一处的风自由吹入"④。这种教育引导学生形成人与人之间的良好关系以及"对别人和对集体的适当关系"，指导学生理解人们的动机、幻想和疾苦，并教导他们了解和热爱世间万物——男女老幼、飞禽走兽、树木花草、日月星辰。这样，学生就会逐渐养成一种与人同甘共苦、同舟共济的良好品质和体谅、关心他人的情怀。这样的人就能在力所能及的范围内尽量满足他人的愿望和需要，"建立人与人之间和谐美好的关系"⑤。

① 李文阁.我为什么要提出"生活哲学"这个概念?[J]长白学刊.2007,133(1):12.

② 张应强.高等教育现代化的反思与建构[M].哈尔滨:黑龙江教育出版社,2000:7.

③ 陶行知.攻破普及教育之难关[M]//华中师范学院教育科学研究所.陶行知全集:第2卷.长沙:湖南教育出版社,1985:782.

④ 罗素.走向幸福[M].北京:中国社会出版社,1997:167-168.

⑤ 海伦·杜卡斯,巴纳希·霍夫曼.爱因斯坦谈人生[M].北京:世界知识出版社,1984:31-33.

（四）生活哲学观的教育本身就是生活

有人曾指出，当初，为了"准备生活"而进入学院和大学的学生现在发现学院和大学本身就是生活，它们不再是一首插曲，而成了主旋律①。2009年世界高等教育大会公告提出"高等教育的社会责任"之一，是"高等教育绝非仅仅为了应对现实和未来世界的需要而传递纯粹的技能，更要承担起引导人们致力于构筑和平、捍卫人类权利和实现民主价值等公民道德教育的责任"②。哈佛大学前校长德里克·博克表达了同样的见解，"重要的是向本科学生灌输公民责任和义务感，使他们以后把他们的才干用于处理主要的社会问题"。因此哈佛在大学教育的生活实践方面卓有建树。在哈佛，50%以上的本科生在校期间拿出一定时间辅导贫穷儿童，担任为无家可归人办的中心的工作人员，访问老年人住户，或为某种社会机构工作。这些本科生精力旺盛，才智也很出色。……社区服务计划能够帮助穷人，同时有助于本科学生理解那些生活环境和自己极不相同的人的感情和问题。社区服务计划最好的效果是，学生参加了这些活动，将会增长见识，树立助人为乐的思想，成年以后，他们会坚持下去，为社会做出贡献。如果在学校没有参加这种活动，可能不会树立这种思想③。这样的高等教育不是仅仅满足于贴近生活、贴近实际，而是活生生的实际生活，是学生对象性的生活实践。

第二节　"生活即教育"的哲学意蕴

"生活即教育"是陶行知生活教育理论的核心命题，是陶行知教育理论大厦的基石，是其德育哲学的前提性、基础性命题，是其哲学本体论。自从陶行知提出这一命题后，人们就对它有误释。本书针对"生活即教育"诠释的四种歧解——"生活就是（等于）教育"说、"生活接近（靠近）教

---

① 布鲁贝克.高等教育哲学[M].杭州:浙江教育出版社,1998:21.

② 社会变革与高等教育发展新动力[J].赵叶珠,等译.中国高等教育,2009(17):58-61.

③ 德里克·博克.美国高等教育[M].乔佳义,编译.北京:北京师范学院出版社,1991:139-140.

育"说、"教育寓于生活"说、"教育是一种生物过程"说，加以辨析，提出对"生活即教育"哲学意蕴的一孔之见。

一、四种歧解

第一种歧解认为"生活即教育"之义为"生活是教育"、"生活就是教育"，将"即"解释为"是"、"就是"。这种观点将"即"当作系动词。这样，从句子结构来看，"生活即教育"便为系表结构。系表结构由系动词与谓语构成。系动词，亦称联系动词，它本身有词义，但不能单独用作谓语，后面必须跟表语（亦称补语），构成系表结构说明主语的状况、性质、特征等情况。"即"、"是"作为状态系动词，与补足语"教育"一起构成系表结构，用来说明主语"生活"的性质、特征。显然，这种观点将教育与生活完全混同，混淆了教育与生活的同中之异。显然，这是一种望文生义的释读。如有人认为陶行知将杜威"教育即生活"理论翻个筋斗，换成"生活即教育"，是错误地把"生活"和"教育"、"社会"和"学校"相混同起来，抹杀了"教育"和"学校"的特殊性，将"教育"、"学校"低级化、原始化①。

对此类误释，陶行知曾有回应："有人说，生活既是教育，那么，便有生活即有教育，又何必要我们去办教育呢？他这句话，分析是对的，断语是错的。"②对于此种误释——"生活就是教育"，陶行知认为，有生活即有教育这一分析是对的，何必要办教育这一结论却是错误的。因为办教育是要用生活来影响生活，"要用前进的生活来引导落后的生活，要大家一起来过前进的生活，受前进的教育。前进的意识要通过生活才算是教人真正的向前去"③。

在陶行知的英文著述中，"生活即教育"被译作"life as education"，而

---

① 华东师范大学教育系,华东师范大学教科所.中国现代教育史[M].上海:华东师范大学出版社,1983:396.

② 陶行知.生活教育之特质[M]//华中师范学院教育科学研究所.陶行知全集:第3卷.长沙:湖南教育出版社,1985:27.

③ 陶行知.生活教育之特质[M]//华中师范学院教育科学研究所.陶行知全集:第3卷.长沙:湖南教育出版社,1985:27.

不是"life is education"。陶行知是留学美国的学生，自然知道 as 与 is 的不同含义与用法。他曾多次申述"生活即教育"的道理，即生活决定教育，教育属于生活，教育通过生活，教育为了生活，其要义为教育与生活相伴随。

第二种歧解认为"生活即教育"之义为"生活靠近教育"或"生活接近教育"，将"即"理解为"靠近"、"接近"。这种观点将"即"当作及物动词。有学者认为："'生活即教育'与'社会即学校'，这个'即'字，现代汉语认为它的第一种意思是指'靠近'、'接触'，那么，这就无异于哲学所指把不同事物置于相互依存的统一体中之义。现代汉语认为这个'即'字第二种意思是指'就是'。有人认为这是陶行知将生活与教育、社会与学校混同了。其实，生活与教育以及社会与学校，本来是不同的，这是常识，而用一个'即'字，是要强调两者虽然有差异，但却是一体之物。'生活即教育'与'社会即学校'无非是强调生活与教育以及社会与学校是一个整体。"[①]

这种观点看到了教育与生活之间的差异，并视教育与生活为"一体之物"，这是值得肯定的，但是将"即"解释为"接近"、"靠近"，当作及物动词，这样，"生活即教育"的意思就是"生活靠近教育"或"生活接近教育"，我认为是失之偏颇的。船泊岸、藤缠树即有"接近、靠近"的意思，但船与岸、藤与树却是两类事物。显然，这种观点将生活与教育视为两个个体、两类不同的事物，这样就离间了生活与教育的统一关系，消解了教育与生活的伴随性和一体两面性。这与陶行知的思想不符。陶行知认为，教育以生活为中心，生活决定教育，生活与生活相摩擦便发生教育的作用，教育是生活反映出来的影子。可见，教育与生活的关系，是相伴随的关系，而不是生活接近教育、靠近教育。

第三种歧解认为"生活即教育"之义为"教育寓于生活之中"，"教育寓于社会之中"。持此观点的人反对将"即"解释为"等于"："有人将'即'解释为'等于'，说陶行知主张'生活等于教育'，'社会等于学校'，是不赞成办学校，办教育，这不是荒唐吗？说陶行知不办教育，取消学校，他又怎么会成为教育家？又怎么能把'社会'与'学校'，'生活'与

---

① 梅汝莉.多元和谐是陶行知教育思想方法的精髓[J].人民教育,2006(12):18-20.

'教育'等同起来呢？这明明是两个各有不同概念的专有名词。"①

　　此论看到了教育与生活的内在联系（"教育寓于生活之中"）和相异之处，以反驳"生活等于教育"的观点，但认为生活与教育是"两个各有不同概念的专有名词"。这是只看生活与教育的不同性、对立性，而忽视二者的统一性和不可分割性。显然，这是将生活与教育分而置之，将它们分割开来，视两者为异类、异质性存在。我们知道，概念反映事物对象的本质属性，其语言形式是词或词组。因此，生活与教育当作"两个各有不同概念的专有名词"，就显现出异质性或异体性——生活与教育被分为两个不同的个体，"便含有彼此相外的意思"②。杜威的"教育即生活"命题也有"教育寓于生活"之义，即"教育生活化"。这种"教育寓于生活"论是陶行知所反对的。我们认为，在称谓、指称上，生活（life）与教育（education）之名当然不同。但在所指、所称的意义上，生活（life）与教育（education）其实是同一现象、同一过程的两个不同方面。

　　第四种歧解认为生活即教育之教育是一种生物过程。这种观点基于陶行知的生活内涵界定——"有生命的东西，在一个环境里生生不已的就是生活"——提出，这种对"生活"的理解，本质上与杜威的生活就是对环境的应付或适应的庸俗进化论是一致的。这种"生活"既没有社会性，又没有阶级性，因而"是生活便是教育"、"生活与教育是一个东西"，当然"教育"既没有社会性，也没有阶级性。它完全是一种生物过程。进而认为，"生活即教育"的理论抽去了社会生活的社会性和生活的阶级与阶级斗争的本质，把"生活"仅仅看成儿童个体的"生长"和饮食男女的本能活动，而认为教育就来源于这种"生活"，这种生活本身就是教育，"生活"需要就是教育目的。这从根本上否定了教育的社会性和阶级性，否定了其社会上层建筑的功能和职能，也就从根本上否定了教育作为一种特殊的社会现象存在的必要性③。

---

　　① 胡晓风.行是知之始 知是行之成[M]//胡晓风.教育研究文集.成都:四川教育出版社,1989:378-379.

　　② 陶行知.教学做合一下之教科书[M]//华中师范学院教育科学研究所.陶行知全集:第2卷.长沙:湖南教育出版社,1985:288.

　　③ 远村.生活即教育[M]//门岿.遗憾与教训总成:上卷.北京:人民日报出版社,1993:1475-1476.

人类生活，在陶行知那里，既有自然属性、生物属性，自然生命的生生不已，就像一粒种子，在不见不闻的地方发芽开花；又有社会属性（精神生命），好像晓庄剧社在舞台演戏一样，即精神生命的生生不已，亦即怀抱着心的生命的生生不已①。与杜威所谓的生活本义——"生活就是（生物）通过对环境的行动的自我更新"②（Life is a self-renewing process through action upon the environment）——侧重于生物属性、自然属性不同，陶行知对生活原义的解释则更强调其社会属性。杜威所谓自我更新的生活奠基于其所谓的"经验"，即身体活动及其感受性之间的联结和连续，沦为狭隘的经验论；生活即教育、生生不已的生活论，摆脱了杜威的经验主义哲学而建立在唯物主义认识论基础上③。毛泽东认为陶行知的生活教育就是马克思主义：现在我们教科书上还缺乏一部分，就是生活教育，就是讲怎样吃饭，怎样生活，讲大米、小米、养牛喂猪等等。我们的教科书就要讲这些东西，这一套就是马克思主义④。

二、从"教育即生活"到"生活即教育"

冯友兰曾说，天下至精的道理，往往都是很平常的道理。所以哲学科学上的发明，猛一听说，是很奇怪，一转想，却是极平淡的。哥白尼以前的人，都说日绕地；哥白尼说，也许地绕日。一般人都说"物"先存在，所以我们才能看见它；贝克莱说，也许是有人去看它，它才存在。诸如此类，只在一个转语，当时令人觉得另有天地⑤。陶行知将杜威"教育即生活"的断语转为"生活即教育"，也属冯友兰所说的"一个转语"，是天下至精的道理，是很平常的道理。天下至精的道理即最高的智慧，也是平常

① 陶行知.晓庄三岁敬告同志书[M]//华中师范学院教育科学研究所.陶行知全集：第2卷.长沙：湖南教育出版社,1985:207.

② 约翰·杜威.民主主义与教育[M].北京：人民教育出版社,2001:6.

③ 高奇.中国教育史研究：现代分卷[M].上海：华东师范大学出版社,1994:149.

④ 毛泽东.抗战教育与小学教员[M]//方明.陶行知全集：第4卷.成都：四川教育出版社,2005:610.

⑤ 冯友兰.柏格森的哲学方法[M]//冯友兰.三松堂全集：第11卷.郑州：河南人民出版社,1992:10.

的道理，平凡的事实。最高的智慧，在最平凡的事实里。然而只有曾经超越平凡的事实，去追求最高智慧的人，才能从最平凡的事实里去发现最高的智慧[①]。陶行知就属于这种"曾经超越平凡的事实，去追求最高智慧的人"，从最平凡的事实中发现最高的智慧。

陶行知将"教育即生活""翻了半个筋斗"，虽是半个筋斗，却显示出陶行知与杜威思想的实质性区别。杜威的"教育即生活"意谓教育接近生活、靠近生活，即教育生活化；陶行知的"生活即教育"则意指教育与生活相伴相随，密不可分。

法国教育思想家卢梭已有生活即教育的思想："我们一开始生活，我们就开始教育我们自己了；我们的教育是同我们的生命一起开始的。"[②]教育是为了生活，教育的目的是教人生活。卢梭理想的教育是教人在必要的时候，在冰岛的冰天雪地里或者马耳他岛的灼热的岩石上也能够生活，教育的目的在于教人如何生活，"生活，并不就是呼吸，而是活动，那就是要使用我们的器官，使用我们的感觉、我们的才能以及一切使我们感到我们的存在的本身各部分。生活得最有意义的人，并不就是年岁活得最大的人，而是对生活最有感受的人"[③]。教育要帮助人过有意义的生活。在卢梭时代，封建社会行将没落，学校教育仍是奢侈品，是少数人的特权。对于多数人而言，教育与生活同在，教育与生命同行，这也是卢梭所理想的教育。

杜威深受卢梭思想的影响，但他并未继承卢梭的衣钵而提炼出"生活即教育"理论。为了其理论的现实价值和社会需要，为了既定社会的利益诉求，杜威所谓的教育意指学校教育。杜威认为，教育即生活，教育即生长，教育即经验的持续不断的改造。杜威是在批判赫尔巴特传统教育的基础上来建构他的生活教育理论的。他所期望的"哥白尼式的革命"就是要使得学校从脱离学生、脱离生活、脱离经验的教育转到以学生为中心、以活动为中心、以经验为中心。因为教育不是为未来生活做准备，而是生活的过程，生活的需要。所以，杜威主张"教育即生活"，"学校即社会"，企

---

① 唐君毅.唐君毅爱情书简[M].北京:中国文史出版社,2005:208.

② 卢梭.爱弥儿:上卷[M].李平沤,译.北京:人民教育出版社,2001:10.

③ 卢梭.爱弥儿:上卷[M].李平沤,译.北京:人民教育出版社,2001:11.

图把学校办成一个小社会，"使得每个学校都成为一种雏形的社会生活，以反映大社会生活的各种类型的作业进行活动。当学校能在这样一个小社会里引导和训练每个儿童成为社会的成员，用服务的精神熏陶他，并授予有效的自我指导的工具，我们将有一个有价值的、可爱的、和谐的大社会的最深切而最好的保证"①。学校在其自身之内复制了社会生活的典型条件，这样，教育通过学校内的典型生活，走近（社会）生活。

　　杜威所谓的"革命"是革传统学校教育的命。因为，学校里的教育太枯燥了，必得把社会里的生活搬一些进来，才有意思②。于是，便有了"教育生活化"、"学校社会化"的口号。陶行知认为，这好比一个笼子里面囚着几只小鸟，养鸟者顾念鸟儿寂寞，搬一两根树枝进笼，以便鸟儿跳得好玩，或者再捉几只生物来，给鸟儿做伴儿。这是教育即生活，亦即教育生活化。这是将教育与生活视为异类、异质，因此要"化"。陶行知打了一个比喻：譬如说现在某人革命化，就是说某人本来是不革命的，假使某人本来是革命的，还要"化"什么？在陶行知看来，"教育生活化"是把生活与教育看作两个个体，这种所谓的生活教育乃假的生活教育。真正的生活教育也就是"生活即教育"，则异于是。如果说"教育即生活"是将教育和生活关在学校的大门里，如同一只鸟关在笼子里的，那么"生活即教育"则是教育极其广阔自由，如同一只鸟放在林子里面的。陶行知曾说，生活教育是以生活为中心之教育。它不是要求教育与生活联络。一提到联络，便含有彼此相外的意思。倘使我们主张教育与生活联络，便不啻承认教育与生活是两个个体，好像一个是张三，一个是李四，平日不相识，现在要互递名片结为朋友。联络的本意原想使教育与生活发生更密切的关系，不知道一把它们看作两个个体，便使它们格外疏远了。生活与教育是一个东西，不是两个东西。在生活教育的观点看来，它们是一个现象的两个名称。是生活便是教育，不是生活便不是教育。分开来说，过什么生活便是

① 杜威.学校和社会[M]//杜威教育论著选.赵祥麟，王承绪，编译.上海：华东师范大学出版社.1981:28.

② 陶行知.生活教育[M]//华中师范学院教育科学研究所.陶行知全集：第2卷.长沙：湖南教育出版社,1985:633.

受什么教育[①]，"教育与生活不可分割"[②]。"生活即教育"意指教育伴随生活，教育与生活相伴相生。

三、生活与教育：一体两面性

教育非建制化时，它与生活同在，是同一过程的两个不同方面，即一体两面。此时生活与教育统一[③]，教育与生活合一[④]，这里的"一"即是"体"，就是人心，生活与教育围绕人心这个"体"而形成两个不可分割的方面。然而教育建制化以后，则与生活隔绝分离，教育变为单纯的学校教育，成为劳心的过程，而与劳力过程分离，而真正的劳力又与劳心过程分离。于是，教育与生活变成两个独立的个体，似成异质性存在。

陶行知提出，生活无时不变，即生活无时不含有教育的意义。到处是生活，即到处是教育；整个的社会是生活的场所，亦即教育的场所[⑤]。生活含有教育的意义，已为一些希冀改革单纯书本教育的教育思想家所觉察，只不过没有如陶行知明确提上理论高度并付诸实践。例如，有人提出，生活就是伟大的教育者。因为，生活作为个人自身所过的日子，其本身就是一本自然的书籍。这里面蕴藏着开明的教育力量的秘诀[⑥]。每一个人终其一生都在学习，都在受教育。当人在学习时，其是通过生活进行学习的，没有任何特定的老师，每一物、每一事都在教导人，人是从所有的事物中学

---

① 陶行知.教学做合一下之教科书[M]//华中师范学院教育科学研究所.陶行知全集：第2卷.长沙：湖南教育出版社,1985：288.

② 陶行知.教育与生活不可分割[M]//方明.陶行知全集：第11卷.成都：四川教育出版社,2005：699.

③ 陶行知.温泉讨论生活教育[M]//方明.陶行知全集：第12卷.成都：四川教育出版社,2005：383.

④ 陶行知.创造的教育[M]//方明.陶行知全集：第12卷.成都：四川教育出版社,2005：42.

⑤ 陶行知.生活教育[M]//华中师范学院教育科学研究所.陶行知全集：第2卷.长沙：湖南教育出版社,1985：633.

⑥ 裴斯泰洛齐.早期著作[M]//裴斯泰洛齐教育论著选.夏之莲,等译.北京：人民教育出版社,2001：246.

习的。生活本身就是人的老师，人是处在不停歇的学习状态中的①。在非制度化教育中，一个人是通过共同生活的过程来教育自己的。家庭生活或氏族生活、工作或游戏、仪式或典礼等都是每天遇到的学习机会；从家里母亲的照管到狩猎父亲的教导，从观察一年四季的变化到照管家畜或聆听长者讲故事和氏族巫士唱赞美诗，到处都是学习的机会。这种自然的、非制度化的学习方式在世界广大地区内一直流传到今天；这种学习方式至今仍是为千百万人提供教育的唯一形式。即使在制度化教育的时代，儿童、成人都是在他们的环境、家庭和社会中，直接地、现成地吸取经验，从而获得他们大部分教育的②。

教育属于生活，教育伴随生活，教育通过生活，教育为了生活。生活派生教育，生活需要教育，生活与教育同处一个过程，同属人的事体，皆为人心的活动，它们同根同源同生，根于人生，源自生命。生活教育与生俱来，与生同去。出世便是破蒙，进棺材才算毕业③。教育与生活同出而异名，是一个现象的两个名称，表现出一体两面性，它们同出于生命，同为生命的变化。生命的变化，生活的变化，教育的变化，是同一过程、同一现象。"生活的变化便是教育的变化。生活与生活一磨擦便立刻起教育的作用。磨擦者与被磨擦者都起了变化，便都受了教育。……教育是生活反映出来的影子。……说得正确些，是受过某种教育的生活与没有受过某种教育的生活，磨擦起来便发出生活的火花，即教育的火花，发出生活的变化，即教育的变化。"④生活是形，教育是影，影之随形，影形不离，影形同质。教育与生活，如影之随形，相伴相随。

教育是人生的必需品，生活决定教育，教育为了生活。生命的向前向上，需要教育的引领与帮助。教育是生活的需要，人生的需要。"教育可以是书本的，与生活隔绝的，其力量极小。拿全部生活去做教育的对象，然

---

① 克里希那穆提.人生中不可不想的事[M].叶文可,译.北京:群言出版社,2004:8.

② 联合国教科文组织国际教育发展委员会.学会生存——教育世界的今天和明天[M].北京:教育科学出版社,1996:27.

③ 陶行知.生活教育[M]//华中师范学院教育科学研究所.陶行知全集:第2卷.长沙:湖南教育出版社,1985:634.

④ 陶行知.生活教育之特质[M]//华中师范学院教育科学研究所.陶行知全集:第3卷.长沙:湖南教育出版社,1985:25-26.

后教育的力量才能伟大，方不致于偏狭。我们要拿好的生活去改造不好的生活，拿整个的生活去解放偏狭的生活。……一切非正式的东西都在教育范围以内，这是极有力量的。譬如与农民做朋友，是极好的教育，平常都被摒弃在课程以外。其他有效力的东西，也是如此。……'生活即教育'，是叫教育从书本的到人生的，从狭隘的到广阔的，从字面的到手脑相长的，从耳目的到身心全顾的。"①书本的、狭隘的、字面的、耳目的教育是学校的教育，人生的、广阔的、手脑相长的、身心全顾的教育是生活的教育、生命的教育。教育与生活合一，而不相分离。

陶行知将生活界定为："有生命的东西，在一个环境里生生不已的就是生活。譬如一粒种子一样，它能在不见不闻的地方而发芽开花。从动的方面看起来，好象晓庄剧社在舞台演戏一样。"②陶行知在这里指出了恩格斯所说的"最一般的和最简单的生命现象"，有生命的东西即生物，生命是生物的生生不已，如一粒种子的发芽、抽条、开花，是生命活动；舞台上的表演，是生命活动。生命是蛋白体的存在方式，"蛋白体在每一瞬间既是它自身，同时又是别的东西；这种情形和无生命物体所发生的不同，它不是由某种从外面造成的过程所引起的。相反，生命，即通过摄取和排泄来实现的新陈代谢，是一种自我完成的过程"③。生命的新陈代谢、自我完成过程即是生生不已的过程，亦即生命的自我生成，人之生命的自我生成。《周易·系辞传上》云：生生之谓易。生生不息就是变易、变化，就是新事物的产生。在陶行知看来，生命意味着"生生"，意味着变易。有生命的东西"从自己周围摄取其他的物质，把它们同化，而体内比较老的部分则分解并且被排泄掉"④，岩石无生活，金属无生活，因为它们没有生命。"其他无生命物体在自然过程中也发生变化、分解或结合，可是这样一来它们就不

---

① 陶行知.生活即教育——再答操震球之问[M]//华中师范学院教育科学研究所.陶行知全集:第2卷.长沙:湖南教育出版社,1985:199-200.

② 陶行知.生活即教育[M]//华中师范学院教育科学研究所.陶行知全集:第2卷.长沙:湖南教育出版社,1985:180.

③ 恩格斯.反杜林论[M]//中共中央马克思恩格斯列宁斯大林著作编译局.马克思恩格斯选集:第3卷.北京:人民出版社,1972:121-122.

④ 恩格斯.反杜林论[M]//中共中央马克思恩格斯列宁斯大林著作编译局.马克思恩格斯选集:第3卷.北京:人民出版社,1972:121.

再是以前那样的东西了。岩石经过风化就不再是岩石；金属氧化后就变成锈。"①生命的生活特质表现为生物与环境之间的相互作用而产生生命世界的新陈代谢和自我更新现象。生命的变化就是生命的新陈代谢与自我更新，也就是生活的变化。这就是自然生命力，也是一种生活力。

综上所述，在陶行知看来，生活，既是自然生命的生生不已，更是精神生命——怀抱着心的生命——的生生不已。也就是说，人类生活所以生生不已，端赖人心。所以，生活即教育，要生活与生活相摩擦，要用生活影响生活，就是用善的生活影响恶的生活，于是产生生活的火花，即教育的火花；产生生活的变化，即教育的变化。这其实就是人心之真善美需要对于假丑恶动机的斗争，而形成生活的向前、向上、向善。而生活即教育之生活教育可以改造人心、改造生活、改造社会。教育本身就是一项心的事业。正如陶行知所言，教育是心心相印的活动，唯独从心里发出来的东西，才能打到心的深处；教育就是力的表现，力的变化。这种"力"即是"心的力"，也是"心头的力量"、"心灵里的力量"②，是精神力量；教育是教人化人，化人者也为人所化。教育总是互相感化的，互相感化，便是互相改造。陶行知进一步比较了教育力量与其他力量的差异："教育的力量与别种力量不同之点，就在教育的力量是能够达到个个民众的内心里头去的；他能够使民众自己从'心里'发出一种力量来自己团结的。别的力量不能达到内里而只是外面的。他象绳一样，只能把东西捆起来，绳子一断就散了。"③教育改造了人心，便也改造了生活，改造了社会。所以，他认为，教育就是生活的改造；教育就是社会的改造。"教育的根本意义是生活之变化。"④生活即教育之教育何以能够改造人心，盖因在劳力上劳心，用心以制力，教学做合一。

---

① 恩格斯.反杜林论[M]//中共中央马克思恩格斯列宁斯大林著作编译局.马克思恩格斯选集:第3卷.北京:人民出版社,1972:121.

② 陶行知.《乡村教师》宣言[M]//华中师范学院教育科学研究所.陶行知全集:第2卷.长沙:湖南教育出版社,1985:196—197.

③ 陶行知.今后中华民族的使命[M]//华中师范学院教育科学研究所.陶行知全集:第2卷.长沙:湖南教育出版社,1985:125.

④ 陶行知.生活教育[M]//华中师范学院教育科学研究所.陶行知全集:第2卷.长沙:湖南教育出版社,1985:633.

四、"生活即教育"之真义

"生活即教育"之义，既不是"生活就是教育"，又不是"生活接近（靠近）教育"，也不是"教育寓于生活"，而是"教育伴随生活"。

从字面上看，"生活即教育"命题涉及一个核心字——"即"。《辞海》释"即"为：①就，往就。如，即位；即席。②靠近，接近。如，若即若离，可望而不可即。③即是，就是。④便，立刻，马上。如，黎明即起。⑤当，当前。如，即晨，即日，成功在即。⑥倘若。⑦同"则"。《新华字典》释"即"为：①就是。②当时或当地。如即日；即刻；即席发表谈话；即景生情。③便，就。如胜利即在眼前；用毕即行奉还。④靠近。如不即不离。我们认为"生活即教育"中的"即"有"当、当前"或"当时"之义。这要从陶行知的英文著述说起。陶行知将"生活即教育"译为"life as education"[①]，在这里 as 既不是系动词，也不是及物动词，而是连接词，表示时间上的"当……时"、"与……同时"。在这一字义上，生活即教育的意思就是教育与生活相伴随。生活与教育为同一过程。陶行知也曾使用过"即"字的这一含义，这就是"修养即做事"中的"即"之义："余之修养为动的，修养为事务的修养，即以从事为修养的机会。……做事的时间越发修养；修养的机会，也同等的增加。事与事相接而来，修养的机会，也就没有间断，兴味更是无穷的了。故我以为做事即修养，修养即做事。"[②]没有在做事之外的修养，也没有无修养的纯粹的做事，两者同处一个过程，是同一过程的两个方面。我们不能将此"即"字解读为"就是"或"等于"，毕竟"修养"与"做事"是两回事，但它们不可分割。"生活即教育"之"即"与"修养即做事"之"即"义同。

从本旨来看，陶行知提出"生活即教育"这一天下至精的道理，很平常的道理，表面上是对其恩师学说"教育即生活"的反动，实际是在其办

---

① 陶行知.The People's Education Movement[M]//华中师范学院教育科学研究所.陶行知全集：第6卷.长沙：湖南教育出版社，1985：513.

② 陶行知.与贵州教育团的谈话[M]//华中师范学院教育科学研究所.陶行知全集：第1卷.长沙：湖南教育出版社，1984：120.

"教育"——"生活即教育"中的"教育"——的实践过程中提炼出来的，以指导自己的"教育"事业。生活即教育的思想，在陶行知之前即有人提出过，如卢梭。并且有人提出将生活作为教育的资源的生活教育理论，甚至进行了实践与尝试，如裴斯泰洛齐。但是，这些人都没有提出明确而系统的"生活即教育"理论。这是陶行知的一大创造！其理论旨趣在于揭示教育的整体生活性，即教育属于整个生活，教育与真正的生活相伴随，与大众的生活、平民的生活相伴随，而不只是与学校相伴随，与书本相伴随，"生活教育是大众的教育，大众自己办的教育，大众为生活解放而办的教育"①。教育是伴随生活的，是伴随整个生活的，是伴随大众生活的。

其社会实践之旨趣在于"要实现一种教育的理想，要想用教育的力量来解决民生问题。……我们这里主张生活即教育，就是要用教育的力量，来达民之情，顺民之意"②。生活教育"是供给人生需要的教育，不是作假的教育。人生需要什么，我们就教什么。人生需要面包，我们就得受面包教育；人生需要恋爱，我们就得过恋爱生活，也就是受恋爱教育"③。生活教育是下层建筑。它与传统教育根本不同。"它不是摩登女郎之金刚钻戒指，而是冰天雪地下的穷人的窝窝头和破棉袄。"④穷人的生活需要穷人的教育，穷人的教育改造穷人的生活。穷人的教育与穷人的生活相伴随，简而言之，教育伴随生活。

从诠释来看，也有不少人似乎触及"生活即教育"的哲学真义。张申府认为，对于陶行知的生活教育理论，"世人似殊多误解。照我所了解，教育不但不能，也不应离开生活；不但生活可以给人以教育，给人以直接的教育；而且教育正是为的生活，也应为的生活；教育应教给人生活，教给人一切生活所需，更教给人推进生活，使生活前进向上。……我不相信，

①陶行知.生活教育之特质[M]//华中师范学院教育科学研究所.陶行知全集:第3卷.长沙:湖南教育出版社,1985:26-27.

②陶行知.生活即教育[M]//华中师范学院教育科学研究所.陶行知全集:第2卷.长沙:湖南教育出版社,1985:183-184.

③陶行知.生活即教育[M]//华中师范学院教育科学研究所.陶行知全集:第2卷.长沙:湖南教育出版社,1985:181.

④陶行知.生活教育[M]//华中师范学院教育科学研究所.陶行知全集:第2卷.长沙:湖南教育出版社,1985:635.

行知先生会说，教育即是生活，生活即是教育。我相信，行知先生也相信，教育一定比生活，日常所谓生活，多点什么，只是生活，一定代替不了教育"[①]。张申府不同意将陶行知的生活教育理解为"生活就是教育"，认为教育不能离开生活，生活需要教育，也就是陶行知所说的教育与生活不可分割。

印度民族运动领袖圣雄甘地[②]和意大利著名教育家蒙台梭利的生活教育思想和实践对陶行知生活即教育理论有所发展和演绎。陶行知于1938年8月14日访问印度，甘地向他了解中国人民教育运动情况。同年，陶行知从香港寄赠《中国大众教育运动》讲稿给甘地，该文被发表在印度《民族旗帜》杂志上，甘地并做了按语："陶行知博士不久前来印度访问我时，我曾请他能送一份令人注目的中国进行大众教育情况的小册子给我。如今他已经送给我，我不得不认为这份具有指导意义的小册子在我们印度是非常有用的。"[③]意大利著名教育家蒙台梭利根据甘地的生活教育思想和实践所形成的生活教育观与陶行知思想十分接近。蒙台梭利曾说："世界上有一个国家的领袖——他就是甘地——他曾宣布教育必须与生活共存，不仅如此，他还说教育的中心点必须是维护生活。世俗和宗教领袖提出这样一个问题还是第一次。另一方面科学不仅已经宣布这是非常必要的，而且自本世纪初以来一直在证实将教育延伸至整个生活是切实可行的，然而却没有一个公共教育部接受这一思想。我们当前的教育只重视方法、目标及社会目的，但人们仍然可以说它并未将生活本身考虑在内。在不同国家所有法定的教育方法中没有一个旨在帮助自出生开始的个体，并保护其发展。目前形成的教育是一种既与个体生活分离又与社会生活分离的教育。进入教育界的所有人往往都要与社会隔绝。"[④]蒙台梭利既指出圣雄甘地的生活教育思想——"教育必须与生活共存"、"教育的中心点必须是维护生活"，又提

① 张申府.我与陶行知先生[M]//方明.陶行知全集:第12卷.成都:四川教育出版社，2005.583-584.

② 莫罕达斯·卡拉姆昌德·甘地(1869—1948年),尊称圣雄甘地,是印度民族解放运动的领导人和印度国家大会党领袖。陶行知的生活教育理论曾经影响过甘地。

③ 陶行知.我将愉快地会见您[M]//华中师范学院教育科学研究所.陶行知全集:第5卷.长沙:湖南教育出版社,1985:342.

④ 蒙台梭利.吸收性心智[M].兰州:兰州大学出版社,2001:8.

出自己的思想——"教育延伸至整个生活是切实可行的"、"教育自出生起……教育与生活不可分离"等观点。这些观点皆道出陶行知"生活即教育"理论之精义。

最早对陶行知生活哲学、生活教育理论做出马克思主义论断的，要数徐特立和毛泽东。徐特立说陶行知是唯物主义者，"教育从吃饭、穿衣和男女两性来，仍然用来解决吃饭、穿衣和两性问题"①。并认为陶行知在哲学上是一元论，"一元论打破矛盾对立说，承认矛盾统一说。行知把教学做统一，把生活与教育统一，把社会和学校统一，在普及教育方案上攻破好多教育上的矛盾对立。由于一元论把对立的东西认为是一元的转化，是向反对方面发展，所以一元论是革命的"②。教育建立在生活之上，离开生活去进行教育，必然到处碰壁。"教育不独不妨碍他们的生活，而且教育就是生活的一部分。"③毛泽东1939年8月29日在陕甘宁边区小学教员暑期训练班毕业典礼大会上演讲，说到抗战教育的"知行合一"，认为这个问题就是讲教科书与生活的统一问题，并指出一些现实生活中讲的和做的不统一现象，这些都是知行不合一。他接着说：在抗战教育中，"知行合一"是一件大事，教育家陶行知先生就是搞这一套的，他提倡生活教育，把教的、学的、做的都统一起来。这在马克思主义讲来，就是"理论与实践"的统一，理论就是"知"，实践就是"行"，现在有些讲的和行的是不统一的。毛泽东还说："现在我们教科书上还缺乏一部分，就是生活教育，就是讲怎样吃饭，怎样生活，讲大米、小米、养牛喂猪等等。我们的教科书就要讲这些东西，这一套就是马克思主义。按照马克思主义的讲法，天下是经济第一，其他东西第二，而这些大米小米养牛喂猪等等正是社会的经济基础。吃饱了饭可以开会上课，不穿衣服冬天就会冻死，一切的东西就是从经济上发生的。不管是资本主义、社会主义、三民主义，统统要以大米小

---

① 徐特立.陶行知的学说[M]//方明.陶行知全集:第12卷.成都:四川教育出版社，2005:717.

② 徐特立.陶行知的学说[M]//方明.陶行知全集:第12卷.成都:四川教育出版社，2005:718.

③ 徐特立.陶行知的学说[M]//方明.陶行知全集:第12卷.成都:四川教育出版社，2005:718-719.

米养牛喂猪作为基础,这就是说:有了这个基础,才可以在上面造房子;有了经济基础,其他法律,政治、艺术教育等等,才能建筑起来。"①陶行知的知行合一理论和生活教育论是马克思主义的。知行合一即是马克思主义的理论与实践相统一,而生活教育论则讲经济作为下层建筑,要决定包括法律、政治、艺术等上层建筑。生活决定教育,教育是生活的一部分,生活与教育相统一。此诠释道出了教育与生活相伴随的关系,合于陶行知"生活即教育"命题之本义。

五、生活主义、生活教育与生活哲学

陶行知1917年8月应南京高等师范学校之聘,回国从教。甫一就职,陶行知即投入教学与研究之中,传播、阐发其师杜威的生活教育理论,并试验师"说"而觉水土不服,于是创立己说,形成新说。

(一) 生活主义即生活哲学

何为主义?《汉语大词典》给"主义"下的定义包括:①谨守仁义。《逸周书·谥法解》:"主义行德曰元。"孔晁注:"以义为主,行德政也。"②对事情的主张。《史记·太史公自序》:"敢犯颜色,以达主义,不顾其身。"《老残游记》第十一回:"其信从者,下自士大夫,上亦至将相而止,主义为逐满。"③犹主旨,主体。梁启超《与林迪臣太守书》:"启超谓今日之学校,当以政学为主义,以艺学为附庸。"④以解释词义为主。杨树达《积微居小学述林·论小学书流别》:"世人分别小学书,谓《尔雅》主义,《说文》主形,《切韵》主音,是固然矣。"⑤形成系统的理论学说或思想体系。丁玲《韦护》第三章六:"你不是很讨厌我信仰的主义吗?为什么你又要爱我?"如:马克思主义;达尔文主义。⑥一定的社会制度或政治经济体系。如:社会主义;资本主义。⑦思想作风。如:自由主义;主观主义②。

①②③④为古汉语之释义与解释方式,⑤⑥⑦是现代汉语之释义,其

---

① 毛泽东.抗战教育与小学教员[M]//方明.陶行知全集:第4卷.成都:四川教育出版社,2005:609-610.

② 汉语大词典[M].普及本.汉语大词典编纂处,编.上海:上海辞书出版社,2012:106.

中②⑤贴近于陶行知生活主义之中的"主义"之含义。②表示"主张"、"观点"、"理念"之义，生活主义即关于生活的主张、观点、理念，简曰生活观，这是陶行知1918年在《生利主义之职业教育》一文中首次也是末次所提"生活主义"的含义；⑤则指有系统的理论学说或思想体系，生活主义便是关于生活的系统理论学说，系统的思想体系，这一意义上的生活主义在陶行知后来的思想中嬗变为生活教育了，虽然在上文中他没有提出"生活教育"术语。

作为一种主张、观点、理念，陶行知"生活主义"在提出之初实有应时之需。按照胡适对于"主义"的界定：

> 凡"主义"都是应时势而起的。某种社会，到了某时代，受了某种的影响，呈现某种不满意的现状。于是有一些有心人，观察这种现象、想出某种救济的法子。这是"主义"的原起。主义初起时，大都是一种救时的具体主张。后来这种主张传播出去，传播的人要图简便，使用一两个字来代表这种具体的主张，所以叫他做"某某主义"。主张成了主义，便由具体计划，变成一个抽象的名词①。

"生活主义"术语，自然是应"时势"而起，这个时势便是20世纪90年代中国社会的变迁，职业教育思潮在中国的兴起。1917年，黄炎培联合教育界、实业界如蔡元培、梁启超等知名人士于上海创立中华职业教育社，其职志是倡导、研究和实施职业教育。职业生活是整个生活的一个重要组成部分。职业教育当以生利主义为其方法论。"生利主义之职业教育"观代表陶行知最初的生活教育观。

陶行知的生活主义哲学，即生活哲学，亦即生活教育哲学。作为现实的哲学，生活哲学是关于现世的、当下的哲学，陶行知的生活主义是关于生活世界的哲学，是现实哲学、现世哲学，他反对的是传统教育哲学和杜威的假生活教育哲学（陶行知将自己的生活教育论称为真包龙图，杜威的则是假包龙图），后者如科学主义哲学一样，也是一种异世哲学，是关于隔世的、离世的哲学。

---

① 胡适.胡适经典[M].北京:当代世界出版社,2016:19.

（二）生活教育即生活哲学

杜威认为教育是哲学的实验室，哲学是教育的理论。生活教育是生活所原有的，生活所自营的，生活所需要的，又，生活教育是给生活以教育，用生活来教育，为生活向前向上的需要而教育，从生活与教育的关系上说，是生活决定教育。这其中即含有本体论、方法论、价值论，也就是生活哲学。这里仅就生活教育的本体论和方法论做一论述。

第一，生活教育的本体论。本体论要挑明存在和思维、物质和意识、自然界和精神谁决定谁的问题。在这个问题上，陶行知有一个从唯心论至唯物论的转变过程，特别是他在创办晓庄试验乡村师范学校（以下简称"晓庄师范"）的过程中所形成的生活教育理论，使其思想臻于唯物论。

恩格斯在《路德维希·费尔巴哈和德国古典哲学的终结》一文中说，思维和存在的关系问题，思维对存在、精神对自然界的关系问题，是全部哲学的基本问题，也是全部哲学的最高问题。什么是本原的，是精神，还是自然界？哲学家依照他们如何回答这个问题而分成了两大阵营。凡是断定精神对自然界来说是本原的，从而归根到底以某种方式承认创世说的人，组成唯心主义阵营；凡是认为自然界是本原的，则属于唯物主义的各种学派[①]。这是马克思主义哲学，也是生活哲学的基本理论。

生活教育是生活所原有的，生活所自营的，又给生活以教育，用生活来教育。这是说教育是生活的，教育又可以改造生活。教育的根本意义是生活之变化。生活无时不变即生活无时不含有教育的意义。生活教育是下层建筑。因为"我们有吃饭的生活，便有吃饭的教育；有穿衣的生活，便有穿衣的教育；有男女的生活，便有男女的教育。它与装饰品之传统教育根本不同。它不是摩登女郎之金刚钻戒指，而是冰天雪地下的穷人的窝窝头和破棉袄"[②]。1938年，陶行知用英文撰写而被收入美国哥伦比亚大学国际师范学院教育年鉴的《中国》一文说到教育服务对象之转移："教育本身

---

① 恩格斯.路德维希·费尔巴哈和德国古典哲学的终结[M]//中共中央马克思恩格斯列宁斯大林著作编译局.马克思恩格斯选集:第4卷.北京:人民出版社,1972:219-220.

② 陶行知.生活教育[M]//华中师范学院教育科学研究所.陶行知全集:第2卷.长沙:湖南教育出版社,1985:634-635.

已经在改变；它不再是少数人的奢侈品，而成了每个人都能享受的阳光，呼吸的空气和饮用的甘泉。"①我们在这里明显地看到陶行知——如徐特立所说——的唯物主义思想："行知是一个唯物主义者，所以他的教育是建立在生活上，他反对强迫人家丢掉饭碗去读书，反对离开劳力而劳心，反对把天理压迫人欲，所有这些都是功利主义、现实主义、实际精神的范畴。从十八世纪资产阶级的唯物主义到马恩辩证唯物主义都承认这一原始的物质基础。离开了这些物质条件就谈不上教育，也谈不上革命。行知论教育到处都照顾这一点，我不能列举，特别是普及教育方案上，几乎字字都有这种精神。"②这里的"功利主义、现实主义、实际精神"都是强调物质基础的，即唯物的取向。

陶行知唯物论思想是其在行动、实践中悟出的真知，当然，这一过程也不免带有一些理想色彩，特别是要将晓庄师范建设成为人间乐园，就不免带有天真的主观愿望。但是，在受到中国共产党党员（包括他的党员学生）的影响后，陶行知自觉学习马克思主义，又使其成为自觉的唯物论者。陶行知弟子张健曾道出陶行知这一转变的理路：确实，早先陶先生并不理解半封建社会里地主阶级剥削农民是造成农民变穷、变弱的根本原因，后来陶先生学习了英文版马克思主义著作，接受了中国共产党党员（包括他的党员学生）的影响，特别是了解了以毛泽东等同志领导的农民运动和土地革命后，陶行知才全面理解了造成农民变穷、变弱的根本原因，由"教育万能"转向科学社会主义。张健还引用马克思的话——"并不需要多大的聪明就可以看出，关于人性本善和人们智力平等，关于经验、习惯、教育的万能；关于外部环境对人的影响，关于工业的重大意义，关于享乐的合理性等等的唯物主义学说，同共产主义和社会主义之间有着必然的联系"③——证明陶行知就是由教育万能走向革命道路的进步知识分子的

① 陶行知.中国[M]//华中师范学院教育科学研究所.陶行知全集:第3卷.长沙:湖南教育出版社,1985:287.

② 徐特立.陶行知的学说[M]//方明.陶行知全集:第12卷.成都:四川教育出版社,2005:718.

③ 张健.认真学习发扬光大陶行知的人民教育思想[M]//周洪宇,余子侠,熊贤君.陶行知与中外文化教育.北京:人民教育出版社,1999:276-277.

典型。这一判断符合事实，陶行知是先学了马克思主义，才使其教育万能论思想发生转变的。这一转变的契机，可能是陶行知阅读了萧楚女《陶朱公底"平民教育"》一文。正如"导论"中所述，中国共产党早期党员之一、中国共产主义青年团的创始人萧楚女1924年2月在《中国青年》杂志（第18期）发表《陶朱公底"平民教育"》一文，有人将这一期《中国青年》送给陶行知，上有批评他平民教育实践的文章，文中的马克思主义思想自然会影响陶行知。

第二，生活教育的方法论：一种辩证法。陶行知关于生活与生活的磨擦论，显现的是其善恶对立的统一观，这是一种辩证法的观点，即善恶之间联系、发展和转化的观点。我们试从以下所列举的陶行知所提出的51对（可能不止此数，此处仅就著者所见，列举如下）善恶对举的生活与教育加以分析，左边属善，右边属恶，以"——善←→恶——"格式将两种相反的生活与教育对举：

（1）好的生活—好的教育——善←→恶——坏的生活—坏的教育；

（2）认真的生活—认真的教育——善←→恶——马虎的生活—马虎的教育；

（3）合理的生活—合理的教育——善←→恶——不合理的生活—不合理的教育；

（4）高尚的生活—高尚的教育——善←→恶——下流的生活—下流的教育；

（5）康健的生活—康健的教育——善←→恶——非康健的生活—非康健的教育；

（6）劳动的生活—劳动的教育——善←→恶——非劳动的生活—非劳动的教育；

（7）科学的生活—科学的教育——善←→恶——非科学的生活—非科学的教育；

（8）艺术的生活—艺术的教育——善←→恶——非艺术的生活—非艺术的教育；

（9）改造社会的生活—改造社会的教育——善←→恶——非改造

社会的生活—非改造社会的教育；

（10）有计划的生活—有计划的教育——善←→恶——无计划的生活—无计划的教育；

（11）有目的的生活—有目的的教育——善←→恶——糊里糊涂的生活—糊里糊涂的教育；

（12）有组织的生活—有组织的教育——善←→恶——一盘散沙的生活—一盘散沙的教育；

（13）有计划的生活—有计划的教育——善←→恶——乱七八糟的生活—乱七八糟的教育；

（14）前进的生活—前进的教育——善←→恶——倒退的生活—倒退的教育；

（15）抗战的生活——善←→恶——妥协的生活；

（16）科学教育——善←→恶——迷信生活；

（17）卫生教育——善←→恶——随地吐痰的生活；

（18）革命教育——善←→恶——开倒车的生活；

（19）劳动教育——善←→恶——少爷生活；

（20）高尚的生活——善←→恶——低微的生活；

（21）永久的生活——善←→恶——暂时的生活；

（22）完全的生活——善←→恶——片面的生活；

（23）整个的生活——善←→恶——偏狭的生活；

（24）主人的生活—主人的教育—善←→恶—奴隶的生活—奴隶的教育；

（25）合理的生活——善←→恶——×××；

（26）丰富的生活——善←→恶——×××；

（27）整个的生活—整个的教育——善←→恶——×××；

（28）进步的生活—进步的教育——善←→恶——×××；

（29）日常的生活—日常的教育——善←→恶——×××；

（30）过面包生活—受面包的教育——善←→恶——×××；

（31）过恋爱生活—受恋爱的教育——善←→恶——×××；

（32）吃饭的生活—吃饭的教育——善←→恶——×××；

（33）穿衣的生活—穿衣的教育——善←→恶——×××；

（34）男女的生活—男女的教育——善←→恶——×××；

（35）和谐的生活—和谐的教育——善←→恶——×××；

（36）民主的生活—民主的教育——善←→恶——×××；

（37）自觉的生活—自觉的教育——善←→恶——×××；

（38）现代的生活—现代的教育——善←→恶——×××；

（39）抗战的生活—抗战的教育——善←→恶——×××；

（40）政治生活—政治教育——善←→恶——×××；

（41）文化生活—文化教育——善←→恶——×××；

（42）集体生活—集体教育——善←→恶；

（43）健康生活—健康教育——善←→恶——×××；

（44）职业之生活—职业之教育——善←→恶——×××；

（45）消闲之生活—消闲之教育——善←→恶——×××；

（46）社交之生活—社交之教育——善←→恶——×××；

（47）自然界之生活—自然界之教育——善←→恶——×××；

（48）×××——善←→恶——赌博生活—赌博教育；

（49）×××——善←→恶——八股的教育—八股的生活；

（50）×××——善←→恶——读书的生活—读书的教育；

（51）儿童的生活—儿童的教育——善←→恶——×××。

其中前24对善恶对举，即用善的生活与教育去影响、引领、改变恶的生活与教育，从而（使）恶的生活发生变化，其中又有4对直接是善的教育对阵恶的生活；另有23对只有善的生活与教育，恶的生活与教育阙如，但可以推演出来；第48对只有恶的生活与教育——"过的是赌博生活，受的是赌博教育"[1]，相反的生活与教育亦可推演出来。第49对亦只有恶的生活与教育——八股的教育导致八股的生活，反之，善的生活与教育亦可推演出来。这是陶行知在批判"教育即生活"论之弊时，提出来的"拿教育做

---

① 陶行知.创造的教育[M]//华中师范学院教育科学研究所.陶行知全集:第2卷.长沙:湖南教育出版社,1985:618.

生活，好教育固然是好生活，八股的教育也就造成八股的生活"①之说。这似乎是一种单向的不可逆的过程，即某种教育造成某种生活，而反向则不通，但在生活即教育那里，"根本上可以免除这种毛病，虽然他的流弊也有拿坏生活作教育的，但就教育立场说，其效力仍是极大"②。也就是说，在生活即教育理论视野中，生活与教育是相互作用的，是双向作用的，"我们要把教育展开到生活所包含之领域，把生活提高到教育所瞄准的水平"③，这里就含有辩证法因素，生活与教育是统一的。第50对善恶对举的生活与教育，陶行知只提出"读书的生活"与"读书的教育"，这是他批判传统教育者拿生活教育做掩护的盾牌之托词，他说："生活与生活磨擦，便包含了行动的主导地位。如果行动不在生活中取得主导的地位，那么，传统教育者就可以拿'读书的生活便是读书的教育'来做他们掩护盾牌了。"④第51对善恶对举的生活与教育，只有儿童的生活与儿童的教育。这是陶行知反对成人视儿童为小大人而提出小孩就是小孩，"生活即教育，要是儿童的生活才是儿童的教育，要从成人的残酷里把儿童解放出来"⑤。他们有他们的生活，即须有他们的教育。其要求教育要根据儿童身心发展进行适合的教育。《国家中长期教育改革和发展规划纲要（2010—2020年）》提出"适合的教育"是"关心每个学生，促进每个学生主动地、生动活泼地发展，尊重教育规律和学生身心发展规律，为每个学生提供适合的教育"⑥。不能以成人的标准和要求来揠苗助长，这里含有辩证法因素，即教育与生活的统

---

① 陶行知.生活即教育——再答操震球之问[M]//华中师范学院教育科学研究所.陶行知全集:第2卷.长沙:湖南教育出版社,1985:199.

② 陶行知.生活即教育——再答操震球之问[M]//华中师范学院教育科学研究所.陶行知全集:第2卷.长沙:湖南教育出版社,1985:199.

③ 陶行知.游击区教育[M]//华中师范学院教育科学研究所.陶行知全集:第3卷.长沙:湖南教育出版社,1985:402.

④ 陶行知.生活教育之特质[M]//华中师范学院教育科学研究所.陶行知全集:第3卷.长沙:湖南教育出版社,1985:26.

⑤ 陶行知.生活即教育[M]//华中师范学院教育科学研究所.陶行知全集:第2卷.长沙:湖南教育出版社,1985:184.

⑥ 国务院法制办公室.国家中长期教育改革和发展规划纲要(2010—2020年)[M]//中华人民共和国教育法典.北京:中国法制出版社,2012:59.

一性。

陶行知提出,用生活影响生活,引领生活,提升生活,使生活与生活相摩擦。生活与生活一摩擦,便立刻起教育的作用。摩擦者与被摩擦者都起了变化,便都受了教育。生活教育则是发挥这种作用,用生活的力量改变生活。生活教育是运用生活的力量来改造生活,运用有目的、有计划的生活来改造无目的、无计划的生活,以此类推,生活教育,可以是运用善的生活改造恶的生活,运用真善美的生活改造假丑恶的生活。

生活与生活摩擦何以起教育的作用?摩擦者与被摩擦者何以都起了变化便是都受了教育?何为摩擦者?何为被摩擦者?

磨擦本来是一种物理现象,后被引入社会生活,也成为一种社会现象。磨擦,即摩擦,《现代汉语词典》(第5版)解释为:①(动词)物体和物体紧密接触,来回移动。②(名词)两个相互接触的物体,当有相对运动或有相对运动趋势时,在接触面上产生的阻碍运动的作用。③(名词)(个人或党派团体间)因彼此利害矛盾而引起的冲突①。作为物理现象的摩擦,其直接效应就是产生热,而社会领域和精神领域的摩擦会产生善恶。摩擦不论作为动词,还是作为名词,都是广泛存在于自然、社会等领域中的一种普遍现象。教育领域中的摩擦使得人的精神和品质得以转化、改造、发展。

生活教育理论中的摩擦论主张以生活改造生活,生活中的善与恶是矛盾统一的,即对立面的统一。徐特立认为,陶行知"在哲学上是一元论,一元论打破矛盾对立说,承认矛盾统一说。行知把教学做统一,把生活与教育统一,把社会和学校统一,在普及教育方案上攻破好多教育上的矛盾对立。由于一元论把对立的东西认为是一元的转化,是向反对方面发展,所以一元论是革命的"②。矛盾对立说所主张的矛盾对立,强调矛盾的对立性一面,而疏于矛盾的统一性。矛盾统一说则肯定矛盾之存在,对立面之存在,但是又不唯对立,而是走向对立面的统一。《韩非子》发明"矛盾"一词,即显示对立面既对立又统一的矛盾性:

---

① 现代汉语词典[M].5版.北京:商务印书馆,2005:961.

② 徐特立.陶行知的学说[M]//方明.陶行知全集:第12卷.成都:四川教育出版社,2005:718.

楚人有鬻盾与矛者，誉之曰："吾盾之坚，莫能陷也。"又誉其矛曰："吾矛之利，于物无不陷也。"或曰："以子之矛陷子之盾，何如？"其人弗能应也。夫不可陷之盾与无不陷之矛，不可同世而立[①]。

楚人既说盾之坚，莫之能攻，又说矛之利，无坚不摧，显然是语言上的自相矛盾，或曰形式逻辑上的矛盾，《现代汉语词典》（第5版）将之界定为：形式逻辑中指两个概念互相排斥或两个判断不能同时是真也不能同时是假的关系。楚人自相矛盾的故事道出事物发展中的一种辩证法，即守对攻或攻对守。此矛盾一词借用至哲学上而隐喻辩证法之辩证逻辑，即"辩证法上指客观事物和人类思维内部各个对立面之间的互相依赖而又互相排斥的关系"[②]。毛泽东的《矛盾论》指出："唯物辩证法的宇宙观主张从事物的内部、从一事物对他事物的关系去研究事物的发展，即把事物的发展看作事物内部的必然的自己的运动，而每一事物的运动都和它的周围其他事物互相联系着和互相影响着。事物发展的根本原因不是在事物的外部而是在事物的内部，在于事物内部的矛盾性。任何事物内部都有这种矛盾性，因此引起了事物的运动和发展。事物内部的这种矛盾性是事物发展的根本原因。"[③]毛泽东在《矛盾论》中还肯定"事物的矛盾法则，即对立统一的法则，是唯物辩证法的最根本的法则"[④]，并引用列宁语"就本来的意义讲，辩证法是研究对象的本质自身中的矛盾"[⑤]，固化这一辩证法之本质和核心。矛盾是事物自身所具有的对立面的统一，是基于事物内部的本质的矛盾。

矛盾统一说，就是对立统一论，它承认自然界、人类社会和思维领域存在的矛盾，如上与下，长与短，左与右，前与后，前进与倒退，永久与暂时，完全与片面，真善美与假丑恶，等等，它们之间存在着既对立又统

---

① 张觉,等.韩非子译注[M].上海:上海古籍出版社,2007:526.

② 现代汉语词典[M].5版.北京:商务印书馆,2005:923.

③ 毛泽东.矛盾论[M]//毛泽东.毛泽东选集:第1卷.北京:人民出版社,1991:301.

④ 毛泽东.矛盾论[M]//毛泽东.毛泽东选集:第1卷.北京:人民出版社,1991:299.

⑤ 毛泽东.矛盾论[M]//毛泽东.毛泽东选集:第1卷.北京:人民出版社,1991:299.

一的关系。

善与恶，是一对孪生姊妹，它们相反相成、相辅相成，体现矛盾统一、对立统一的辩证法。人面对善恶，通过碰撞、冲突、对比、整合、抉择等实现自我生成、自我超越。在上述所列的51对善恶对举的生活与教育中，好的生活表示善，坏的生活表示恶。过什么生活受什么教育，而生活是善恶兼包的，所受的教育亦有善有恶，善恶统一于生活。陶行知所举的"过什么生活"的生活样态中，两极的生活十分突出，两极就有价值取向之义。《道德经》说："天下皆知美之为美，斯恶已；皆知善之为善，斯不善已。有无相生，难易相成，长短相形，高下相倾，音声相和，前后相随。"[1]美与丑，善与恶，有与无，难与易，长与短，高与下，音与声，前与后，等等，一切事物与现象都是相反相成，既相互对立，互为矛盾，又相互依存，相互统一。这就是事物发展的辩证法。真与假、善与恶、美与丑、好与坏等等，结成相反相成的矛盾体，也是对立统一的结合体。谁人不向好，人间有正道。道高一尺，魔高一丈。道即正气，即真善美之道，魔即邪气，即假丑恶之魔。陶行知说要"用前进的生活引导落后的生活"，也就是生活与生活之间的摩擦，"生活的变化便是教育的变化。生活与生活一磨擦便立刻起教育的作用。磨擦者与被磨擦者都起了变化，便都受了教育。……说得正确些，是受过某种教育的生活与没有受过某种教育的生活，磨擦起来便发出生活的火花，即教育的火花，发出生活的变化，即教育的变化"[2]。如前所述，摩擦原是物与物之间相互接触，紧密接触，来回移动，隐喻生活之变、教育之变，实乃指人之变，向好之变，向上之变，向前之变。就像物理世界的"摩擦"生热一样，生活与生活摩擦，也会产生精神上的"热"，这就是教育及其所产生的功效，即人的高级动机战胜低级动机，人的灵魂深处产生触动，真善美战胜假丑恶，正义战胜邪恶。

陶行知自问自答："教育是什么？教人变！教人变好的是好教育。教人变坏的是坏教育。活教育教人变活。死教育教人变死。不教人变、教人

① 朱谦之.老子校释[M].北京：中华书局，1984：9-10.

② 陶行知.生活教育之特质[M]//华中师范学院教育科学研究所.陶行知全集：第3卷.长沙：湖南教育出版社，1985：25-26.

不变的不是教育。"①又说："教育是什么？教育就是力的表现，力的变化。实则整个宇宙，也就是一个力的表现，力的变化过程。"②何为力？谁之力？力与教育何干？物理学上的力，被定义为物体对物体的作用，或物体之间的相互作用，是使物体获得加速度和发生形变的外因。教育学上的力是一个隐喻，教育可以使人获得体之力、智之力、情之力、意之力。知情意合一，而合成心之力。所以陶行知1932年8月30日在主题为"国难与教育"的演讲中说："我们要对付国难，就须以教育为手段，使我们的力量起了变化，把不能对付国难的力量，变成能够对付国难的力量，这才能达到目的。"③但是我国传统教育和其时的教育只能造成少数人的力、空谈的力、散漫的力、被动的力、头脑的力。故而陶行知提出，我们从此要改造教育，使教育普及于大众；使受教育者都能实践力行，从行动上求得真知识；使大众组织起来，自动去做他们的事；而仅用脑的知识分子，要使他们变成兼用手的工人，仅用手的工人、农人等都变成兼用脑的知识分子。这才能把少数人的力，变成多数人的力；空谈的力，变成行动的力；散漫的力，变成组织的力；被动的力，变成自动的力；仅用脑和仅用手的力，变成脑手并用的力④。这是真教育的伟力，也是教育的一种辩证法。

第三节　德育即生活教育

我们现在有一种误解，似乎德育就是学校的事，德育就是所谓德育工作者的事，甚至于德育就是德育课、政治课的事。陶行知生活教育要"把学校的一切伸张到大自然界里去"，"要先能做到'社会即学校'，然后才能讲'学校即社会'；要先能做到'生活即教育'，然后才能讲'教育即生

---

① 陶行知.师范生第一变——变个孙悟空[M]//华中师范学院教育科学研究所.陶行知全集:第2卷.长沙:湖南教育出版社,1985:237.

② 陶行知.国难与教育[M]//华中师范学院教育科学研究所.陶行知全集:第2卷.长沙:湖南教育出版社,1985:587.

③ 陶行知.国难与教育[M]//华中师范学院教育科学研究所.陶行知全集:第2卷.长沙:湖南教育出版社,1985:587.

④ 陶行知.国难与教育[M]//华中师范学院教育科学研究所.陶行知全集:第2卷.长沙:湖南教育出版社,1985:587-588.

活'。要这样的学校才是学校，这样的教育才是教育"①。本书认为在陶行知"生活即教育"命题下，德育即生活教育，生活教育即德育，或曰：生活即德育，德育即生活。

一、生活德育论辨析

有人提出陶行知的德育理论是生活德育论，并认为"构建学校生活德育绝不是取消学校德育。相反，它给学校德育的认真改革提出了更高的要求，以适应现代化生活的需要，推动社会向前发展。当然，在德育理论上加'生活'两字并非画蛇添足，完全是为了恢复陶行知德育理论的原貌，贴近社会生活，注重实效，发挥它应有的作用"②。这种观点将陶行知德育理论释为生活德育论，似有不妥；释为学校生活德育，更为偏狭。确实，一段时期内，学校德育流于知识德育、理性德育、空疏德育、说教德育。德育确有脱离生活、脱离实际、脱离学生、脱离社会之嫌。所以，学者们提出了德育回归生活、德育生活化等观点、命题、标语、口号等。教育实践中确有将德育疏离生活之失，而使德育沦为书本上的德育，教室里的德育，甚至于言语上的德育。根据陶行知生活教育理论运作德育，德育与生活不会分割游离。德育是生活所原有，生活所自营，生活所必需，也可以说德育属于生活，是生活的过程，德育为了生活，是生活的需要，德育通过生活，在生活中进行。以生活即教育为先，就有教育即生活，也就有德育即生活。

生活教育本身是一个整体，我们不能将之切割、肢解、强拆。生活教育是教育所有组成部分（德育、智育、体育等）的理念、宗旨与路径。生活教育是德育理念，为了生活是德育宗旨，通过生活是德育路径。我们不能将生活教育分割为生活德育、生活智育、生活体育、生活美育、生活训育、生活健康教育、生活艺术教育、生活文化教育、生活自我教育等等。显然，不能、不应也不必在教育的各组成部分之前加上"生活"。我曾经人

---

① 陶行知.生活即教育[M]//华中师范学院教育科学研究所.陶行知全集:第2卷.长沙:湖南教育出版社,1985:182.

② 陈善卿.陶行知的德育理论实质上是生活德育论[J].道德与文明,2002(4):63-65.

云亦云地附会生活德育说，并撰写过《陶行知的生活德育思想》一文①。现在看来，在德育一词前加上"生活"作为限定词，确系画蛇添足，有多此一举之嫌。如训育，就不能在其前加上"生活"，变成生活训育。训育即道德习惯、生活习惯的养成教育，训育必得在生活实践过程中训练，离开了生活进行训育，就像在水外学游泳一样。以此类推，陶行知所言的德育、智育、体育、健康教育、艺术教育、科学教育、文化教育、集体教育、政治教育等等，亦属此理。

道德是属人的，人之所在即道德之所在，故道德又是普泛的、全域的，与人生相伴随。到处都有生活，即到处都有道德，道德蕴含于一切生活之中，我们不能像切蛋糕一样切出一块贴上标签并命名为"道德生活"。陶行知对生活的分类（当然，生活是整体，生活是不可以分类的，只是为了说明问题起见，才做这样一种抽象的划分）中，未见"道德生活"一说。他在《生利主义之职业教育》一文中将生活之于教育的关系，分为四类："有关于职业之生活，即有关于职业之教育；有关于消闲之生活，即有关于消闲之教育；有关于社交之生活，即有关于社交之教育；有关于自然界之生活，即有关于自然界之教育。"②这是陶行知最早对生活的分类：职业的生活、消闲的生活、社交的生活、自然界的生活。在晓庄师范时，陶行知提出五种生活，并视之为生活教育的五大目标：康健的生活、劳动的生活、科学的生活、艺术的生活、改造社会的生活。他还从性质上，分生活为好生活与坏生活、认真的生活与马虎的生活、合理的生活与不合理的生活、有计划的生活与无计划的生活等等。在育才学校时期，陶行知提出育才学校的全盘教育基础建筑在集体生活上，将集体生活分为：劳动生活、健康生活、政治生活、文化生活，育才学校的集体生活在其总的意义上来说是一种政治生活。在这些生活中，我们没有看到"道德生活"一说。难道是陶行知疏忽了道德生活？非也。道德与生活相伴随，也就是德育与生活相伴随。道德生活或道德教育就是教学做合一。德育不是讲授的、说教的，而是实行的、行动的、体验的。陶行知说："我们培植儿童的

---

① 见附录一。

② 陶行知.生利主义之职业教育[M]//华中师范学院教育科学研究所.陶行知全集：第1卷.长沙：湖南教育出版社，1984：78.

时候，若拘束太过，则儿童形容枯槁；如果让他跑，让他跳，让他玩耍，他就能长得活泼有精神。身体如此，道德上的经验又何尝不然。我们德育上的发展，全靠着遇了困难问题的时候，有自由解决的机会。所以遇了一个问题，自己能够想法解决他，就长进了一层判断的经验。问题自决得越多，则经验越发丰富。"①所谓"德育上的发展"，意指通过德育所实现的儿童道德发展。德育旨在引导学生行动、体验、实行。德育就是通过生活，在生活中发展学生"道德上的经验"。

杜威的德育理论也没有冠以"生活"之名，因其生活教育论即表征其德育理论的生活特质。论年龄，杜威活了93岁，有足够的时间丰富其德育理论，但他从未提出生活德育论，我们可以从杜威的主要思想略见一斑。

杜威作为20世纪美国著名哲学家、思想家、教育家，实用主义哲学的创始人之一，进步主义教育运动的代表，其主要教育著作有：《我的教育信条》、《学校和社会》、《儿童与课程》、《民主主义与教育》、《明日之学校》、《经验与教育》、《人的问题》等，杜威从未提过生活德育。

杜威说，"社会生活，就是教育的目的。……教育的目的是要养成配做社会的良好分子的公民。……教育的目的，并不是要造成一班学者或读书人，只要有了书本子上的学问便可完事。他（它）的真正目的，是要造成社会的有用分子。所以良好的国民不是单纯能读几本书，他们一定还能对于社会有所贡献"②。这一教育目的观乃是陶行知培养对社会、人类有益的人的目的观的一个重要来源。陶行知认为教育不是培养抱残守缺的只有书本知识和学问的书呆子。当然杜威所讲的教育"要造成社会的有用分子"是对于美国这样的民主社会而言的。杜威以一个比喻——"如果没有输电管把电力送到作坊和工厂，把灯光送到家庭，大发电站的发电机还有什么用处？"③——说明，"如果没有我们通常所想的狭义教育，没有我们所想的

①陶行知.学生自治问题之研究[M]//华中师范学院教育科学研究所.陶行知全集：第1卷.长沙：湖南教育出版社，1984：136.

②杜威.杜威五大讲演[M].胡适，译.合肥：安徽教育出版社，1999：109-110.

③杜威.人的问题[M]//杜威教育论著选.赵祥麟，王承绪，编译.上海：华东师范大学出版社，1981：407.

家庭教育和学校教育，民主主义便不能维持下去，更谈不到发展"①。因此，"如果民主社会中的学校要成为真正的教育机关，它对于民主观念的贡献是使知识和了解，简言之，使行动的力量成为个人的内在智慧和性格的一部分"②。教育的目的是显而易见的，只不过杜威并未说要通过生活德育达到他所期望的目的。

杜威还提出道德即学，道德即生长，由此延伸，德育过程在它自身以外无目的。"道德就是学，就是生长。"③在他看来，成人（包括教师）不应当先入为主地确定一个道德目的，然后移到学生身上，所以他反对直接道德教育，倡导间接道德教育，前者侧重于培养学生关于道德的观念（idea about morality），即"可能永远不起作用和无效，好象很多关于埃及考古学的知识的那种观念"，后者则养成学生道德观念（moral idea），即"不论什么样已成为品性的一部分，因而是行为的工作动机的一部分的那种观念"④。直接道德教育，又名之曰"关于道德的教育"，它是"教道德"，其对于个体的影响即使是最好的，但是它在数量上比较小，在影响上比较微弱；而间接道德教育，是通过学校生活的所有机构、手段和资料来进行的，因此，它对人格养成具有更大和更重要的影响。杜威说："用不着讨论所谓直接的道德教育（或最好称为关于道德的教育）的限度或价值，可以从根本上说，将通过教育使道德成长的整个领域进行考虑，直接道德教育的影响，即或是最好的，总是相对地在数量上比较小，在影响上比较轻微的。因此，这个更大的、间接的和重要的道德教育领域，通过学校生活的所有机构、手段和资料，对人格的成长，就是我们现在的讨论的主题。"⑤杜威完全排斥直接德育，失之偏颇，但是强调间接德育，有其合理性。他

---

① 杜威.人的问题[M]//杜威教育论著选.赵祥麟,王承绪,编译.上海:华东师范大学出版社,1981:407.

② 杜威.人的问题[M]//杜威教育论著选.赵祥麟,王承绪,编译.上海:华东师范大学出版社,1981:407.

③ 杜威.杜威五大讲演[M].胡适,译.合肥:安徽教育出版社,1999:277.

④ 杜威.教育上的道德原理[M]//杜威教育论著选.赵祥麟,王承绪,编译.上海:华东师范大学出版社,1981:97.

⑤ 杜威.教育上的道德原理[M]//杜威教育论著选.赵祥麟,王承绪,编译.上海:华东师范大学出版社,1981:98-99.

的活动课程唯一有效的效果就是道德教育，或者说杜威教育理论在其他教育特别是智育上是失败的，但是在德育上则是成功的。

杜威还认为，"不能有两套伦理学原则，一套是为校内生活，另一套为校外生活。因为行为是一个，因此行为的原则也只是一个。讨论学校的道德教育，好象学校本身是一个单独的机构这个倾向，是很不幸的。学校以及管理学校的人的道义责任是对社会负责。学校基本上是社会建立的一个机构，从事一项特定的工作，——执行某种特殊功能，以维持生活和促进社会福利"①。在这些表述和话语中，并没有所谓的生活德育一说。

设若不是英年早逝，陶行知不会也不必提什么生活德育一说。若从生活教育中强拆、瓜分、肢解一部分出来，像分蛋糕一样分出一块，并给以标签化，变成所谓的生活德育，成为一种德育模式，这是不可取的，因为模式化势必造成固化、窄化，乃至僵化。德育模式众多，如主知德育模式、主情德育模式、主行德育模式、体谅德育模式、关心德育模式、价值澄清德育模式、活动德育模式、体验德育模式、生态德育模式、生命德育模式等等，可以公式化为"×+德育"，×表示未知数。所有这些德育模式，各有优劣，自有短长，皆是拘于一隅，限于一域。如知、情、行分别为三种德育模式（主知德育模式、主情德育模式、主行德育模式）的倚重点，所以每一种德育模式都有其局限性。并且，德育模式有封闭之疾，作为一种范型，它用以供人模仿、学习。一般说来，德育模式还要有一个流程，有一个施行的步骤，有其固定的套路和方式。我们若将陶行知的德育理论视为生活德育论，也会重蹈上述德育模式之覆辙。按照陶行知弟子戴自俺、方与严的诠释，"教育是有机能的，只是不可看得太呆板。有固定的方式就是违反生活教育的原则"②。陶行知的德育理论是一种哲学，一种理念，一种理想，而不是具体的模式。这种德育哲学理念强调德育与生活的伴随性，注重教学做合一的方法，力求知情意（行）合一、真善美合一，凸显全人生、整体和谐的生活。这样，陶行知的德育思想就具有了开放

---

① 杜威.教育上的道德原理[M]//杜威教育论著选.赵祥麟,王承绪,编译.上海:华东师范大学出版社,1981:99.

② 戴自俺,方与严.生活教育的中心是什么事?[M]//胡晓风,等.生活教育文选.成都:四川教育出版社,1988:180.

性，它会随着时代的发展而富于时代精神和实践意蕴。

在不同时期，为了有所侧重，可以突出某一方面的德育。如根据德育中理性教育至于一尊的局面，突出强调情感，因此提出情感德育或者活动德育，以显示学生品德结构中的情感成分或德育方式方法中的活动内容。在社会特殊需要面前，德育实践也可以凸显某一社会内容，如针对人类生存环境的恶化而倡导生态德育，其中还有生态道德或生态伦理，也可以说生态德育就是生态道德教育的简称。再如生命德育，可以说是生命伦理、生命道德教育的简称。这些根据社会时势和实践要求所进行的教育本身即是生活教育，即生活所需的教育，生活所向的教育。就"×+德育"而言，如前所述，可以视之为一种德育模式，但若像生态道德教育、生命道德教育分别简称为生态德育、生命德育一样，我们也玄想一个生活道德教育而简称为生活德育，就说不通了，因为不存在一个像生态道德、生命道德那样的生活道德，道德与生活同在，道德即生活，生活内含道德。

二、德育即生活教育释义

德育即生活，其义为德育伴随生活。德育受生活制约，德育属于生活，德育通过生活，同时德育服务于生活，德育是生活的需要，德育为了生活，德育提升生活。

陶行知说教育为生活所原有，我们也可以说德育为生活所原有。从逻辑上看，德育是教育的组成部分，教育为生活所原有，自然，德育也为生活所原有。这就是德育属于生活之由来。德育为了生活，这是说德育的宗旨是服务于生活，德育要给生活以教育，引领生活，提升生活，德育是生活的需要，因为教育为生活所必需。德育通过生活，德育要在生活中进行，德育内容、课程、途径、方式、方法要经由生活来实施、实行。

到处是生活，即到处是教育；整个的社会是生活的场所，亦即教育的场所。因此，到处是生活，即到处是道德，到处是德育。道德寓于广泛的社会生活中，德育存在于广泛的社会生活之中。生活是人的生活，是人的社会生活，生活的社会性就是人生的社会性。人是社会的动物，人也就是道德的存在。人的道德行为，总关涉人己、群己利益。所以，许慎《说文解字》说：

"德，外得于人，内得于己。"段玉裁《说文解字注》说："内得于己，谓身心所自得也；外得于人，谓惠泽使人得之也。"意思是说，德就是有所得，行为者对外使他人有所得，即他人得到某种利益、好处，包括物质上的和精神上的；对内是己有所得，即行为者自己身心自得其乐。实际上没有鲁滨孙①这样的孩子，任何小孩都是孩中孩、人中人，其一举一动都会影响别的小孩子。陶行知言"小孩子也是教学做合一"②。这种教学做合一就是德育。这是在儿童人际互动中产生的德育，它是与生活相伴相随的。

陶行知的生活教育是生活所有、所营、所需的教育，要给生活以教育，用生活来教育，为生活的提高、进步而教育，是人民教育人民，是人民为自己生活的提高、进步所希求的教育。生活的提高、进步，人民的提高、进步，即含有德育之义。"生活即教育"是说：过什么生活便是受什么教育；要想受什么教育便须过什么生活。生活教育是供给人生需要的教育，人生需要什么，我们就教什么。陶行知的生活教育含有道德之义、道德教育之义。1929年冬，陶行知在晓庄办的乡村教师讨论会上讲"生活即教育"，他说："我们此地的教育，是生活教育，是供给人生需要的教育，不是作假的教育。人生需要什么，我们就教什么。人生需要面包，我们就得过面包生活受面包的教育；人生需要恋爱，我们就得过恋爱生活也受恋爱的教育。照此类推，照加上去，是那样的生活就是那样的教育。"③根据此理，人生需要道德，我们就得过道德的生活、受道德的教育。而且，健康的生活、劳动的生活、科学的生活、艺术的生活、改造社会的生活皆包含道德的生活。不论什么生活，都需要道德，都需要德育。所以说，生活教育，生活中心的教育，也就是道德教育。人生的意义，取决于人的境界，而人的境界取决于德育。没有德育，人生而有意义实在难以想象。

陶行知根据当时的中国实际，明确提出应该过健康的生活、劳动的生活、科学的生活、艺术的生活、改造社会的生活。他竭力反对地主资产阶

---

① 即丹尼尔·笛福的小说《鲁滨孙漂流记》中的主人公。

② 陶行知.答操震球之问[M]//华中师范学院教育科学研究所.陶行知全集:第2卷.长沙:湖南教育出版社,1985:79.

③ 陶行知.生活即教育[M]//华中师范学院教育科学研究所.陶行知全集:第2卷.长沙:湖南教育出版社,1985:181.

级达官显贵少爷、小姐们的腐朽、没落的生活，也反对一些人过的愚昧无知、糊里糊涂的生活。"同在一社会，有的人是过着前进的生活，有的人是过着落后的生活。我们要用前进的生活来引导落后的生活，要大家一起来过前进的生活，受前进的教育。前进的意识要通过生活才算是教人真正的向前去。"①用生活影响生活、引领生活、提升生活，使生活与生活相摩擦，生活与生活一摩擦，便立刻起教育的作用。摩擦者与被摩擦者都起了变化，便都受了教育。给生活以教育，就是运用生活的力量来改造生活，要运用有目的、有计划的生活来改造无目的、无计划的生活。以生活来引领生活，就是用进步的生活、现代的生活来影响、引领落后的生活，使生活与生活相摩擦，从而提升生活的品质和质量。生活教育教人向前、向上、向好的方面变化。可见生活教育本身即是道德教育。生活即教育这一命题本身就意味着道德教育，德育与生活之间是一而二、二而一的关系，是相伴相生的关系。

生活教育的要旨是教人做人，而道德又是做人的根本。所以，德育是"生活即教育"这一命题的要义。陶行知深刻体会到，道德为本、智勇为用，认识到"德操"、"心志"之于人的重要意义。他说："德也者，所以使吾人身体揆于中道，智识不致偏倚者也。身体揆于中道，而后乃能行其学识，以造人我之幸福；学识不致偏倚，而后乃能指挥身体，以负天降之大任。道德不立，智勇乃乖。"②后来，他又说近世所倡的自动主义，其含义之一是"德育注重自治"。自治就是人之为人的自理与自立，也就是陶行知在育才学校时提出的"自我教育"与"筑造人格长城"。他在《每天四问》一文中说："道德是做人的根本。根本一坏，纵然使你有一些学问和本领，也无甚用处。"③智勇是工具，是"用"，道德才是根本，是"体"。通常，在谈道德时总是将人与动物相比较。人而无德，非人也，会遭到唾骂，受

---

① 陶行知.生活教育之特质[M]//华中师范学院教育科学研究所.陶行知全集:第3卷.长沙:湖南教育出版社,1985:27.

② 陶行知.为考试事敬告全国学子[M]//华中师范学院教育科学研究所.陶行知全集:第1卷.长沙:湖南教育出版社,1984:21.

③ 陶行知.每天四问[M]//华中师范学院教育科学研究所.陶行知全集:第3卷.长沙:湖南教育出版社,1985:471.

到舆论的谴责。所以，生活之本是做人，人生的实质就是做人，就是个人与他人、与群体的合理交往，而道德教育就是教人做人，教人学会做人。所以，德育与生活合一，德育与人生合一。

陶行知认为教育（包括德育）要以生活为中心，因为"没有生活做中心的教育是死教育。没有生活做中心的学校是死学校。没有生活做中心的书本是死书本。在死教育、死学校、死书本里鬼混的人是死人——先生是先死，学生是学死！先死与学死所造成的国是死国，所造成的世界是死世界"①。同时，教育（包括德育）要以真做即劳力上劳心为基础，因为"不做无学；不做无教；不能引导人做的教育，是假教育；不能引导人做的学校，是假学校；不能引导人做的书本，是假书本。在假教育、假学校、假书本里自骗骗人的人，是假人——先生是假先生，学生是假学生。假先生和假学生所造成的国是假国，所造成的世界是假世界"②。没有生活做中心的德育是死德育，不能引导人做的德育是假德育。活德育是以生活为中心的，真德育引导人真做即劳力上劳心。活德育需要活书本作为活工具、活教材。活德育用活书本作为活的工具，培养出来真善美的活人。

第四节　德育的生活过程

陶行知坚决反对教师"教死书"、"死教书"、"教书死"，学生"读死书"、"死读书"、"读书死"的传统修养方法，坚决反对一味说教、单纯灌输的传统德育方式。在他看来，教育要培养深谙生活真谛的"真人"，就必须通过生活，倚靠生活。"教人求真"、"学做真人"，离不开实践，离不开生活。只有在生活与实践中，才能体味生活之甘苦，体悟生活之真谛，体会人生之道。真正的教育须"跳进实际生活中去"，真正的德育须在生活中进行，以实际生活为中心，并以生活教育理论和方法作为指导方针，在生活教育的各个方面去实施。德育包含在健康的生活、劳动的生活、科学的

---

① 陶行知.教学做合一下之教科书[M]//华中师范学院教育科学研究所.陶行知全集：第2卷.长沙：湖南教育出版社,1985:289.

② 陶行知.教学做合一下之教科书[M]//华中师范学院教育科学研究所.陶行知全集：第2卷.长沙：湖南教育出版社,1985:290.

生活、艺术的生活、改造社会的生活过程之中，包含在政治生活、集体生活、劳动生活、文化生活的过程之中。陶行知在《育才学校教育纲要草案》中提出，育才学校总的教育过程有三：第一，以儿童为行动的主体，在教师之知的指导下，所进行的行与知之不断结合；第二，以儿童为行动的主体，同时以儿童自身之知为领导，所发展之行与知不断结合；第三，育才教育目的之一便是从第一种过程慢慢地发展到第二种过程。在这一总的原则指导下，德育即生活就是德育通过生活过程进行："在集体生活中教育"、"在自治中学习自治"、"在民主生活中学习民主"、"在自动上培养自动力"等。

一、在集体生活中教育

陶行知在举办晓庄师范的实践中坚持并发展了他在办安徽公学时的"共同生活"原则："该校①各科教师都称为指导员，不称教员，他们指导学生教学做，他们与学生共教，共学，共做，共生活。"②他说："共同生活在安徽公学已经实行了几年，再经晓庄这一年的试验，我们对于这个原则的信念便益加坚固了。"③在晓庄，不仅是师、生共同生活，而且是师、生、校工共同生活。然而，共同生活也有形式的与真正的共同生活之分，形式的共同生活难免同床异梦；真正的共同生活必须大家把人格拿出来互相磨擦。各人肯以灵魂相见才算是真正的共同生活。否则虽是日出共作，日入共息，中间却是隔了一个太平洋。我们共同生活之有无价值，全看这种意义之存在与否以为断。在真正的共同生活中，晓庄师范的教师不叫教师而称为"指导员"。陶行知在晓庄师范开学典礼上说："本校只有指导员而无教师，我们相信没有专能教的老师，只有比较经验稍深或学识稍好的指

---

① 指晓庄师范。

② 陶行知.再论中国乡村教育之根本改造[M]//华中师范学院教育科学研究所.陶行知全集:第2卷.长沙:湖南教育出版社,1985:4.

③ 陶行知.晓庄试验乡村师范的第一年[M]//华中师范学院教育科学研究所.陶行知全集:第2卷.长沙:湖南教育出版社,1985:59.

导。"①这体现了师、生、校工团结、平等、民主的关系。

在举办育才学校的办学实践中,陶行知完善了集体生活即集体教育的思想。他在《育才学校教育纲要草案》一文中说:"育才学校全盘教育基础建筑在集体生活上。"②集体生活即集体教育,其意义有三:第一,集体生活是儿童之自我社会化的重要推动力,为儿童心理正常发展所必须;第二,集体生活可以逐渐培养一个人的集体精神,这种精神是克服个人主义、英雄主义及悲观懦性思想的有效药剂,应溶化在每个人的血液里;第三,集体生活以丰富、进步而又合理的生活之血液滋养儿童,以不断的自新创造的过程教育儿童。总之,集体生活之作用是在使儿童团结起来做追求真理的小学生,团结起来做即知即传的小先生,团结起来做手脑并用的小工人,团结起来做反抗侵略的小战士。

集体生活的教育有总的教育原则、丰富的教育活动和多样的教育方法。陶行知认为,真的集体生活必须有共同目的、共同认识,必须共同参加,而这共同目的、共同认识和共同参加不可由单个的团体孤立地建树起来,小集体要与整个中华民族这个大集体配合起来,才不孤立、才有效力、才有意义。在这一原则的指导下,育才学校不是把学生紧紧关在"笼"中,而是把校内的生活教育与社会的生活教育有机地结合起来。育才的校内集体生活有较为固定的生活、工作和学习的秩序,但为了在社会生活的大熔炉中锻炼儿童,又灵活地组织工作队到社会上去、到群众中去为社会服务,为群众谋利益。在教育方法上,学校经常举行"分队晚会",凡集体生活中的问题及时事以及当天指导员所教的内容,均在"分队晚会"上由学生进行充分的讨论;指导员则着重帮助学生自治小组发扬民主,开展自我批评,养成自我教育精神,培养总结能力;学校为了养成学生自我教育的精神和能力,每日都给学生留有相当的时间,作为他们自由思索与自由活动的机会。作为育才学校校长,陶行知还和他的同仁为育才学校集体生活设计了缜密的组织体系,并通过《育才学校公约草案》确定和实

---

① 陶行知.晓庄试验乡村师范的第一年[M]//华中师范学院教育科学研究所.陶行知全集:第2卷.长沙:湖南教育出版社,1985:59.

② 陶行知.育才学校教育纲要草案[M]//华中师范学院教育科学研究所.陶行知全集:第3卷.长沙:湖南教育出版社,1985:368.

施。该草案第七条规定：育才学校由指导员、艺友与学生共同组成集体生活的管理体系，领导全校的集体生活。第十条规定：育才学校集体生活的领导组织，以校、组、自治小组之有机的划分为经，指导与自治二体系之有机的划分为纬组成之①。

二、在自治中学习自治

接受西洋文化洗礼的陶行知十分重视学生自治问题，于1919年发表《学生自治问题之研究》论文，对学生自治的含义、必要性、重要性、弊端、范围与标准、方法等均提出一些独到的见解。在他看来，学生自治与团体自治相通。学生指全校的同学，有团体的意思；自治指自己管理自己，有自己立法、执法、司法的意思；学生还在求学时期，因此学生自治与别的自治有不同之处，即它有一种练习自治的意思。概而言之，学生自治就是学生结起团体来，大家学习自己管理自己的程序；从学校方面来说，就是为学生提供种种机会，使学生能够组织起来，养成他们自己管理自己的能力。由此而知，学生自治不是自由行动，而是共同治理；不是取消规则，而是大家立法守法；不是放任，不是向学校宣布独立，而是练习自治的意思。

以陶行知之见，对于学生自治，"若想得美满的效果，须把他当件大事做，当个学问研究，当个美术去欣赏"②。要养成学生自治的能力，办学的人首先须树立学生是生活的主人的观念。在《小先生解》一文中，他说："生是生活。……学生便是学过生活的人，先生的职务是教人过生活。"③学生是自己生活的主人，这是任何他人，尤其是教师，代替不了的。陶行知认为，有的时候，办学的人为学生做的事愈多，愈是害学生，

---

① 陶行知.育才学校公约草案[M]//方明.陶行知全集:第4卷.成都:四川教育出版社,2005:619.

② 陶行知.学生自治问题之研究[M]//华中师范学院教育科学研究所.陶行知全集:第1卷.长沙:湖南教育出版社,1984:141.

③ 陶行知.小先生解[M]//华中师范学院教育科学研究所.陶行知全集:第2卷.长沙:湖南教育出版社,1985:691.

"因为为人，随便怎样精细周到，总不如人之自为"①。学生道德上的经验更需"自为"，"若想经验丰富，必须自负解决问题的责任"②，"若是别人代我解决问题，纵然暂时结束，经验却也被旁人拿去了"③。在这方面，陶行知之思与行堪称教育界楷模。他倡导小先生制，创办晓庄师范、山海工学团、晓庄自动学校、育才学校及重庆社会大学等，无不体现其尊生、信生、重生的思想。其次须提供学生自治的事体和机会。陶行知以为办学的人所定的规则、所办的事体，不免有与学生隔膜的。但是，"若是开放出去，划出一部分事体出来，让学生自己治理，大家既然都有切肤的关系，所定的办法，容或更能合乎实在情形了"④。再次须有学生自治的组织体系。育才学校的最高权力机关"校务委员会"下设"指导"与"自治"两体系，自治体系由学生组成，包括校学生自治会、校学生生活委员会、组学生生活委员会、学生自治小组四个层次。《育才学校公约草案》第九条规定：育才学校的自治体系在运用学生的集体与组织的力量训练学生的自治能力⑤。

三、在民主生活中学习民主

学生要成为过民主生活的人，最需要的是学校发扬民主。陶行知说："民主的时代已经来到。民主是一种新的生活方式。我们对于民主的生活还不习惯。但春天已来，我们必须脱去棉衣，穿上春装。我们必需在民主的

---

① 陶行知.学生自治问题之研究[M]//华中师范学院教育科学研究所.陶行知全集：第1卷.长沙：湖南教育出版社，1984：135.

② 陶行知.学生自治问题之研究[M]//华中师范学院教育科学研究所.陶行知全集：第1卷.长沙：湖南教育出版社，1984：136.

③ 陶行知.学生自治问题之研究[M]//华中师范学院教育科学研究所.陶行知全集：第1卷.长沙：湖南教育出版社，1984：136.

④ 陶行知.学生自治问题之研究[M]//华中师范学院教育科学研究所.陶行知全集：第1卷.长沙：湖南教育出版社，1984：135.

⑤ 陶行知.育才学校公约草案[M]//方明.陶行知全集：第4卷.成都：四川教育出版社，2005：619.

新生活中学习民主。"①专制生活中可以培养奴才和奴隶，但不能培养人民做主人。而民主生活，即民主教育是教人做主人，做自己的主人，做国家的主人，做世界的主人。怎样实现在民主生活中学习民主？在陶行知看来，首先，要有自觉的纪律。他说："民主生活并非乱杂得没有纪律。民主要有自觉的纪律，人民只可以在民主的自觉纪律中学习做主人翁"②，"民主也不是绝对的自由。民主有民主的纪律，与专制纪律不同。专制纪律是盲从。民主纪律是自觉的集体的，不但要人服从纪律，还要人懂得为什么"③。其次，学校应是"民主的温床"④。学生有自治的权利和义务、事体和机会，并有制度和组织保障。再次，要有民主的校长和教师以及民主教育的课程和方法。陶行知提出民主的校长有四项任务——培养在职的教师，并使教师进步；通过教员使学生进步并且丰富的进步；在学校中提拔为老百姓服务的人，如小先生之类；将校门打开，运用社会的力量，使学校进步，动员学校的力量，帮助社会进步⑤。民主的教师有六种素养——虚心；宽容；与学生共甘苦；跟民众学习；跟小孩子学习；消极方面，肃清形式、先生架子、师生的严格界限⑥。民主教育的方法要采用自动的方法，启发的方法，手脑并用的方法，教学做合一的方法，尤其要注重"六大解放"——解放眼睛、解放双手、解放头脑、解放嘴、解放空间、解放时间⑦。

---

① 陶行知.领导者再教育[M]//华中师范学院教育科学研究所.陶行知全集:第3卷.长沙:湖南教育出版社,1985:596-597.

② 陶行知.创造的儿童教育[M]//华中师范学院教育科学研究所.陶行知全集:第3卷.长沙:湖南教育出版社,1985:529.

③ 陶行知.实施民主教育的提纲[M]//华中师范学院教育科学研究所.陶行知全集:第3卷.长沙:湖南教育出版社,1985:544.

④ 陶行知.实施民主教育的提纲[M]//华中师范学院教育科学研究所.陶行知全集:第3卷.长沙:湖南教育出版社,1985:545.

⑤ 陶行知.实施民主教育的提纲[M]//华中师范学院教育科学研究所.陶行知全集:第3卷.长沙:湖南教育出版社,1985:545.

⑥ 陶行知.实施民主教育的提纲[M]//华中师范学院教育科学研究所.陶行知全集:第3卷.长沙:湖南教育出版社,1985:543.

⑦ 陶行知.实施民主教育的提纲[M]//华中师范学院教育科学研究所.陶行知全集:第3卷.长沙:湖南教育出版社,1985:542-543.

四、在自动上培养自动力

学生是行动的主体，道德教育须重视"实行"。育才学校有"五路探讨"：体验、看书、求师、访友、思考。此"五路"是根据"行是知之始"及自动的原则排列的。作为修养方法，它与《中庸》所倡导的修养方法——博学、审问、慎思、明辨、笃行之程序相反。陶行知说，体验相当于笃行；看书、求师、访友相当于博学；思考相当于审问、慎思、明辨。这就把传统的道理颠倒过来。在这里，"体验"即笃行，是始基，是根本，是第一步，"行动是思想的母亲"。早在1919年，陶行知就提出"修身伦理一类的学问，最应注意的，在乎实行"①，并尖锐地批评道："现今学校中所通行的修身伦理，很少实行的机会；即或有之，亦不过练习仪式而已。所以嘴里讲道德，耳朵听道德，而所行所为却不能合乎道德的标准，无形无影当中，把道德与行为分而为二。"②故而他强调指出："若想除去这种弊端，非给学生种种机会，练习道德的行为不可。"③

然而，行动有盲目的行动、自发的行动、自觉的行动之分。陶行知反对盲目的行动，摒弃自发的行动。他在《生活教育之特质》一文中批判"狭隘经验论"，把没有理论和理性指导而盲行盲动的人比喻为"跌进狭义的经验论的泥沟里"的"一只小泥鳅"；并指出行动必需是有理论、有组织、有计划的战斗的行动。在《育才两周岁前夜》一文中，他提出"在自动上培养自动力"，并区分出"自觉的行动"与"自发的行动"。他说："生活、工作、学习倘使都能自动，则教育之收效定能事半功倍。所以我们特别注意自动力之培养，使它贯彻于全部的生活工作学习之中。自动是自觉的行动，而不是自发的行动。自发的行动是自然而然的原始行动，可以不

---

① 陶行知.学生自治问题之研究[M]//华中师范学院教育科学研究所.陶行知全集：第1卷.长沙：湖南教育出版社，1984：134.

② 陶行知.学生自治问题之研究[M]//华中师范学院教育科学研究所.陶行知全集：第1卷.长沙：湖南教育出版社，1984：134.

③ 陶行知.学生自治问题之研究[M]//华中师范学院教育科学研究所.陶行知全集：第1卷.长沙：湖南教育出版社，1984：134.

学而能。自觉的行动，需要适当的培养而后可以实现。故自动不与培养对立，相反的自动有待于正确的培养。"①只有在自动上培养自动，才是正确的培养。所以，陶行知提出育才学校的根本方针"是要在自动上培养自动力"②。这就是说，道德教育必须在道德实践上培养道德践行能力，发挥学生的主动性、积极性、自觉性。

---

① 陶行知.育才二周岁前夜[M]//华中师范学院教育科学研究所.陶行知全集:第2卷.长沙:湖南教育出版社,1985:445.

② 陶行知.育才二周岁前夜[M]//华中师范学院教育科学研究所.陶行知全集:第2卷.长沙:湖南教育出版社,1985:446.

第二章　美德的可教性

第一节　美德是否可教之问辨析

陶行知在《中国的道德和宗教教育》一文中说:

　　道德与宗教教育问题是老生常谈,其历史与人类社会一样古老。希腊哲人苏格拉底首先以一种哲学化的表达方式把这个问题概括为:"美德可以传授吗?"普罗塔哥拉斯(原书中使用的是"普罗塔哥拉斯",本书中用"普罗泰戈拉"——著者注)认为可以,而苏格拉底持相反的观点。但是,归根结底,他们自己也颇多困惑,因为他们的观点自相矛盾,导致这个问题依然不甚明晰。然而,对一个现代的教育者来说,这不再是一个难题。现代教育者要面对的最重要的问题不是"美德可以传授吗",而是"如何传授美德"①。

　　在这里,陶行知将苏格拉底之问(美德可以传授吗?)的哲学化表达方式或哲学化问题转换为技术化表达方式(如何传授美德?)或技术化问题。陶行知的基本假设是:美德是可教的。美德的可教性问题,在古希腊柏拉图那里,成为一个悖论:他一面说美德可教,一面又说美德不可教。柏拉图在《美诺篇》中提出的美德可教论认为美德即知识,灵魂是不朽的,学习就是回忆。每个人先天就带来不朽的灵魂及其中的知识,教育就是帮助人回忆先天即有的美德知识。但是柏拉图却在其《普罗泰戈拉篇》中抬出

---

　　① 陶行知.中国的道德与宗教教育[M]//方明.陶行知全集:第12卷.成都:四川教育出版社,2005:16.

苏格拉底，让其与普罗泰戈拉辩论"德行是否可教"，并借苏格拉底之口，认为德行不可传授。

一、苏格拉底的"困惑"与"自相矛盾"

苏格拉底关于美德的知识固有说与其"自知其无知"说、知识唤醒说、学习即回忆说，是自相矛盾的。

在《普罗泰戈拉篇》中，苏格拉底不同意普罗泰戈拉的美德可教论。普罗泰戈拉说他不同于其他智者。那些智者对学生不好，他们不受各种职业的束缚，但被这些智者老师们驱赶着回到这些职业化的学习上来，教他们学算术、天文学、几何学、音乐。而普罗泰戈拉说他自己是让学生学到他想要学的东西，即学会恰当地照料私事和国家事务，这样就能妥善管理好家庭，在国家事务上善发言和行动。苏格拉底将此归结为政治技艺的教育，它教人成为善良的公民，但是苏格拉底认为这种事情不能拿来教给别人，它既不能由一个人教给另一个人，也不能由一个人灌输给另一个人。因为技术性事务，诸如建筑或造船之类，人们往往唯专家是从，信服经由专门学习和教育的少数行家，说明这类事情是可教的，亦即可以由一个人教给另一个人。

但是在涉及国家的统治问题上，若是在国民大会上，站起来发言提建议的人可以是建筑师、铁匠、鞋匠、商人、船主，无论他们是富裕的还是贫穷的，也无论他们出身高贵还是低贱。然而并不会有人抗议，说这些人没有任何专业知识，也不会指责他们在这方面毫无师承，就随便发言提建议。究其原因，正在于他们并不认为这类事情是能教的[①]。柏拉图《普罗泰戈拉篇》设计的辩论话题之论证过于模糊，失之笼统。技术性事务可教，即是说专门技术可以由外向内地外铄于人，而国家事务（包括道德、德行）不可教，是因为这方面事情不要专门知识，每个人每天都在行动，都有这方面的知识和技艺，都有发言权，不需要从他人处获得这方面的知识和技术。这显然是失之偏颇的。国家事务、政治技艺、国家统治，诸如此

① 柏拉图.普罗泰戈拉篇[M]//柏拉图全集:第1卷.王晓朝,译.北京:人民出版社, 2002:440.

类的事务，过于宽泛，怎一个"不可教"将之打发？这方面也有需要学习的专门知识，并非如苏格拉底所言，纵使不受教育，人人亦可自由发言、提建议。一个没有接受此方面教育之人，他能发什么言？提什么建议？就以道德建设来说，他所发之言，所提建议，亦只不过是其狭隘的经验。按照苏格拉底的说法，技术性专业知识可以由一个人教给另一个人。这种"教"当然是外铄性的，而美德要靠行动，美德知识是行动性知识、实践性知识，它不可从一个人传至另一个人。

在苏格拉底那里，最聪明、最优秀的人也不能将他们的优秀品德赋予他人。如伯利克里①的两个孩子，没有受过他的专门训练，也没有托付给其他老师，而在各方面都受到最好的教育。他们就像献给神的牛犊一样被自由自在放出去吃草，偶然碰上什么美德就自己吃了进去②。从这里可以看出，美德就像牛吃进草一样，也是从外部进入人的心灵里的，可以由一个人教给另一个人。苏格拉底的这一隐喻，与之前所言的美德不能由一个人教给另一个人，由一个人灌输给另一个人，是相矛盾的。苏格拉底还举一例，反驳美德可教论：伯利克里是克利尼亚的监护人，他担心克利尼亚受其兄影响变坏，于是就把克利尼亚领走，安置在阿里夫隆家里。六个月没到，阿里夫隆就将克利尼亚送回，因为他对克利尼亚束手无策。故此苏格拉底得出结论：杰出人物从来没有使任何人变得较好③。显然，苏格拉底完全忽视环境和他人对于一个人品德的作用，过于看重个人自我的作用，以为品德修养完全是一个人自己的事情，环境和他人无能为力或作用不大。这就与其一贯倡导的"产婆术"自相矛盾。在"产婆术"之下，一个人的品德是自己固有的，包括知识、智慧在内的品德是与生俱来的，但是处于沉睡状态，必须经由"产婆术"方可得以激活、唤醒，通过回忆式学习产生出来，否则便不能产生。其实，产婆术也是教育之术。

---

①伯利克里(约公元前494—公元前429年)，古希腊奴隶主民主政治的杰出代表者，古代世界著名的政治家之一。

②柏拉图.普罗泰戈拉篇[M]//柏拉图全集:第1卷.王晓朝，译.北京:人民出版社，2002:441.

③柏拉图.普罗泰戈拉篇[M]//柏拉图全集:第1卷.王晓朝，译.北京:人民出版社，2002:441.

二、普罗泰戈拉的"困惑"与"自相矛盾"

普罗泰戈拉（公元前481—公元前411年）是古希腊智者派中最重要的人物。他与当时唯物主义者德谟克利特，同出生于阿布德拉城。他是代表奴隶主民主派的思想家，曾在意大利南部积极帮助城邦统治者建立民主共和国，他又是雅典民主派政治大家伯利克里的好朋友。但是，他的学说的流行，引起了贵族派思想家苏格拉底与柏拉图的反对。普罗泰戈拉曾因写《论神》，怀疑神的存在，被反动派控告为不信神者。普罗泰戈拉的著作，仅留下残篇。他的言论常在反对者的著作中作为被攻击的对象而保留一部分传至后世。柏拉图《普罗泰戈拉篇》中涉及美德是否可教部分，尽管经过歪曲，但也还能从中窥得一些本来的意义[①]。

普罗泰戈拉在与苏格拉底交流时，坦承他不像其他智者一样用各种技艺——诗歌、宗教、音乐、体育——作掩护以躲避人们对智者的怨恨，而是公开承认自己是一名智者和教育家，这样做比隐匿或否认是一种更好的、谨慎的做法。在此语境下，普罗泰戈拉跟苏格拉底说他可以让年轻学生学会恰当照料私事和公事。然而因苏格拉底对于智者抱有成见，认为智者只不过是一些批发或零售灵魂粮食的商人，而不是真正的教育家，故而将话题引至包括道德和德行的政治技艺的传授上来，而不相信美德是可教的。可是苏格拉底似乎又有点动摇，于是央求普罗泰戈拉进一步证明美德的可教性。在这种情况下，普罗泰戈拉答应为苏格拉底解释其美德可教理论。

普罗泰戈拉本来是不信神的，《著作残篇》载有其言：关于神，我既不知道他们是否存在，也不知道他们像什么东西。因为有很多事情，如问题模糊不清，人生短促，阻碍我们了解这点[②]。但是在柏拉图《普罗泰戈拉篇》中，普罗泰戈拉说：宙斯派赫尔墨斯来到人间，把尊敬和正义带给人类。在将尊敬和正义两种美德分配给少数人还是分配给所有人的问题上，

[①] 周辅成.西方伦理学名著选辑：上卷[M].北京：商务印书馆，1984：19.

[②] 普罗泰戈拉.著作残篇[M]//周辅成.西方伦理学名著选辑：上卷.北京：商务印书馆，1984：27.

宙斯要将之分给所有人，让他们每人都有一份，并且要定下一条法律，如果有人不能获得这两种美德，那么应当将之处死，因为这种人是国家的祸害①。宙斯乃众神之王，统治世界的至高无上的主神，既已将尊敬和正义两种美德分配给所有人，焉有人不能获得这两种美德？品德既是神定，按理人人皆有，与生俱来，怎么还有人缺失这两种美德？这若是真正出自普罗泰戈拉之口，怎么解释其美德可教之说？这是一惑。

普罗泰戈拉还论证，人皆相信拥有德行，包括正义感和公民道德，否则便不是人，而被视为疯狂。一个人不擅长吹笛子或其他专门技艺，而自吹自擂自命擅长，必遭嘲笑或厌恶。这种不诚的表现自会遭人唾弃。然而，在道德上，即使人皆知某人是邪恶的（《西方伦理学名著选辑》译为不诚实②，以下简称《选辑》），倘使某人竟敢公开事实真相说自己的不是，反对自己，如果是在上述涉及专门技艺的情形下，会被视为美德，说真话，但在此道德情形下则被视为疯狂。这就是说，每个人不论是好是坏（《选辑》译为是否诚实），都应自认是好人（《选辑》译为诚实）。不以此为掩饰之人一定是神经不正常，因为一个人不可能不拥有一份正义（《选辑》译为诚实），否则他就不是人③。在普罗泰戈拉看来，在涉及专门技艺时，人应该客观，而在德行上要掩饰不德（包括《选辑》中的邪恶或不诚实）。不诚实的人宣布真相反对自己，应是最大的诚实、至诚，邪恶之人把关于他自己的事实真相公之于众，也是良心发现，人们应当鼓励其自我检讨、勇敢地自我批评，而不是在错误的道路上越走越远，为什么还要加以反对？长此以往，不是在营造虚假吗？有错误不敢承认反说正确，缺德、失德反被说成高尚，道德还有进步吗？是为再惑。

陶行知当年在研究普罗泰戈拉和苏格拉底论辩美德是否可教问题时所产生的对于两位哲人"困惑"和"自相矛盾"之论是否如上所述，不得而知。然而，陶行知所提的两位大家所辩之美德是否可教问题"依然不甚明晰"，似成教育人的难题。柏拉图在设计此问题时，可能有意提醒后人存在着美德教育之两式，即外铄式和内发式：苏格拉底重内发，而普罗泰戈拉重外铄。现代教育者仍然面临此两式抉择之困惑。陶行知所说的对现代教育者而言"这不再是一个难题"，可能是基于其试验主义理论背景而提出的。其所提现代教育者要面对的最重要的问题是"如何传授美德"问题，其假设是美德可教，仍然与美德是否可教问题密切相关。

第二节　美德可教的人学基础

生活教育的终极目的是帮助人获得有意义的生命，过有意义的生活。道德是人的生命与生活中须臾不可离的，是人的意义之所在，是人诗意栖居的基础、根本。道德在人们生活中有着极为重要的地位。道德是德育的旨归，又是德育的起点、依凭、内容。陶行知将苏格拉底"美德可以传授吗"之问这一"哲学化表达方式"，转换为"如何传授美德"之问，美德教育重在落实。陶行知心目中的德育是要培养有道德的人，培养合理的人生，创造富有意义的人生。

一、生活本位的人

人是什么？这是一个永恒的斯芬克斯之谜，是人学的核心命题、本原命题。古往今来的思想家、教育家无不关注、思忖这一历久弥新的人学之谜，并阐发灼见。古希腊圣哲苏格拉底教导人们"认识你自己"，智者普罗泰戈拉认定"人是万物的尺度"。近代科学鼻祖笛卡尔以主客二分的思维揭示人的本质"我思故我在"。哥尼斯堡哲人康德提出"人是目的"这一著名论断。

马克思主义认为人不是抽象的人，而是具体的人、现实的人、社会的人，一句话即社会关系中的个人。人既是孤独的、单个的人，又是社会的人。单个的人有维系其生存及其亲人生存的需要，有满足其欲望和发展其天赋才能的需要。人又是一个过着社会生活的动物。作为社会的人，每一个人与他人、社会之间存在着复杂的联系，"对于个人来说，'社会'这个抽象概念意味着他对同时代人以及以前所有各代人的直接关系和间接关系的总和"①。陶行知的生活教育哲学十分重视社会关系中的个人和个人所结成的社会。人与人的关系，人与社会的关系，不外乎一个人与其亲人、家庭、朋友、民族、国家、世界之间的关系。这些社会关系中，有的是较直接的关系，有的是较间接的关系。

在社会与个人两端，社会本位论与个人本位论各执一端。前者是无"人"说，后者是唯"人"说。陶行知的生活本位论在个人与社会关系上的问题不同于此二说，该理论强调人的社会关系，持一种关系取向的理论，即马克思主义的个人与社会相统一的理论。个人是社会中的人，社会是由无数个人所组成的。个人为社会利益、公共利益服务，并不意味着个性的泯灭。尊重个人价值、个人利益与尊崇社会价值、社会利益，在根本上是一致的。与个人本位论者无条件地夸大个人价值、个人凌驾于社会之上的观点不同，个人与社会相统一理论即关系取向理论认为，虽然个人能够自己进行思考、感觉、奋斗和工作，但在其物质与精神生活中，个人又是那样依靠社会，以至在社会组织以外，就不可能想起他，也不可能理解他。是社会供给人以粮食、衣服、住宅、劳动工具、语言、思想形式和大部分思想内容。人的个性的形成主要取决于人在发展中所处的环境，取决于他所成长于其中的社会的结构，取决于那个社会的传统，也取决于社会对各种特殊行为的评价②。陶行知十分重视人之生活的环境影响力，因为环境能够给人以助力，包括阳光、空气、食物、饮料以及语言、文字、真知、灼见以及人与人之间的互相提携等等，皆具有辅助我们生长的作用。然而个人对于社会的依赖性，被社会本位论者引证来作为"个人不存在"、"个人不具有任何价值"等论调的根据。在这一点上，关系取向论者又区别于社会本位论者，即是说，在由无数个人所组成的社会中，真正可贵的是有创

---

① 爱因斯坦.为什么要社会主义?[M]//爱因斯坦文集:第3卷.许良英,赵中立,张宣三,编译.北京:商务印书馆,1979:269.

② 爱因斯坦.为什么要社会主义?[M]//爱因斯坦文集:第3卷.许良英,赵中立,张宣三,编译.北京:商务印书馆,1979:269.

造性的、有感情的个人，只有个人才能创造出高尚的和卓越的东西①。只有个人才赋有灵魂。一个由没有个人独创性和个人志愿的规格统一的个人所组成的社会，将是一个没有发展可能的不幸的社会②。

人之所以为人，就在于人具有利他性。个人有益于他人、社会，也会使自己受益；一个人在使别人幸福的同时，自身也达到完美。人是为别人而生存的——首先是为那样一些人，他们的喜悦和健康关系着我们自己的幸福，然后是为许多我们所不认识的人，他们的命运通过同情的纽带同我们紧密相连③。个人的生命只有当它用来使一切有生命的东西都生活得更高尚、更优美时才有意义。生命是神圣的，也就是说它的价值最高④。我们的衣食住行都是同胞们辛勤劳动所创造的，我们应该诚实地回报他们的劳动。我们不仅应该从事一些能使自己满意的工作，而且还应从事公认为能为他们服务的工作⑤。这也就是马克思所说的"人类的天性"：一个人只为自己劳动，他永远不能成为高尚的人。人类的天性本来就是这样的：人们只有为同时代人的完美、为他们的幸福而工作，才能使自己也达到完美。如果一个人只为自己劳动，他也许能够成为著名学者、大哲学家、卓越诗人，然而他永远不能成为完美无瑕的伟大人物。历史承认那些为共同目标劳动因而自己变得高尚的人是伟大人物；经验赞美那些为大多数人带来幸福的人是最幸福的人⑥。

在生活本位取向即关系取向的视野中，除了个人与其亲人、朋友、民

① 爱因斯坦.我的世界观[M]//爱因斯坦文集：第3卷.许良英,赵中立,张宣三,编译.北京：商务印书馆,1979:44.

② 爱因斯坦.论教育[M]//爱因斯坦文集：第3卷.许良英,赵中立,张宣三,编译.北京：商务印书馆,1979:143.

③ 爱因斯坦.我的世界观[M]//爱因斯坦文集：第3卷.许良英,赵中立,张宣三,编译.北京：商务印书馆,1979:42.

④ 爱因斯坦.有没有一种犹太人的生命观?[M]//爱因斯坦文集：第3卷.许良英,赵中立,张宣三,编译.北京：商务印书馆,1979:103.

⑤ 海伦·杜卡斯,巴纳希·霍夫曼.爱因斯坦谈人生[M].高志凯,译.北京：世界知识出版社,1984.57.

⑥ 马克思.青年在择业时的考虑[M]//中共中央马克思恩格斯列宁斯大林著作编译局.马克思恩格斯全集：第40卷.北京：人民出版社,1956:7.

族、国家、世界等这些外在的关系外，还有个人与自我这一深层的内在的关系。内在的自我关系是外在的人际关系在个人心灵上的反映，外在的人际关系只有通过内在的自我关系才能达到协调。和谐的社会、和谐的生活有赖于个人的和谐人格，讲的即是外在社会关系建设要依靠个人内在的自我关系，即人与自我之间的关系。可是人未必了解自我、知道自己。一个人要对他人指手画脚，做出公正和明智的忠告是容易的，但要对自己进行公正而明智的判断很困难。并且，人也很少能够认清或洞明他自己内心所发生的事情，也很少能够扪心自问。这可能是人性的弱点。于是，陶行知提出"每天四问"①，正好像先贤"吾日三省吾身"一样。因为每一个人的行为，不仅受着外界的强迫，而且要适应内心的必然。为了适应内心的必然，个人就需要自我剖析、自我反思，以获得自知之明。人有了自知之明，便能有所为有所不为，获得自己所需要的东西，并且事事亨通顺遂，从而享受许多幸福；相反，人无自知之明，便要求别人承认自己比同伴更高明、更强，或者更有才智，进而产生唯我独尊的态度，这无论对个人还是对社会都是有害的②。因为这种不认识自己，对于自己的才能有错误估计的人，对于别的人和别的人类事务也就会有同样的情况，他们既不知道自己所需要的是什么，也不知自己所做的是什么，也不知道自己所与之交往的人是怎样的人，而由于他们对于这一切都没有正确的认识，他们就不但得不到幸福，反而要陷于祸患③。个人内在的自我关系直接影响到外在人际关系的和谐。这是陶行知高度重视培养"真善美的活人"、倡导人民自己教育自己的思想之源。人学之谜的揭橥，是陶行知德育哲学之要务。

二、人性：善性与恶性

作为教育理论工作者，陶行知对于人性问题有自己的灼见。他曾经在

---

① 陶行知.每天四问［M］//华中师范学院教育科学研究所.陶行知全集：第3卷.长沙：湖南教育出版社,1985：463.

② 爱因斯坦.论教育［M］//爱因斯坦文集：第3卷.许良英,赵中立,张宣三,编译.北京：商务印书馆,1979：144-145.

③ 色诺芬.苏格拉底回忆录［M］.吴永泉,译.北京：商务印书馆,2010：150.

南京高等师范学校开设过"教育学"一课，编写了《教育学讲义》，其中有《性论》一章，包括性之本源、性之生理、性之原素、性之种类、性之作用、性与教育的关系等节内容①。陶行知所讲的"性论"就是人性论。教育学家无不涉猎人性问题，因为人性与教育关系甚大。陶行知认为："教育乃最有效力之事业。教育能改良个人之天性。人之性情有善有恶，教育能使恶者变善，善者益善。即个人性情中亦有善分子与恶分子，且善分子中亦含有恶。如爱，乃性情中之善分子也；而爱极生妒，变善为恶矣。恶分子中亦含有善，如怒，乃性情中之恶分子也，然文王一怒而安天下，用恶为善矣。教育乃取恶性中之善分子，去善性中之恶分子。如开矿然，泥内含金，金内亦杂有泥。开矿者取泥内之金，去金内之泥，然后成为贵品。教育亦若是矣。"②这里所言之"人之天性"、"人之性情"与人性似有二致。人性之性，《说文》曰："人之阳气性善者也。"孔子提出"性相近也，习相远也"（《论语·阳货篇》），性与习对举，所以荀子说："生之所以然者之谓性"（《荀子·正名篇》），"不可学，不可事，而在人者谓之性"（《荀子·性恶篇》）。

他还在《中国师范教育建设论》一文中说："教什么和怎样教，决不是凌空可以规定的，他们都包含'人'的问题。这问题就是：教谁？人不同，则教的东西、教的方法、教的分量、教的次序都跟着不同了。我们要晓得受教的人在生长历程中之能力需要，然后才能晓得要教他什么和怎样教他。"③

陶行知认识到人的社会关系属性与人的自然属性。他怀疑人的本性是善的学说，并提出"人中人"、"环境中的人"的人学思想。孟子道性善："君子所性，仁义礼智根于心，其生色也睟（义为清和润泽，温和——著者注）然，见于面，盎于背，施于四体，四体不言而喻"（《孟子·尽心

---

① 南京高等师范学校体育专修科各学科教授大纲[M]//潘懋元,刘海峰.中国近代教育史资料汇编:高等教育.上海:上海教育出版社,1993:727.

② 陶行知.师范生应有之观念[M]//方明.陶行知全集:第1卷.成都:四川教育出版社,2005:218-219.

③ 陶行知.中国师范教育建设论[M]//华中师范学院教育科学研究所.陶行知全集:第1卷.长沙:湖南教育出版社,1984:638.

上》），"仁义礼智，非由外铄我也，我固有之也"（《孟子·告子上》）。还说："恻隐之心，人皆有之；羞恶之心，人皆有之；恭敬之心，人皆有之；是非之心，人皆有之。恻隐之心，仁也；羞恶之心，义也；恭敬之心，礼也；是非之心，智也"（《孟子·告子上》），"人皆有不忍人之心。……无恻隐之心，非人也；无羞恶之心，非人也；无辞让之心，非人也；无是非之心，非人也"（《孟子·公孙丑上》），人固有的善性、四心，即是人之四端，"人之有是四端也，犹其有四体也。……凡有四端于我者，知皆扩而充之矣，若火之始然，泉之始达"（《孟子·公孙丑上》）。人的"四心"、"四端"就像人的四肢，这是人之为人的独特性，"四心"派生出"四德"，心是本源，是泉源，是星星之火，扩充之便会产生人的品德。这就是孟子所谓的"四端之心"。与"四端之心"相连的是孟子的"良知良能"说："人之所不学而知之谓良知也，不学而能之谓良能也。"（《孟子·尽心上》）陶行知以现代生理学知识否定了"是非之心"与"良知良能"——性善之存在。他在《是非》一文中说：

> 孟子说："是非之心，人皆有之。"生理心理学家把人的头脑解剖实验了几千百次，至今没有找着这样一个专管是非的"心"。
>
> 是非只是判断行为的一种符号。这种判断的能力是在判断上得来的。它是在实际生活里学得的本领，不是与生俱来的良知良能①。

这是在根本上否定了性善论，乃至心学本体论——良知论。王阳明《阳明传习录·中》云："是非之心，不虑而知，不学而能，所谓良知也。良知之在人心，无间于圣愚，天下古今所同也。"②更是竭力推崇是非之心，如曰："良知只是个是非之心，是非只是个好恶，只好恶就尽了是非，只是非就尽了万事万变。"③又曰："是非两字，是个大规矩，巧处则存乎其

① 陶行知.是非[M]//华中师范学院教育科学研究所.陶行知全集:第2卷.长沙:湖南教育出版社,1985:458.

② 王守仁.阳明传习录[M].杨国荣,导读.上海:上海古籍出版社,2000:249.

③ 王守仁.阳明传习录[M].杨国荣,导读.上海:上海古籍出版社,2000:283.

人。"①是非，既是在实际生活里学来的，当然不是先天的良知良能，是非之心不是先天的，良知也不是先天的。

陶行知在《中国师范教育建设论》一文中提出其人性假设：人"不是孤立的，它是环境当中的一个人"②。环境对于人的生活有两种力量，一是助力，一是阻力。助力包括自然界的光线、空气、食物、饮料，在正常情况下，都是有助于人生长的，社会里语言、文字、真知、灼见及人与人之间的互相提携，也具有辅助我们生长的作用；阻力也有自然和社会方面的。

抽象的人性论视人为"孤立的人"、"抽象的人"，撇开人的生活条件和社会环境。然而，人与社会是统一的。马克思认为，"我的普遍意识不过是以现实共同体、社会存在物为生动形式的那个东西的理论形式，而在今天，普遍意识是现实生活的抽象，并且作为这样的抽象是与现实生活相敌对的。因此，我的普遍意识的活动——作为一种活动——也是我作为社会存在物的理论存在。首先应当避免重新把社会当作抽象的东西同个体对立起来。个体是社会存在物。因此，他的生命表现，即使不采取共同的、同他人一起完成的生命表现这种直接形式，也是社会生活的表现和确证。人的个体生活和类生活不是各不相同的，尽管个人生活的存在方式是——必然是——类生活的较为特殊的或者较为普遍的方式，而类生活是较为特殊的或较为普遍的个体生活。作为类意识，人确证自己的现实的社会生活，并且只是在思维复现自己的现实存在；反之，类存在则在类意识中确证自己，并且在自己的普遍性中作为思维着的存在物自为地存在着。因此，人是一个特殊的个体，并且正是他的特殊性使他成为一个个体，成为一个现实的、单个的社会存在物，同样，他也是总体，观念的总体，被思考和被感知的社会的自为的主体存在，正如他在现实中既作为对社会存在的直观和现实享受而存在，又作为人的生命表现的总体而存在一样"③。人，一方面是社会存在物，另一方面是一个特殊的个体，具有具体性、现实性、特

① 王守仁.阳明传习录[M].杨国荣,导读.上海:上海古籍出版社,2000:283.

② 陶行知.中国师范教育建设论[M]//华中师范学院教育科学研究所.陶行知全集:第1卷.长沙:湖南教育出版社,1984:639.

③ 马克思.1844年经济学哲学手稿[M].北京:人民出版社,2000:84.

殊的社会关系性。

陶行知没有如马克思一样的哲学分析，但在哲学观点上与马克思的观点是相通的，即把人看作具体的、现实的人，看作活生生的人，即环境中的人，其理想人格是做人中人，做真人，不做人上人，不做人下人，不做假人。在他那里，一个人是千万人的出发点。人与社会是分不开的，分开则非人，人具有社会属性。大学时代的陶行知就在其毕业论文《共和精义》中提出"个人为社会而生，社会为个人而立"[①]。

1931年，陶行知在《假好人》一文中说：假好人"看去是真的，又象有几分假；听来是假的，又像有几分真。真中有假，假又象真，把人弄得头昏脑黑，无从辨别"[②]。所以，他感慨地说："假社会当中做人是多么难对付的一件事啊！"，"世界如何坏？坏在假好人。口是而心非，虽人不是人"[③]。假好人只有人的自然属性，而丧失了人的社会属性，所以"虽人不是人"，虽然是"人"，但不是真正的人。

陶行知讥讽那些"知识私有"、不愿为民众服务的"自私人"，称他们为"木头人"：

> 有一次我到南通州去推广"小先生"，写了一篇一分钟演讲词，内中有一段："读了书，不教人。甚么人？不是人。"我讲过后有一个小孩子马上来说，陶先生，你的演讲最好把"不是人"改为"木头人"，"木头人"比"不是人"更好了。因为"不是人"三个字不具体，桌子不是人，椅子也不是人，而"木头人"是给了我们一个具体的印象[④]。

"木头人"具象地显现知识私有的读书人自私、无情无义之品质，就像

① 陶行知.共和精义[M]//华中师范学院教育科学研究所.陶行知全集:第1卷.长沙:湖南教育出版社,1984:47.
② 陶行知.假好人[M]//华中师范学院教育科学研究所.陶行知全集:第2卷.长沙:湖南教育出版社,1985:338.
③ 陶行知.假好人[M]//华中师范学院教育科学研究所.陶行知全集:第2卷.长沙:湖南教育出版社,1985:338.
④ 陶行知.创造的儿童教育[M]//华中师范学院教育科学研究所.陶行知全集:第3卷.长沙:湖南教育出版社,1985:524.

木头一样，它虽然是"人"，但不是一般的人，不是社会的人、具有社会属性的人，而是只有自然属性的人。

人是环境的产物，又具有主观能动性，这就会造就人的变易性。陶行知在《古庙敲钟录》里说："人是会变的。传统的教师会变成革命的教师。你不要以为，你是一个维新的分子，就以为别人都是守旧的分子。你更不可以为，一个人现在守旧便永远守旧。"①人是发展变化的，因人有意志、毅力，敢教日月换新天，愚公移山，铁杵磨成针，可以为证。陶行知进一步说："沙漠造成良田在埃及可以看见这人工的奇迹。二十二年前，我们中国这块土地叫做大清帝国，现在叫中华民国。从大清帝国变成中华民国，这个奇迹是中国人的力量干出来的。你不要小看自己的力量。世界是人的决心与智慧所造成的。只要你有决心与智慧，你必定可以开辟出一个新天地来。"②

陶行知也注意到人的性情："劳思逸，疲思安，人之情也。"③这在荀子看来，是人之恶性："今人之性，生而有好利焉……；生而有疾恶焉……；生而有耳目之欲，有好声色焉"④，"今人之性，饥而欲饱，寒而欲暖，劳而欲休，此人之情性也"⑤。这是人的自然本性，人有如此之性，也是一种动物性或曰兽性。恩格斯曾经指出过："人来源于动物界这一事实已经决定人永远不能完全摆脱兽性。"⑥

---

① 陶行知.古庙敲钟录[M]//华中师范学院教育科学研究所.陶行知全集:第2卷.长沙:湖南教育出版社,1985:562-563.

② 陶行知.比牛顿大一倍[M]//华中师范学院教育科学研究所.陶行知全集:第2卷.长沙:湖南教育出版社,1985:305.

③ 陶行知.戏剧与教育[M]//方明.陶行知全集:第1卷.成都:四川教育出版社,2005:240.

④ 张觉撰.荀子译注[M].上海:上海古籍出版社,1995:497-498.

⑤ 陶行知.戏剧与教育[M]//方明.陶行知全集:第1卷.成都:四川教育出版社,2005:502.

⑥ 恩格斯.反杜林论[M]//中共中央马克思恩格斯列宁斯大林著作编译局.马克思恩格斯选集:第3卷.北京:人民出版社,1972:140.

陶行知曾说，"人非木石，断没有一定不信的"[①]，又说，"人不是一只猪，何能以肥瘦定高下？"[②]还说，"人同此心，心同此理"[③]。这里的"人非木石"、"人同此心，心同此理"这些话语，有所由来，这就是陆九渊"人非木石，安得无心"说和"人皆有是心，心皆具是理"说。

陆象山有言，"'吾何容心'之说，即无心之说也，故'无心'二字亦不经见。人非木石，安得无心？心于五官最尊大。洪范曰：'思曰睿，睿作圣。'孟子曰：'心之官则思。思则得之，不思不得也。'又曰：'存乎人者，岂无仁义之心哉。'又曰：'至于心，独无所同然乎。'又曰：'君子之所以异于人者，以其存心也。'又曰：'非独贤者有是心也，人皆有之，贤者能勿丧耳。'又曰：'人之所以异于禽兽者，几希。庶民去之，君子存之。'去之者，去此心也，故曰：'此之谓失其本心。'存之者，存此心也，故曰：'大人者不失其赤子之心。'四端者，即此心也。'天之所以与我者'，即此心也。人皆有是心，心皆具是理。心即理也。……所贵乎学者，为其欲穷此理，尽此心也。有所蒙蔽，有所移夺，有所陷溺，则此心为之不灵，此理为之不明。是谓不得其正，其见乃邪见，其说乃邪说。一溺于此，不由讲学，无自而复。故心当论邪正，不可无也。以为吾无心，此即邪说矣"[④]。可见，陶行知的人学思想多少有一些陆九渊思想的影子，只是陶行知加以创造性地转化。人非木石，这里表现事物性的三个层次，即石代表无机物性或非生物性；木即树木，代表生物性；人代表着人性，即在无生物性和生物性基础上的灵性、觉性或心性。

俗语有"人非草木，孰能无情"之语。从"木石"到猪，皆为人之非人形态，可见人之异于禽兽，异于木石。所以孟子有言："人异于禽兽者几希，庶民去之，君子存之。"（《孟子·离娄下》）在人与禽兽相比较下，显现的是人性问题。《礼记·曲礼上》云："鹦鹉能言，不离飞鸟；猩猩能

---

① 陶行知.新教育[M]//华中师范学院教育科学研究所.陶行知全集:第1卷.长沙:湖南教育出版社,1984:131.

② 陶行知.比牛顿大一倍[M]//华中师范学院教育科学研究所.陶行知全集:第2卷.长沙:湖南教育出版社,1985:305.

③ 陶行知.人同此心 心同此理[M]//方明.陶行知全集:第12卷.成都:四川教育出版社,2005:447.

④ 陆九渊.与李宰书之二[M]//陆九渊集.钟哲点,校.中华书局,1980:149.

言，不离禽兽。今人而无礼，虽能言，不亦禽兽之心乎？夫惟禽兽无礼，故父子聚麀（麀，母鹿——著者注）。是故圣人作，为礼以教人，使人以有礼，知自别于禽兽。……人有礼则安，无礼则危。故曰礼者不可不学也。"[①]人身上确有兽性，这是避免不了的，甚至于某些情况下还需要兽性，像鲁迅说的"先成兽身，后养人心"，问题是人怎么调控这种兽性。对此，陶行知将人分为三等人：

> 世上有三等人。第一等人奉头脑做司令；第二等人奉肚皮做司令；第三等人奉生殖器做司令。每人所奉的司令之天然部位便是他的人格的寒暑表。我们要做那一等人便站在那一个司令旗帜之下。我提出这条意见，并不是希望人人去做那不食烟火的神仙和独身主义的和尚尼姑。……我不是主张请头脑出来断绝食色两欲，乃是主张请头脑出来负指挥的责任。一般的人是有时听头脑指挥，有时听肚皮指挥，有时听生殖器指挥。……年青的朋友们！现在是头脑，肚皮，生殖器都在开始招兵，立定你的宗旨，认清你的旗帜，选择你的大帅去投效吧！[②]

这其实是一个人性的问题。以上所说的"劳思逸，疲思安"，这是人情的问题。而奴道、畜道与人道之分以及奴工、畜工与人工之辨，显系人道问题。我们可以看出，在陶行知那里，人性与人道是一个层面的问题，而人情则是下一个层面的问题。人性是相对于物性、动物性、兽性而言，人道是相对于非人道——奴道、畜道——而言，两者皆属人与非人的类问题，是人之为人的社会性。"劳思逸，疲思安"这一人情问题，表征人的自然属性。

人性是存在的，但只有具体的人性，没有抽象的人性。在阶级社会中，人性具有阶级性，人性与社会关系关联。马克思说："人的本质，并不

---

① 陈澔.礼记集说[M].北京:中国书店出版社,1994:3-4.
② 陶行知.世上三等人[M]//华中师范学院教育科学研究所.陶行知全集:第2卷.长沙:湖南教育出版社,1985:308.

是单个人所固有的抽象物。在其现实性上，它是一切社会关系的总和"①，"人的本质是人的真正的社会联系。人在积极实现自己本质的过程中创造、生产人的社会联系、社会本质，而社会本质不是一种同单个人相对立的抽象的一般的力量，而是每一个单个人的本质，是他自己的活动，他自己的生活，他自己的享受，他自己的财富。……人不是抽象概念，而是作为现实的、活生生的、特殊的个人"②。毛泽东也否定抽象的人性，而肯定具体的现实的人性："有没有人性这种东西？当然有的。但是只有具体的人性，没有抽象的人性。在阶级社会里就是只有带着阶级性的人性，而没有什么超阶级的人性。"③所谓具体的人性，就是人所具有的直接关系和间接关系属性，也就是人的社会关系本性。人的创造物应服务于人自身，人是其创造物的主人，并成为后者的合理享用者。然而人并非皆然，人的创造物可能奴役其创造者，人成为其创造物的奴仆，人匍匐于其作品之下，"儿子"变成了"老子"，而"老子"却成为"儿子"。

私有制的社会环境造成人的变异，造成人在时间上的分离与空间上的身心异处，这就是陶行知所言"人上人"、"人下人"与"人中人"之差异，"时代落伍的人"、"超时代的人"与"长久的现代人"之差别。"有些人是超时代，有些人是时代落伍，有些人到了现代还是过着几百年前的生活。"④人性打上社会的烙印，带有阶级性："我是小农人：靠种田生存。为何劳而不获？谁是我的仇人？"⑤自耕农不愿自己有田地，因为在天灾人祸年头，有田不易耕种，还要纳粮，并且寅年纳卯年粮，甚至纳午年粮。所以农民只好驮重利，卖儿女去纳粮。陶行知说农民"九折三分，驮利纳粮钱。良民变成匪，问在何处申冤？""良民变成匪"，社会环境逼良为娼。工

① 马克思.关于费尔巴哈的提纲[M]//中共中央马克思恩格斯列宁斯大林著作编译局.马克思恩格斯选集：第1卷.北京：人民出版社，1972：18.

② 马克思.1844年经济学哲学手稿[M].北京：人民出版社，2000：170-171.

③ 毛泽东.在延安文艺座谈会上的讲话[M]//毛泽东.毛泽东选集：第3卷.北京：人民出版社，1991：870.

④ 陶行知.攻破普及教育之难关[M]//华中师范学院教育科学研究所.陶行知全集：第2卷.长沙：湖南教育出版社，1985：782.

⑤ 陶行知.儿童工歌[M]//华中师范学院教育科学研究所.陶行知全集：第4卷.长沙：湖南教育出版社，1985：111.

人也不是主人翁，陶行知在《工业文明》中说："机器正开工，炉火通红。人与煤炭忒相同！胖子进来瘦子出，俱如烟囱。减少点把钟，加几个铜？工人乐不在工中！如此人间即地狱，翻造天宫。"①后来陶行知将"工人乐不在工中"改为"工人不是主人翁"。人与煤炭相同，是由机器主义即资本主义使然。陶行知所抨击的守知奴也与守财奴一样，从"人"变为"非人"。陶行知写于1934年6月1日的《一对怪胎》诗曰："自私先生，自利太太，生下一对怪胎：大肚的守财奴可鄙，大头的守知奴更坏。传下一代又一代，造成中华民族的大失败。开刀打针要赶快：放出一个个脑袋里的毒汁，取出一个个肚皮里的痞块！如果再马虎，天然淘汰。"②守财奴是大肚的怪物，守知奴是大头的怪物。人不是人，而变成为怪物，起因于社会因素与环境的力量。

第三节　美德可教的伦理学基础

一、陶行知的道德本质观

人们的思想决定于其物质生活条件，随着时代的发展而变迁，陶行知的道德观也是发展的、变迁的。金陵大学求学时期的陶行知不免有资产阶级道德观，自由、平等、博爱是其所处时代之主德，作为热血男儿的陶行知自然信奉。其有言曰："共和之世，人道大昌，待己则自由，待人则亲爱；立于宪法之下，则人我平等。平等、自由、亲爱，社会中之三大要素。"③20世纪20年代历经普及教育和乡村教育实践，陶行知萌生为大众服务、为农人服务的道德观，20世纪30年代又进一步演进为历史唯物主义和为人民服务的道德本质观。

① 陶行知.工业文明[M]//华中师范学院教育科学研究所.陶行知全集：第2卷.长沙：湖南教育出版社,1985：387-388.

② 陶行知.一对妖怪[M]//华中师范学院教育科学研究所.陶行知全集：第4卷.长沙：湖南教育出版社,1985：234.

③ 陶行知.一夫多妻之恶果[M]//华中师范学院教育科学研究所.陶行知全集：第1卷.长沙：湖南教育出版社,1984：10.

马克思主义认为，作为一种社会意识形态，道德是在人类社会的一定的生产方式中产生，受人们的经济基础的制约，并随着经济基础及建基于其上的上层建筑的变化而变化。从总体看，道德具有历史性、民族性和阶级性，这就是所谓的特殊道德，即某一社会历史阶段、某一民族和国家或特定的阶级、社会阶层的道德。除此而外，还有普遍道德，或称普通伦理，这是为了保证人们之间的正常交往，维护正常的社会秩序，需要人们都能接受并共同遵守的道德准则，如保护环境、珍爱生命、爱护儿童、尊敬长辈，讲究卫生以及戒杀人、戒奸淫、戒偷盗等。尽管这些道德准则并非道德中最本质的方面，而且在阶级社会中打上了阶级阶层的烙印，但毕竟起着约束不同阶级阶层人们行为的作用。道德还具有传承性。一般说，特定社会的道德可以为后世所继承。建立在一定的经济基础之上的道德，对经济基础和整个社会的发展，起着巨大的能动作用。道德对社会发展的能动作用，或者是促进作用，或者是促退作用。

陶行知已经认识到道德的时代性、地域性、阶级性。在他看来，是非之判断大都含有时代性、地域性、阶级性。一时代有一时代之"是非"，一地域有一地域之"是非"，一阶级有一阶级之"是非"①。道德还有变易性。道德作为意识形态，会伴随着经济基础的变革而变易。没有一成不变的道德，也就无所谓新旧道德之分。陶行知在《道德问题》一文中提出："道德两字，只有是与不是的问题，不能有新与旧的问题。"②道德，作为人在社会上最适当的行为，适当性是其要义：适当的才是道德，不适当的不是道德。适当性在个人与社会之间，表现为个人有充分的发展而不致损害社会全体之安全，社会有支配的势力而不致损害个人生存的目的。陶行知将之概括为道德原则。有道德原则，则道德在人之为己与为人之间达到一种协调。在陶行知看来，人的本质具有为人性与为己性：为己的行为，未必是不道德行为；反之，为人的行为未必全是道德行为。为人性，可谓社会性，为己性可谓个人性。而社会与个人之间是相辅相成的，不是各自生

① 陶行知.是非[M]//华中师范学院教育科学研究所.陶行知全集:第2卷.长沙:湖南教育出版社,1985:459.

② 陶行知.道德问题[M]//方明.陶行知全集:第11卷.成都:四川教育出版社,2005:251.

存的。故为己之极，反是为人；为人之极，亦可为己。在为人和为己之间，道德可使人定夺最适宜（最适当）之点："至于如何可称道德，即在权衡这为人为己两方面，定夺最适宜之一点的所在。"①这也是道德之为道德的属人性本质之所在，人离不开道德，道德无人则无意义。然而，道德又不是一成不变的，也不是千篇一律的。随着社会变革与发展，道德原则、道德标准亦随之发生变化。不同时代、不同社会、不同民族、不同国家，有不同的道德原则、道德标准。故陶行知反对"恢复旧道德的声浪"②，因为道德不断地迁移。"社会状态何等复杂，个人差别何等显著，社会有流动性，个人亦有流动性"③，社会和人都在变，道德自然也要变，"从古到今，社会不断的变化，道德也不断的迁移，没有一时，没有一地，道德性质不在那里更变。今日称为最适宜的行为，明日也未必适宜；昨日称为最适宜的，今日又未必适宜。换句话说，可以维持此一时代之社会，未必能维持彼一时代的社会"④。社会进化产生道德迁移，道德是随社会进化而迁移的。陶行知看到了道德的变化，在《中华民族之出路与中国教育之出路》一文中提出教育的一项重要任务是教人重订人生价值标准："农业社会与向工业文明前进之农业社会不同。纯粹的农业社会的一切是静止的。向工业文明前进的农业社会的一切是变动的。我们要有动的道德，动的思想，动的法律，动的教育，动的人生观。"⑤进一步说，宇宙在动、世界在动、人生在动，教育怎能不动？一切皆在变化之中，道德也须因时而变、因世而变。故陶行知反对"智识要新，道德要旧"这一应该扫除的迷信思想，认为旧道德只能配合旧智识，新智识必得要求新道德。陶行知从进化

---

① 陶行知.道德问题[M]//方明.陶行知全集:第11卷.成都:四川教育出版社,2005:251.

② 陶行知.道德问题[M]//方明.陶行知全集:第11卷.成都:四川教育出版社,2005:251.

③ 陶行知.道德问题[M]//方明.陶行知全集:第11卷.成都:四川教育出版社,2005:251.

④ 陶行知.道德问题[M]//方明.陶行知全集:第11卷.成都:四川教育出版社,2005:251-252.

⑤ 陶行知.中华民族之出路与中国教育之出路[M]//华中师范学院教育科学研究所.陶行知全集:第2卷.长沙:湖南教育出版社,1985:270.

论角度解释道德迁移、道德变化,同时又看到道德迁移、变化的经济基础和上层建筑的矛盾。他认为,"道德固是造成社会的要素,但时刻显露其裂痕,补救方法,就在时时有适宜的道德,来代替不适宜的地位。如此,社会可以常有进化,个人方面不受压迫"①。道德的时代适宜性,一方面是社会进化所致,另一方面又促进社会进化,而使得个人免受压迫。陶行知之时代适宜性的道德本质观中涵盖着道德的阶级阶层性,且具有历史唯物主义意蕴和视野:

> 时代为动的、进化的,决不长停于一固定之阶段。思想为经济之上层建筑物,经济而发生剧烈之变化,则其上层建筑物,亦必显呈突变,此皆必然之理。故时代既不可以少数人之力而推进,亦不可以少数人之力而阻遏。时代思潮,既不以少数人之偶然感觉而产生,亦不以少数人之反对而消灭。即以人类社会近史而言,由君主专制进而为今日之德谟克拉西(英文democracy的音译,即民主,"五四"运动时称为德先生——著者注),盖亦有其必然,故虽经历长时之争斗而卒底于成功。以昔例今,则今日社会主义思想之流行,又岂偶然,又岂高压反对所可遏制②。

陶行知将道德视为"造成社会的要素",是"习惯的制度"。与法律相比,道德是见解上的,法律是行动上的③。《大戴礼记·礼察》云:凡人之知,能见已然,不能见将然。礼者禁于将然之前,而法者禁于已然之后④。礼可视为道德,法即是法律。在陶行知思想里,道德是一种特殊的上层建筑,是人把握世界的特殊的实践精神——指向实践的观念。可见陶行知的道德本质观与马克思主义道德本质观之基本精神是一致的。法律和道德都

---

① 陶行知.道德问题[M]//方明.陶行知全集:第11卷.成都:四川教育出版社,2005:252.

② 陶行知.左右辨[M]//方明.陶行知全集:第11卷.成都:四川教育出版社,2005:391.

③ 陶行知.道德问题[M]//方明.陶行知全集:第11卷.成都:四川教育出版社,2005:252.

④ 王聘珍.大戴礼记解诂[M].王文锦,点校.北京:中华书局,1983:22.

是社会上层建筑，但是法律是对人的已然行动之制约，道德则是对人的未见行动之观念或良心的禁约。这是陶行知从杜威唯心主义向历史唯物主义转变的一个重要标识。

基于此，陶行知对于所谓的"礼"教和"新生活运动"提出批判。1934年4月4日上海市儿童节纪念会上，有一位儿童代表在演说中提出要小朋友实行"非礼勿视，非礼勿动"的观点。对于此种观点，陶行知表示"有些失望"，并质疑道：

> 礼是什么？朱子注解说礼是天理之节文。天理又是什么？我是虚度了四十几岁，却没有把这个问题弄清楚，更不敢向大家宣传。因为我自己不懂的东西，拿来随嘴乱说，我不是变了一个喇叭吗？当时孔子提倡这种学问的时候，就拿不出证据来。他曾经说过：
>
> "夏礼，吾能言之，杞不足证也。殷礼，吾能言之，宋不足证也。文献不足故也。足，则吾能证之矣。"
>
> ……若说我们现在所提倡的不是古礼而是今礼，那么，今礼是那几条？您若打破砂锅问（纹）到底，便知道"礼"这个字在现在是几乎等于代数学上的"×"——是一个未知数。礼既是一个×，小孩子便无所适从。弄到后来，非礼勿视会变成一个光棍的"勿视"，非礼勿动会变成一个光棍的"勿动"。勿视与勿动只是大人的乱命。小孩不视便是瞎孩子。小孩不动便是死孩子。非礼勿视，非礼勿言，非礼勿听，非礼勿动，是民族自杀的口号[①]。

天理有多个义项，按照《中华古代文化辞典》的解释，至少有三个含义：①指自然的法则。《庄子·天运》："夫至乐者，先应之以人事，顺之以天理，以之以五德，应之以自然，然后调理四时，太和万物。"《韩非子·大体》："寄治乱于法术，托是非于赏罚，属轻重于权衡；不逆天理，不伤情性。"②犹言天道。迷信者谓天能主持公道。南朝梁江淹《知己赋》："谈天理之开基，辩人道之始终。"《京本通俗小说·错斩崔宁》："今日天理昭

---

① 陶行知.从今年的儿童节到明年的儿童节[M]//华中师范学院教育科学研究所.陶行知全集:第2卷.长沙:湖南教育出版社,1985:664.

然，一一是他亲口招承，伏乞相公高台明镜，昭雪前冤。"③儒家把天理看作本然之性。程朱理学将"天理"引申为"天理之性"，是"仁、义、礼、智"的总和，即封建的伦理纲常。他们还把"天理"与"人欲"相对立，成为一种禁欲主义的压抑人性的主张。在明、清时，受到李贽、戴震等进步思想家的有力批判。《礼记·乐记》："好恶无节于内，知诱于外，不能反躬，天理灭矣。夫物之感人无穷……灭天理而穷人欲者也。"孔颖达疏："理，性也，是天之所生本性灭绝矣。"①对于天理是什么之问，把握起来就不是一件易事，但其价值是明见的，尤其是道德上的天理，虽然"礼教吃人"的社会中道德是为统治阶级服务的。

《说文》解释：理，治玉也。顺玉之文而剖析之。《韩非子·解老》云：理者，成物之文也。长短大小、方圆坚脆、轻重白黑之谓理。理与玉相关。《说文》云："玉有五德"——"润泽以温，仁之方也；鰓理自外，可以知中，义之方也；其声舒扬，专以远闻，智之方也；不桡而折，勇之方也；锐廉而不技，洁之方也"。玉石有纹，成玉即理。此"理"，治理也。玉有五德，顺玉"仁义智勇洁"之文，观玉比德，观玉成德。人要成德，须顺物之本性本体。但是此处《韩非子》所云"长短大小、方圆坚脆、轻重白黑之谓理"，强调的是纹理，而《韩非子·和氏》"王乃使玉人理其璞而得宝焉，遂命曰：'和氏之璧'"中的"理"又是作为动词用，即对玉石的加工，"顺玉之文而剖析之"。伦理之理与玉之加工或治玉有密切关系。

天理或理含有多个义项，以致言人人殊。陶行知何以产生"礼是什么"、"天理是什么"之诘问？

陶行知的"礼是什么"、"天理是什么"之诘问，有所由来，这就是前述1934年上海市儿童节纪念会上一儿童代表的演说，要小朋友实行"非礼勿视，非礼勿动"，陶行知闻听此言，觉得"有些失望"。这要归因于蒋介石推行的"新生活运动"。1934年，蒋介石在第五次军事"围剿"的大本营江西南昌发起了所谓重整道德、改变社会风气的运动。因为这一运动是从革新国民的生活习惯着手，所以命名为"新生活运动"。蒋介石并于是年2月19日发表"新生活运动之要义"演讲，以礼义廉耻为日常生活之准则，

---

① 钱玉林，黄丽丽.中华古代文化辞典[M].济南:齐鲁书社,1996:514.

并将其重新解释为：礼是规规矩矩的态度，义是正正当当的行为，廉是清清楚楚的辨别，耻是切切实实的觉悟。5月国民党颁布《新生活运动纲要》，其中对于"礼是规规矩矩的态度"的界定："礼者，理也。理之在自然界者，谓之定律。理之在社会中者，谓之规律。理之在国家者，谓之纪律。人之行为，能以此三律为准绳，谓之规矩。凡守规矩之行为的表现，谓之规规矩矩的态度。"①

显然，陶行知所言"我是虚度了四十几岁，却没有把这个问题弄清楚，更不敢向大家宣传。因为我自己不懂的东西，拿来随嘴乱说，我不是变了一个喇叭吗？"的话是有所指的。陶行知绝不当传声筒，对于蒋介石形式主义的"新生活运动"之反动实质有所洞察，有所针砭。冯玉祥将军后来批评"新生活运动"时说："这十几年来，年年到了新生活纪念日都要开会的，有好多次找我去讲话。其实，新生活是说着骗人的，比如新生活不准打牌，但只有听见说蒋介石来了，才把麻将牌收到抽屉里，表示出一种很守规矩的样子；听见说蒋介石走了，马上就打起麻将来，24圈卫生麻将的、推牌九的、押宝的也都是这个样子。又如新生活不准大吃大喝，普通人吃一桌饭只花8块钱，蒋介石左右的大官吃一桌饭约60元，总是燕窝席、鱼翅席。不但大官是这样奢侈，大官的女人、奴才也是这样。……这些违反所谓新生活的故事，若是发生在离蒋介石远的小官身上，蒋介石也可以装不知道，而这些事都是发生在离蒋介石很近的文武大官身上，这还能装不知道吗？"②冯玉祥又说："……那些书的名字，什么新生活与军事、新生活与政治、新生活与这个与那个，几十个名堂，事实证明是什么？政治是腐败的，军事是无能到极点，经济是贪污到极点，文化是摧毁到极点。实行新生活会有这个样子？"③过度宣传最容易导致形式主义的出现，"新生活运动"期间所产生的许多笑话和虚伪作假的乡愿风气，成为"新生活运动"的最大败笔。一向同情宋家姊妹的美国作家项美丽说，"新生活运动"后来变成了全国性的一场不大不小的笑话。中国近代外交家顾维钧的

---

① 蒋介石.新生活运动纲要[M]//梁由之.梦想与路径——1911—2011百年文萃:1.北京:商务印书馆,2012:365.

② 师永刚,林博文.宋美龄画传[M].北京:作家出版社,2003:51-55.

③ 师永刚,林博文.宋美龄画传[M].北京:作家出版社,2003:55.

第三任妻子黄蕙兰在其回忆录中说，中国驻外人员常有外遇而导致婚变，故在抗战前外交界即戏称新生活运动（New Life Movement）为"新妻子运动"（New Wife Movement）①。宋美龄把推广"新生活运动"当作其政治事业来看待，试图使国人在生活习惯和精神上"脱胎换骨"，不要让西方人"看不起我们"，并借此让国人知道蒋夫人关心大家，其出发点不能说不正确，其用意不可谓不好，但是，这场运动的背景是数千年来根深蒂固的生活习惯和贫穷的广土众民，再加上推行的方法不得当，宋美龄领导的这场运动就像许多运动一样，很快地走进历史而成为明日黄花②。

　　蒋介石企图通过新生活运动这种下层建筑达到其上层建筑的目的，即生活军事化。一些御用文人鼓噪一时，摇旗呐喊，甚至要小孩也"非礼勿视，非礼勿动"。这个"礼"只利于少数人、有产者，而对于多数人、无产者来说却是不利之礼。故陶行知才说"小孩不视便是瞎孩子。小孩不动便是死孩子。非礼勿视，非礼勿言，非礼勿听，非礼勿动，是民族自杀的口号"③。

　　礼之于人不仅具有规约之功，而且有发展之效。古礼也好，今礼也罢，都应该有利于人，有利于儿童，有利于儿童的活动，有利于儿童的发展："中国儿童现在最需要的东西是什么？是动的机会！是自动的机会！是联合自动的机会！"④这种"动"包括科学的"视听言动"，即科学的看、科学的说、科学的听、科学的动。"我们要想创造新民族，只能提倡科学的看，科学的说，科学的听，科学的动！"⑤道德理应有益于人，但在阶级社会里道德被当作工具，用以约束百姓，强制民心，尤其在物质不充裕、生产力不发达的情形下，道德的规约、强制功能更是发挥到极致。

　　因此，道德应该有利于儿童，有利于人民，天理要与人欲结合，礼须

　　① 师永刚,林博文.宋美龄画传[M].北京:作家出版社,2003:50.

　　② 师永刚,林博文.宋美龄画传[M].北京:作家出版社,2003:56.

　　③ 陶行知.从今年的儿童节到明年的儿童节[M]//华中师范学院教育科学研究所.陶行知全集:第2卷.长沙:湖南教育出版社,1985:664.

　　④ 陶行知.从今年的儿童节到明年的儿童节[M]//华中师范学院教育科学研究所.陶行知全集:第2卷.长沙:湖南教育出版社,1985:663.

　　⑤ 陶行知.从今年的儿童节到明年的儿童节[M]//华中师范学院教育科学研究所.陶行知全集:第2卷.长沙:湖南教育出版社,1985:664.

养生，不应害生。在陶行知看来，"中国从前的旧文化，是上了脚镣手铐的。分析起来，就是天理与人欲，以天理压迫人欲，做的事无论怎样，总要以天理为第一要件。他是以天理为一件事，人欲为一件事。人欲是不对的，是没有地位的。……我们不主张以天理来压迫人欲"①。礼教吃人，这是害生之礼，礼教吃的人，骨可以堆成泰山，血可以合成鄱阳湖。陶行知基于如此之恶礼而赞成戴震的思想：理不是欲外之理，不是高高地挂在天上的，欲并不是很坏的东西，而是要有条有理的。教育要达民之情，顺民之意，把天理与人欲相结合："我们这里主张生活即教育，就是要用教育的力量，来达民之情，顺民之意，把天理与人欲打成一片。"②

理与欲是何关系？何为有条有理的欲？天理与人欲如何结合？

法国18世纪唯物主义思想家卢梭认为天然法则与人欲是合一的："我们的欲念是我们保持生存的主要工具，因此，要想消灭它们的话，实在是一件既徒劳又可笑的行为，这等于是要控制自然，要更改上帝的作品。如果上帝要人们从根铲除他赋予人的欲念，则他是既希望人生存，同时又不希望人生存了；他这样做，就要自相矛盾了。他从来没有发布过这种糊涂的命令，在人类的心灵中还没有记载过这样的事情；当上帝希望人做什么事情的时候，他是不会吩咐另一个人去告诉那个人的，他要自己去告诉那个人，他要把他所希望的事情记在那个人的心里。所以，我发现，所有那些想阻止欲念发生的人，和企图从根铲除欲念的人差不多是一样的愚蠢。"③卢梭说："如果我们根据人之欲望是由于人的天性这个事实进行推断，我们是不是因此就可以得出结论说，我们在我们自己身上所感觉到的和看见别人所表现的一切欲念都是自然的呢？是的，它们的来源都是自然的；但是，千百条外来的小溪使这个源头变得很庞大了，它已经是一条不断扩大的大江，我们在其中很难找到几滴原来的水了。我们的自然的欲念是很有限的，它们是我们达到自由的工具，它们使我们能够达到保持生存的目

① 陶行知.生活即教育[M]//华中师范学院教育科学研究所.陶行知全集:第2卷.长沙:湖南教育出版社,1985:184.

② 陶行知.生活即教育[M]//华中师范学院教育科学研究所.陶行知全集:第2卷.长沙:湖南教育出版社,1985:184.

③ 卢梭.爱弥儿:上册[M].李平沤,译.北京:商务印书馆,2009:317.

的。所有那些奴役我们和毁灭我们的欲念，都是从别处得来的；大自然并没有赋予我们这样的欲念，我们擅自把它们作为我们的欲念，是违反它的本意的。"①卢梭根据其自然主义思想，认为人欲与自然之天理一样都是合法的，并进一步区分了天性的、自然的、合法的人欲与后天的社会的欲念，后者是附加上的，不能作为我们的欲念，但是卢梭所谓的"人"还是抽象的人，其所论之合法性是基于上帝的名义，带有资产阶级的妥协性和不彻底性，而陶行知则是基于人民的利益，诉诸人民的欲念，承认人欲的合法、合理性。

卢梭将人欲从本源处加以溯源："我们的种种欲念的发源，所有一切欲念的本源，唯一同人一起产生而且终生不离的根本欲念，是自爱。它是原始的、内在的、先于其他一切欲念的欲念，而且，从一种意义上说，一切其他的欲念只不过是它的演变。从这个意义上说，要是你愿意的话，就可以说，所有的欲念都是自然的。但是，大部分的演变都是有外因的，没有外因，这些演变就绝不会发生；这些演变不仅对我们没有好处，而且还有害处；它们改变了最初的目的，违反了它们的原理。人就是这样脱离自然，同自己相矛盾的。自爱始终是很好的，始终是符合自然的秩序的。由于每一个人对保存自己负有特殊的责任，因此，我们第一个最重要的责任就是而且应当是不断地关心我们的生命。如果他对生命没有最大的兴趣，他怎么去关心它呢？因此，为了保持我们的生存，我们必须要爱自己，我们爱自己要胜过爱其他一切的东西；从这种情感中将直接产生这样一个结果：我们也同时爱保持我们生存的人。"②卢梭将自爱作为其伦理学本体，体现其资产阶级个人主义取向。陶行知早年亦有此思想，在接受马克思主义以后其伦理思想转向革命的伦理观，荡涤其抽象的博爱、民胞思想而转向具体的人民之爱，小我之爱转变为大我之爱，如爱满天下，爱人自爱，自慰慰人，捧着一颗心来，不带半根草去，等等。

卢梭还区分了自爱与自私："自爱心所涉及的只是我们自己，所以当我们真正的需要得到满足的时候，我们就会感到满意的；然而自私心则促使我们同他人进行比较，所以从来没有而且永远也不会有满意的时候，因为

<hr>

① 卢梭.爱弥儿:上册[M].李平沤,译.北京:商务印书馆,2009:317.

② 卢梭.爱弥儿:上册[M].李平沤,译.北京:商务印书馆,2009:318-319.

当它使我们顾自己而不顾别人的时候，还硬要别人先关心我们然后才关心他们自身，这是办不到的。可见，敦厚温和的性情是产生于自爱，而偏执妒忌的性情是产生于自私。因此，要使一个人在本质上很善良，就必须使他的需要少，而且不事事同别人进行比较；如果一个人的需要多，而且又听信偏见，则他在本质上必然要成为一个坏人。"①按照前述陶行知"诚"的观点，诚，即成己成物，亦即自××人，如自觉觉人、自正正人、自治治人、自助助人、自慰慰人、自立立人、自达达人等等，有推己及人、爱人如己之意。卢梭只注重"自爱"，虽也区分了自私和自爱，但是易于引人入歧途，即由自爱，至自恋，而自私。

二、"道德为本"和"德育为本"思想

（一）"德"的含义

陶行知曾言"德也者，使吾人身体揆于中道，智识不致偏倚者也"②，又言"道德为本，智勇为用"③。这是陶行知从道德（品德）的功能角度，对于"德"本身含义的界说。

德，在社会方面，为道德，即外在的、客观的道德规范；在个人方面，为品德，即内在的、主观的道德品质。道德与品德之间关系紧密。作为社会现象，道德是一种社会规则、规范。在中国伦理思想史上，道德规范简称为"道"，它与"德"是既有联系又有不同的两个概念。

甲骨文，像十字路口，即行。十字路口，上北下南，右东左西。《说文》云：行，道也。甲骨文、以及金文，像人的眼睛，即目；甲骨文符号，表示（目）上有一竖，即眼睛上有一竖，似表示人眼睛在向上或向北观望。像一人站在十字路口，眼观北方，翘首北向，有所希

---

① 卢梭.爱弥儿:上册[M].李平沤,译.北京:商务印书馆,2009:320.

② 陶行知.为考试事敬告全国学子[M]//华中师范学院教育科学研究所.陶行知全集:第1卷.长沙:湖南教育出版社,1984:21.

③ 陶行知.为考试事敬告全国学子[M]//华中师范学院教育科学研究所.陶行知全集:第1卷.长沙:湖南教育出版社,1984:21.

冀。行路之人，眼看北方，似与北斗星即北辰有关。孔子有言："为政以德，譬如北辰居其所而众星共之。"（《论语·为政篇》）朱熹《论语集注》释为：政之为言正也，所以正人之不正也。德之为言得也，得于心而不失也。北辰，北极，天之枢也。居其所，不动也。共，向也，言众星四面旋绕而归向之。

《说文》云：德，升也。《说文》又云：昇，日升也。从日升声。古只用升。德的意思是，境界提升。德字的金文中加入🄳，或🐝或🐝"心"字，德与人心关联。《左传·桓公二年》云：在心为德，疏云：德是行之未发也。《左传·成公十六年》云：德，谓人之性行。《周礼·师氏》郑玄注：德行，外内之称，在心为德，施之为行。德，金文🐝、🐝，后被写为"悳"。"德"的原义可能是：在人言可畏的氛围中，人处于困境之时，为了获得与环境的平衡与和谐而进行的一种心理活动。

《说文》曰：悳，外得于人，内得于己也，从直从心。段玉裁《说文解字注》释为：外得于人，谓惠泽使人得之也；内得于己，谓身心所自得也。

《礼记·乐记》载：乐者，通伦理者也。知乐则几于礼矣。礼乐皆得，谓之有德。德者得也。

韩愈《原道》云：博爱之谓仁，行而宜之之谓义，由是而之焉之谓道，足乎己勿待于外之谓德。

凡是个人与天、人、群（社会）之间的关系即物我、人我、群我之间的和谐关系皆以"德"涵盖。概而言之，德就是人与环境相谐和的纽带，是人所应有的品质，这里的"人"既包括个体的人，又包括社群的人和人类的人。

一般认为，"道"是行为应当遵循的准则。人们身处复杂的社会关系之中，在日常生活（衣食住行、婚丧嫁娶、待人接物、饮食男女等），政治生活，经济生活，文化生活中，有一系列的行为规范和准则。这些规范和行为准则即"道"。德是践行准则、实践规范而有所得，即"道"在行为中的实际体现。

道与德分开使用时，界限分明，"道"指的是行为规范准则及相应的意识，相当于人们今天所说的道德要求，是社会现象；德指人的德行，即社会道德要求在人身上的体现。儒家经典著作《论语》中，"道"和"德"是分开使用的，不见"道德"一词。战国时期，"道"与"德"联结为一词，出现"道德"概念，如《荀子·劝学》说："学至乎《礼》而止矣，夫是之谓道德之极。"意思是说，一个人学透了《礼》，学习就到了尽头，这样就达到道德的顶点，当然这是一个人终生的过程。荀子所谓的"道德"有似于今人所言的"思想品德"，即外在的道德规范、道德要求内化为一个人的品德。

作为社会现象的"道"与作为个体现象的"德"能结合起来，反映了两者精神的一致性，"德"所体现的社会性要求是"道"，"道"作为社会提出的要求，要通过个体来实现，这样，"道"又转化为"德"。概言之，社会性的"道"个体化为"德"，而个体化的"德"又体现了社会化之"道"[①]。道德与德性、品德，是一而二，二而一的关系，作为社会存在的道德必寄寓于个人德性，个人德性当然离不开社会道德。故在一定意义上，道德即德性（品德）。所以陶行知有时将二者视为一个东西，用道德替代品德，"道德为本，智勇为用"，"道德不立，智勇乃乖"中的"道德"即"德"，亦即个人品德。

看待一个人的品德，主要是看他的品德行为（德行），同时，还要分析他的行为动机。因为一定的品德行为是受到一定的动机支配的，只有既看其行为表现，又分析支配其行为的动机，才能对一个人的德行做出正确的评价。偶一为之的行为，一时冲动的行为，并不能表明一个人的德性，只有这种行为成为经常的、稳定的行动方式和行为习惯时，才能判定某人具有某种道德品质。黑格尔认为："一个人做了这样或那样一件合乎伦理的事，还不能就说他是有德的；只有当这种行为方式成为他性格中的固定要素时，他才可以说是有德的。德毋宁应该说是一种伦理上的造诣。"[②]

道德是一种社会现象，是社会意识形态之一，是一定社会调整人们之间以及个人与社会之间关系的行为规范的总和，具有舆论性、良心制约性、行动性等特征。品德是一种心理现象，它弥散于心理过程（心理活动）、个性心理之中，但又区别于一般的心理过程和个性心理，它具有道德

① 班华.现代德育论[M].合肥:安徽人民出版社,1996:85.

② 黑格尔.法哲学原理[M].北京:商务印书馆,1961:170.

性、内隐性、行为性和稳定性等特征。作为个人道德品质的德，其对于个人、群体、社会而言，犹木之本、水之源。这就是陶行知名之曰"道德为本"之奥义。

（二）立德与"整个的人"

道德（品质）之于人的整体人格之形成，具有基础和根本的作用。陶行知认为："道德为本，智勇为用。"此道德即个人品德，"道德为本"是说品德是人之为人的根本。王夫之说："何以谓之德？行焉而得之谓也。何以谓之善？处焉而宜之谓也。不行胡得？不处胡宜？"① "行焉"、"处焉"，皆是与别人一起生活、交往、相处。道德使个人身行与心智合于中道，用于正道，于个人则德智勇和谐，于社会便有和谐之貌，造成和谐的生活。

德育之功在于其所建构之道德的本体性。在陶行知看来，道德为本源，为基础，为根本，智勇为功用，为末节。德包含修养、兴味、德操、心志等。修养对于知识、精神乃至身体，皆有功效。

> 做事即修养，修养即做事。余之修养为动的，修养为事务的修养，即以从事为修养的机会。大凡人做一件事体，要是没有兴味，简直可以说没有结果的。要晓得兴味有了，才可以期必往前进。往前进就是肯干。试问没有得着做事的兴味，那里会有前进的精神？越发肯往前进，兴味越发浓厚。因此无论什么事，都可期他必成，都可收很好的结果；并且此一事有了结果，就是彼一事有了起因。做事的时间，越发修养；修养的机会，也同等的增加。事与事相接而来，修养的机会，也就没有间断，兴味更是无穷的了。故我以为做事即修养，修养即做事。然而人何必有修养？修养有什么好处？就普通所得，修可以丰富经验，养可以活泼精神，身体且亦因之健全，所以人人讲修养。不过人之修养，多是静的，余则每以无事为苦②。

---

① 王夫之.礼记章句[M]//船山全书:第4册.船山全书编辑委员会,编校.长沙:岳麓书社,1996:1483.

② 陶行知.与贵州教育团的谈话[M]//华中师范学院教育科学研究所.陶行知全集:第1卷.长沙:湖南教育出版社,1984:120.

爱因斯坦在盛赞居里夫人时说："在象居里夫人这样一位崇高人物结束她的一生的时候，我们不要仅仅满足于回忆她的工作成果对人类已经作出的贡献。第一流人物对于时代和历史进程的意义，在其道德品质方面，也许比单纯的才智成就方面还要大。即使是后者，它们取决于品格的程度，也远超过通常所认为的那样。"①人的才智取决于人的德行，德可以启动、激发才智潜能，开掘智力宝藏。居里夫人高尚的道德品质正是道德修养的结果。陶行知"道德为本，智勇为用"的表达，更加简洁，对我们更有启示作用。

陶行知之品德对于心智、人格的影响理论，其心理基础是"知情意合一"、"智仁勇合一"、"真善美合一"。合一，即统一，合而为一，合成一体。道家说"天人合一"，指的是境界。宋张载《正蒙·神化》曰："推行有渐为化，合一不测为神。"王夫之注："其发而为阴阳，各以序为主辅，而时行物生，不穷于生，化也。其推行之本，则固合为一气，和而不相悖害，阴阳实有之性，名不能施，象不能别，则所谓神也。"②明王守仁《传习录》卷下："我今说个知行合一，正要人晓得一念发动处，便即是行了。"③王阳明的"知行合一"之"合一"观对陶行知影响甚大，陶行知甚至将"合一"与"统一"看作一个概念，如在生活与教育的关系上，他有时说"生活与教育统一"④，有时又说"教育与生活合一"⑤。

德、智、美等人格的协调发展、统一实施，体现了学校教育的内在规律性和必然性。但是人们对这一必然性规律之认识与利用，又是有差异的。归纳起来，有两种基本理论和做法：并重式教育和统一式教育。前者将教育的各组成部分划分为各自独立的单位，分别通过相应的活动或课程加以实施；

① 爱因斯坦.悼念玛丽·居里[M]//纪念爱因斯坦译文集.赵中立，许良英，编译.上海：上海科学技术出版社，1979：37.

② 王夫之.张子正蒙注[M]//船山全书：第12册.船山全书编辑委员会，编校.长沙：岳麓书社，1996：80.

③ 王守仁.阳明传习录[M].杨国荣，导读.上海：上海古籍出版社，2000：268.

④ 陶行知.温泉讨论生活教育[M]//方明.陶行知全集：第12卷.成都：四川教育出版社，2005：383.

⑤ 陶行知.创造的教育[M]//方明.陶行知全集：第12卷.成都：四川教育出版社，2005：42.

后者则将教育的各组成部分统一于某一课程或活动之中，以课程或活动为载体内在地涵盖着诸育。前者将教育分割成不同的板块，分而施之；后者将各育作为整体，兼而施之。并重式教育论又有不同的主张。亚里士多德与卢梭主张阶段教育论——亚氏：体育（0—7岁）、德育（7—14岁）、智育（14—21岁）；卢梭：体育（0—2岁）、感官教育（2—12岁）（此年龄段为教育者自己不教也不让别人教的教育空白区——著者注）、智育（12—15岁）、德育（15—20岁）；裴斯泰洛齐提倡要素教育论——德的要素是爱的情感，母爱式德育激发儿童爱的情感，发展其天赋的道德力量，智的要素是数、形和词，计算、测量和说话的智育与教学活动发展人的天赋智慧，体的要素是关节活动，体育必须从四肢的基本练习开始，进一步扩展到全身的复杂的体力活动。并重式教育的理论与实践皆将教育对人的发展的综合功能割裂开来，其实质乃是官能心理学与形式教育说的翻版。统一式教育不是以分析的模式而是以综合的模式将知、情、意、行或智、仁、勇内包于某一课程或教育活动之中。我国近代学者王国维在《论教育的宗旨》（1906年）一文中提出人心之知、情、意三者互相交错而不可分离，教育不能将之区别对待，有一科而兼德育、智育者，有一科而兼美育、德育者，又有一科而兼此三者，德育、智育、美育三者并行而臻于真善美，再加上身体之训练（体育），就使人成为"完全之人物"。在王国维看来，学校教育科目内在地涵盖着育德、启智、审美的功能。蔡元培进一步认为，各教育科目性质的不同，决定了德育等诸育所占之份数也随之而异，语文（国语国文）涵盖体育成分占百分之十，智育占百分之四十，德育占百分之二十，美育占百分之二十五，世界观占百分之五；其他各科或兼二育，或兼三育，或兼四育，单纯的一育是不存在的。但是，由于时代和阶级的局限，王国维、蔡元培的培养"完人"的统一式教育论是偏狭的、超现实的。蔡元培的教育目的论是于现象世界培养"完全的人格"或称"健全的人格"，进而于实体世界达到超政治、超物质、无差别、无始终的"自由意志"的最高精神境界，这一教育目的论根源于其资产阶级立场和唯心主义世界观[①]。受此教育目的论指导，蔡元培的统一式教育论也是唯心的。

---

① 潘懋元.蔡元培教育思想[M]//潘懋元.潘懋元论高等教育.福州：福建教育出版社，2000：539.

陶行知反对唯知识的教育，反对唯感情的教育，也不主张知情意并重的教育——并重式教育："中国数十年的新教育是知识贩卖的教育，有心人曾慨然提倡感情教育，知情意并重的教育。这种主张，基本上是不错的，但遗憾的是没认清知识教育与感情教育并不对立，同时知情意三者并非从割裂的调练中可以获取。书本教育也许可以使儿童迅速获得知识，神经质的教师也许可以使儿童迅速地获得丰富的感情，专制的训练也许可以使一个人获得独断的意志。"[①]陶行知的意思是说，割裂的、单打一的知识教育可能使人获取知识，割裂的、单打一的感情教育可能使人形成丰富的情感，割裂的、单打一的意志教育可能使人锻炼意志。陶行知在否定这一并重的、割裂的教育之后，发问："我们何所取于这样的知识，何所取于这样的感情，何所取于这样的意志？"[②]陶行知进而提出统一式教育，即"知情意的教育是整个的，统一的"[③]。这是陶行知在"育才学校教育纲要草案"中为育才学校设计的"知情意合一的教育"。按照这种教育，知识教育不是仅仅灌输死的知识，而是在这个过程中将情感教育、意志教育统一、融合于这一过程；情育，即情感教育，不是仅仅培养脆弱的感情，而是在培养应有感情的过程中，融合知识教育和意志教育；意志教育不是发扬个人盲目的意志，而是在培养意志的过程中融入知识教育和情感教育。在这种统一的教育中形成人的知情意，发展完备人格。智仁勇合一的教育亦然。

知情意合一的教育

知情意的教育是整个的，统一的。知的教育不是灌输儿童死的知识，而是同时引起儿童的社会兴趣与行动的意志。情育不是培养儿童脆弱的感情，而是调节并启发儿童应有的感情，主要的是追求真理的感情；在感情之调节与启发中使儿童了解其意义与方法，便同时是知

---

①陶行知.育才学校教育纲要草案[M]//华中师范学院教育科学研究所.陶行知全集：第3卷.长沙：湖南教育出版社，1985：367.

②陶行知.育才学校教育纲要草案[M]//华中师范学院教育科学研究所.陶行知全集：第3卷.长沙：湖南教育出版社，1985：367.

③陶行知.育才学校教育纲要草案[M]//华中师范学院教育科学研究所.陶行知全集：第3卷.长沙：湖南教育出版社，1985：367.

的教育；使养成追求真理的感情并能努力与奉行，便同时是意志教育。意志教育不是发扬个人盲目的意志，而是培养合于社会及历史发展的意志。合理的意志之培养和正确的知识教育不能分开，坚强的意志之获得和一定情况下的情绪激发与冷淡无从割裂。现在我们要求在统一的教育中培养儿童的知情意，启发其自觉，使其人格获得完备的发展。

智仁勇合一的教育

智仁勇三者是中国重要的精神遗产，过去它被认为"天下之达德"；今天依然不失为个人完满发展之重要的指标。尤其是目前抗战建国时期，我们需要智仁勇兼修的个人，不智而仁是懦夫之仁；不智而勇是匹夫之勇；不仁而智是狡黠之智；不仁而勇是小器之勇；不勇而智是清谈之智；不勇而仁是口头之仁。……育才学校不仅是以智仁勇为其局部训练之目标，而是通过全部生活与课程以达到智仁勇之鹄的。我们要求每一个学生个性上滋润着智慧的心，了解社会大众的热诚，服务社会与大众自我牺牲的精神①。

智仁勇合一与知情意合一，具有内在的关联性。智对应知，仁对应情，勇对应意（志）。知—智、情—仁、意—勇各有自己的特性和内涵，它们合在一起便组成整个的心，这便是知情意合一、智仁勇合一的教育。现实中确实存在着灌输儿童死的知识之教育，也存在着培养儿童脆弱的感情之教育，还存在着发扬个人盲目的意志之教育，这些皆是非整个的教育。同样，现实中确实存在着不智的懦夫之仁，不智的匹夫之勇；也存在着不仁的狡黠之智，不仁的小器之勇；不勇的清谈之智，不勇的口头之仁，这些便不是个人完满的发展。所以，陶行知期望以知情意合一、智仁勇合一的教育，来构建个人完满发展、人格完备发展。

（三）德育为本

德育培养人的道德品质，而道德品质之于个人之人格、人生，是本

---

① 陶行知.育才学校教育纲要草案[M]//华中师范学院教育科学研究所.陶行知全集：第3卷.长沙：湖南教育出版社,1985：367-368.

原，是根本，是源泉。陶行知言"道德为本，智勇为用"，"道德不立，智勇乃乖"，"道德是做人的根本"，也透显其德育为本思想。"本"，金文朱在木朱的下部加三点，籀文枻在树枅的下部加三个倒三角靊，表示伸入地下的根。《说文》云："本，木下曰本。从木，一在其下。"①本，根义，为树木供给营养。孔子弟子有若提出："君子务本，本立而道生。孝悌也者，其为仁之本欤！"②《礼记·大学》提出"德本，财末"。一个人的品德是人之为人的根本，智和勇则是功用，是工具。陶行知说："道德为本，智勇为用。欲载岳岳千仞之气概，必先具谡谡松风之德操；欲运落落雪鹤之精神，必先养皑皑冰雪之心志。德也者，所以使吾人身体揆于中道，智识不致偏倚者也。身体揆于正道，而后乃能行其学识，以造人我之幸福；学识不致偏倚，而后乃能指挥身体，以负天降之大任。道德不立，智勇乃乖。"③一个人的品德，可以使人揆于中道，进而可以使其学识、智力善用。"揆于中道"源于《孟子·离娄上》："上无道揆也，下无法守也。"朱熹《孟子集注》释"道揆"：道，义理也；揆，度也。道揆，谓以义理度量事物而制其宜④。陶行知将"道揆"演绎为"揆于中道"，表示人由内在之德外化为德行，即身体揆于中道，身行中道，善行其智以造福社会。道德是做人的根本，智力与勇猛仅可当作做人的工具，被人使用。一个人要想有万仞山一样崇高的气概，首先要修成谡谡松风般稳固的德操；要具落落白鹤般杰出的精神，首先要养成冰清雪白的心志。德这种品质，可以使人的身行合乎道义，知识用于正途。身行合乎道义，就能正当运用其学识，以为人类创造幸福；学识用于正途，就能调控身体，以实现天降之大任。道德不修，智勇就会为害。

德育在教育中居于什么地位？德育是培养人的道德品质的教育活动。人的道德品质在人的个性结构中居于核心地位，起着主导作用。苏联教育家苏霍姆林斯基说："人的所有各个方面和特征的和谐，都是由某种主导

---

① 许慎.说文解字[M].北京：中华书局，1963：118.

② 杨伯峻.论语译注[M].北京：中华书局，2006：2.

③ 陶行知.为考试事敬告全国学子[M]//华中师范学院教育科学研究所.陶行知全集：第1卷.长沙：湖南教育出版社，1984：21.

④ 朱熹.四书章句集注[M].上海：上海书店出版社，1987：92.

的、首要的东西所决定的……在这个和谐里起决定作用的、主导作用的成分就是道德"[①]，"道德是照亮一切方面的光源，而同时它又是人的个性的一个个别的特殊方面"[②]。这与陶行知"道德为本"思想如出一辙。

人的品德与个性发展的其他方面相比，不能说谁是主要的，谁是次要的。苏霍姆林斯基在强调品德的重要地位和作用的同时还提醒人们："让我们再一次重复地说明，没有可能，也没有必要规定出，在这个和谐中，什么是主要的，什么是次要的，我们只能说，全面发展的某些方面（角度、特点）对于人的整个精神世界的影响可能比其他的方面大一点。"[③]人们的道德动机、道德需要、道德观是支配、调节人的行为的，是人们行为的内在动因，德育的任务之一就是要形成人的内部动力系统。苏霍姆林斯基曾说，只有当道德渗入人的个性的一切方面，从而"在每个人面前打开通往公民、思想、创造、美感、知识等珍品的道路时，——只有在这种条件下，全面发展的思想才能充分实现"[④]。陶行知说："道德是做人的根本，根本一坏，纵然使你有一些学问和本领，也无甚用处。否则，没有道德的人，学问和本领愈大，就能为非作恶愈大，所以我在不久以前，就提出'人格防'来，要我们大家'建筑人格长城'。建筑人格长城的基础，就是道德。"[⑤]

在人的发展中，德育所解决的是发展人的方向问题。德育所培养的人的品德引导着人的个性向一定方向发展，它对个性的发展起着定向作用。爱因斯坦认为，"教育的首要任务可能就是把道德变成一种动力，并使人清楚地认识到这一点"[⑥]。因为"人类最重要的努力莫过于在我们的行动中力求维护道德准则。我们的内心平衡甚至我们的生存本身全都有赖于此。只

① 苏霍姆林斯基.给教师的建议[M].北京:教育科学出版社,1984:360.

② 苏霍姆林斯基.给教师的建议[M].北京:教育科学出版社,1984:380.

③ 苏霍姆林斯基.给教师的建议[M].北京:教育科学出版社,1984:381.

④ 苏霍姆林斯基.给教师的建议[M].北京:教育科学出版社,1984:363.

⑤ 陶行知.每天四问[M]//华中师范学院教育科学研究所.陶行知全集:第3卷.长沙:湖南教育出版社,1985:471.

⑥ 海伦·杜卡斯,巴纳希·霍夫曼.爱因斯坦谈人生[M].高志凯,译.北京:世界知识出版社,1984:83.

有按道德行事，才能赋予生活以美和尊严"①。陶行知"道德不立，智勇乃乖"的观点，从消极面道出了爱因斯坦话语积极的正面效应。所以，陶行知进一步指出，先生不应该专教书，他的责任是教人做人。学生不应当专读书，他的责任是学习人生之道。陶行知希望其子女，也是希望学生做有知识、有实力、有责任心的国民，不要做书呆子②。现在一般学校，只是把学生一个个地化成书呆子。学生须学做事，学做人，不要做书呆子③。

教师教人做人，学生学做人，这是一条放之四海而皆准的颠扑不破的真理。

第四节　美德可教的教育学基础

一、道德可教

道德是否可教问题，一直是人们争论的话题。一般认为，道德是可教的。若不可教，人的德行从何而来？但思想家们热议之，自有其道理。古希腊哲学家苏格拉底对此有两种截然相反的结论。据柏拉图在《美诺篇》和《普罗泰戈拉篇》里说，苏格拉底在与美诺争辩时认为美德可教，因为美德即知识，但是在与智者普罗泰戈拉辩论时却提出美德不可教。为什么出自同一人（苏格拉底）之口，又出自同一人（柏拉图）之笔，道德是否可教问题，却有两种截然相反的结论？这就为后人"虚悬一格"，发人深思。然而，在中国教育文化里，不论性善论者孟轲，还是性恶论者荀卿，从不同的理论前设出发，皆认为道德可教。前者认"人皆可以为尧舜"之理，后者持"涂之人可以为禹"之说。沐浴了中西文化的陶行知既知苏格

---

① 海伦·杜卡斯，巴纳希·霍夫曼.爱因斯坦谈人生[M].高志凯，译.北京：世界知识出版社，1984：83.

② 陶行知.致陶宏的信[M]//华中师范学院教育科学研究所.陶行知全集：第5卷.长沙：湖南教育出版社，1985：174.

③ 陶行知.致陶晓光的信[M]//华中师范学院教育科学研究所.陶行知全集：第5卷.长沙：湖南教育出版社，1985：175.

拉底"道德是否可教"之问，又熟谙孟、荀的人性论，故其对于此问，做出肯定之答。

道德的可教性取决于人的可教性。人的未定型与弱本能使人具有接受教育的潜质。人之可教性在于人的未定型。动物不及人，人异于禽兽，就是因为动物过早的定型化。孔子所言"生而知之者上也"何义，至今还是一个悬案。陶行知对于孔子断语——"生而知之者上也"——持极大的怀疑：

> 孔子曰："生而知之者上也。"美国某哲学家，对于他这句话很有怀疑，他反驳孔子说："生而知之者下也。"可是他的话确乎有根据，譬如最下等的动物——细胞，彼从母体脱离后，凡彼母亲会做的事，彼都会做。再推到小牛，彼虽然不似细胞那样快，但是不用隔多时，举凡彼母亲的事，彼也会做了。小猴子却又不同，彼有几个月要在彼母亲的怀里，因为彼又是较高于小牛的动物。人又不然了，人在小孩子的时期，最早要候二三年后，始能行动，后来又慢慢由幼稚园——至于大学，去学他的技能，以做他父亲会做的事。总之，幼稚时间长，所以可教[①]。

幼稚既是一种年龄概念，也是一种心智状态，指人头脑简单或缺乏经验，这就是人的未成熟状态，它是相对于成熟而言。成熟意味着定型。定型就是事物特点的逐渐形成并固定下来。动物的定型是在一个短时间里完成其特点的形成而达于固定，小牛和小猴子等能在出生后短时间内就与生俱来地获得生存能力，形成其特征。俗语有"小牛倒四方"之说，意思是刚出生的小牛跌跌撞撞倒下又爬起几回，它就会走路。这是小牛行走能力的定型，但是人不具此定型。动物之雏不在短时间内完成定型，就会有生存危机，环境不允许其未定型。与动物不同，人不急于定型，这是因为人在生理上尚未完成，而且"人永远不会变成一个成人，他的生存是一个无止境的完善过程和学习过程。人和其他生物的不同点主要就是由于他的未完成性。事实上，他必须从他的环境中不断地学习那些自然和本能所没有

---

① 陶行知.教育者的机会与责任[M]//华中师范学院教育科学研究所.陶行知全集：第1卷.长沙：湖南教育出版社,1984:257.

赋予他的生存技术。为了求生存和求发展，他不得不继续学习"①。人所以能未定型，这又决定于人类的能力和社会资本。人是社会的动物，人无时无刻不依靠社会，个人是那样地依靠社会，以至在社会组织以外，就不可能想起他，也不可能理解他。是社会供给人以粮食、衣服、住宅、劳动工具、语言、思想形式和大部分思想内容②。当然，是社会供给人赖以生存的各种资本。

这种未定型以及由其造成的个人对于社会的依赖性，决定了人的可教性与可塑性，所以陶行知以为学前期的教育十分重要："小孩子的情感、习惯、倾向，在六岁以前如果培养的不得当，将来要改那可费事啦。比如怕鬼是一种最不合理的情感，几乎完全是妇女们造谣造成功的。结果呢？小时怕鬼，终身怕鬼。六岁以前的教育是多么的重要啊！"③

人的弱本能使人有可能接受教育，包括道德教育。与动物相比，人的生存本能实在逊色。这就决定其必得从后天社会中习得诸多的东西，以维持其生存的需要。法国18世纪哲学家拉·梅特里的著作《人是机器》中有一段很精彩的话："尽管人对于动物有这一切优越之处，但是把人和动物列入一类还是一种荣誉。在未到一定年龄以前，人实在比动物更是一个动物，因为他生而具有的本能还不及动物。

有哪一种动物会饿死在乳汁流成的河里呢？只有人，正像近人根据阿诺勃的理论而讲到的那个老婴儿一样，他既不知道什么食物是他可以吃的，也不认识水可以把他淹死，火可以把他烧成灰烬。试把烛火第一次放到婴儿眼前，他会机械地把手伸到火里去，似乎想知道他看见的究竟是什么新鲜现象；只有等他吃了亏他才认识到这个危险，而第二次就再也不肯上当了。

你再把他和一只动物一起放在山崖边上；只有他才会跌下山谷去！在那只动物由于会游泳而脱险的地方，他却溺死了。在十四五岁的时候，他

①联合国教科文组织国际教育发展委员会.学会生存——教育世界的今天和明天[M].北京:教育科学出版社,1996:196.

②爱因斯坦.为什么要社会主义[M]//爱因斯坦文集:第3卷.许良英,赵中立,张宣三,编译.北京:商务印书馆,1979:269.

③陶行知.古庙敲钟录[M]//华中师范学院教育科学研究所.陶行知全集:第2卷.长沙:湖南教育出版社,1985:518.

还不知道在传种活动里有极大的快乐等待着他；已经是成人的时候，还不大懂得怎样去玩那种游戏，但是自然却很快就把动物们教会了……①

人是万物之灵。人能取万物之长，以成己之长，成就自己，走向完人。陶行知认为："我们人什么事都不如畜生，只有一个长处，这个长处便是会学。人之所以为万物之灵，就是因为他会拜万物做老师。若生而为人，不肯跟万物去学，那便成了世间之蠢物，必受天然淘汰。"②

道德的可教性还取决于人的道德敏感性，即道德发展的关键期，道德教育的早期化。陶行知重视早期的人格形成与培养，他认为人格形成的关键期是在六岁以前，抓住这一关键期，就会打下良好基础，否则，亡羊补牢，事倍功半，如他所言："人格教育端赖六岁以前之培养。凡人生之态度、习惯、倾向，皆可在幼稚时代立一适当基础。吾国人漠视幼稚时代之重要，学校教育耗费精神，纠正幼稚时代已成之不良态度、习惯、倾向，可谓事倍功半。放任者，听其滋长蔓延，不加纠正，更不堪问矣。有志之士，起而创设幼稚园，以正童蒙，宁非当务之亟。"③"正童蒙"，就是蒙昧之孩童通过教育得以养正，即是《周易·蒙》所言"蒙以养正，圣功也"，这是一件了不起的功业。

　　从小学校注意比较家庭送来与幼稚园升来的学生性质，世人乃渐渐的觉得幼儿教育实为人生之基础，不可不乘早给他建立得稳。儿童学者告诉我们，凡人生所需之重要习惯、倾向、态度多半可以在六岁以前培养成功。换句话说，六岁以前是人格陶冶最重要的时期。这个时期培养得好，以后只须顺着他继长增高的培养上去，自然成为社会优良的分子；倘使培养得不好，那么，习惯成了不易改，倾向定了不易移，态度决了不易变④。

①拉·梅特里.人是机器[M].北京:商务印书馆,1959:40.

②陶行知.古庙敲钟录[M]//华中师范学院教育科学研究所.陶行知全集:第2卷.长沙:湖南教育出版社,1985:538-539.

③陶行知.幼稚园应有之改革及进行方法[M]//华中师范学院教育科学研究所.陶行知全集:第5卷.长沙:湖南教育出版社,1985:135.

④陶行知.创设乡村幼稚园宣言书[M]//华中师范学院教育科学研究所.陶行知全集:第1卷.长沙:湖南教育出版社,1984:618.

陶行知还就农村小学设幼稚园一事，在信中强调"六岁以前，为人格陶冶最紧要之时期"①。陶行知在这里强调的是早期教育的重要性，但我们可从中判断出儿童早期阶段是其道德发展的关键期——既易于形成好习惯、好倾向、好态度，又极易形成坏习惯、坏倾向、坏态度。儿童身上存在着一种意大利幼儿教育家蒙台梭利称之为"吸收性心智"这样的东西，亦即成为圣贤的因子或潜质。

> 儿童的创造力是千千万万祖先，至少经过五十万年与环境适应斗争所获得而传下来之才能之精华。发挥或阻碍，加强或削弱，培养或摧残这创造力的是环境。教育是要在儿童自身的基础上，过滤并运用环境的影响，以培养加强发挥这创造力，使他长得更有力量，以贡献于民族与人类。教育不能创造什么，但他能启发解放儿童创造力以从事于创造之工作②。

这种遗传所得的"创造力"就是人作为社会动物之创造潜力或潜能，其中就有道德潜能，也就是人成为圣贤的"活性因子"。

二、人皆可以为圣贤

陶行知承接王阳明"人皆可以为圣贤"的思想，充分肯定人自身的主动性、积极性和创造性："众人意志结合，以成社会邦国。共和主义曰个人者，社会邦国之主人翁也。主人翁可不自重乎？阳明子人皆可以为圣贤之义，实隐符近世共和对于个人之希望。夫人皆可以为圣贤，则人安可不勉为圣贤？天生烝民，有智愚强弱之不同；其见诸事也，复有成败利钝之不同。……然分金，金也；两金，金也；即至亿金、万金，亦金也。轻重不同，其为金则一。人虽贵贱贫富不同，其柔能强，愚能明之，价值则

① 陶行知.农村急需设立幼稚园[M]//华中师范学院教育科学研究所.陶行知全集:第5卷.长沙:湖南教育出版社,1985:137.

② 陶行知.创造的儿童教育[M]//华中师范学院教育科学研究所.陶行知全集:第3卷.长沙:湖南教育出版社,1985:522.

一。"①姑且不论"主人翁"之社会基础，但就其自身品格言之，作为"当家做主之人"，主人翁"自重性"是其成圣的重要心理基础。这是陶行知后来多次强调的人之自觉，教育要启发这种自觉性，促进其觉悟，助长其精神成长，亦即王阳明"人皆可以为圣贤"，孟子"人皆可以为尧舜"，荀子"涂之人可以为禹"等等思想之发挥。

王阳明《阳明传习录·上》（摘录）

圣人之所以为圣，只是其心纯乎天理而无人欲之杂。犹精金之所以为精，但以其成色足而无铜铅之杂也。人到纯乎天理方是圣，金到足色方是精。然圣人之才力，亦有大小不同，犹金之分两有轻重。尧、舜犹万镒，文王、孔子犹九千镒，禹、汤、武王犹七、八千镒，伯夷、伊尹犹四、五千镒。才力不同，而纯乎天理则同，皆可谓之圣人。犹分两虽不同，而足色则同，皆可谓之精金。以五千镒者而入于万镒之中，其足色同也。以夷、尹而厕之尧、孔之间，其纯乎天理同也。盖所以为精金者，在足色，而不在分两。所以为圣者，在纯乎天理，而不在才力也。故虽凡人，而肯为学，使此心纯乎天理，则亦可为圣人。犹一两之金，比之万镒，分两虽悬绝，而其到足色处，可以无愧。故曰"人皆可以为尧舜"者以此。学者学圣人，不过是去人欲而存天理耳。犹炼金而求其足色，金之成色所争不多，则锻炼之工省，而功易成②。

这是人之可教的心理基础。人皆可以为圣贤这一命题之理论基础是性善论。人之初，性本善。人皆有本然的善性，皆有向善、趋善、从善之性。这当然是植根于"性善论"而鼓励人人向善，个个都可以有所作为的命题了。其关键还是一个"不为"与"不能"的问题。无论是君王从政治国，还是个人立身处世都有一个"不为"与"不能"的问题摆在我们面前。认识到这一点后，就可以树立起我们每个人立志向善的信心，从自己

---

① 陶行知.共和精义[M]//华中师范学院教育科学研究所.陶行知全集:第1卷.长沙:湖南教育出版社,1984:46.

② 王守仁.阳明传习录[M].杨国荣,导读.上海:上海古籍出版社,2000:195-196.

力所能及的事情做起，不断完善自己，最终成为一个有所作为的人。说到底，还是反对人自惭形秽、妄自菲薄，要求自尊自贵，凸显人的主体精神和自我教育精神。

《孟子·告子下》（摘录）

曹交问曰："人皆可以为尧舜，有诸？"孟子曰："然。""交闻文王十尺，汤九尺，今交九尺四寸以长，食粟而已，如何则可？"曰："奚有于是？亦为之而已矣。有人于此，力不能胜一匹雏，则为无力人矣；今日举百钧，则为有力人矣。然则举乌获之任，是亦为乌获而已矣。夫人岂以不胜为患哉？弗为耳。徐行后长者谓之弟，疾行先长者谓之不弟。夫徐行者，岂人所不能哉？所不为也。尧舜之道，孝弟而已矣。子服尧之服，诵尧之言，行尧之行，是尧而已矣。子服桀之服，诵桀之言，行桀之行，是桀而已矣。"曰："交得见于邹君，可以假馆，愿留而受业于门。"曰："夫道若大路然，岂难知哉？人病不求耳。子归而求之，有余师。"①

《荀子·性恶》（摘录）

"涂之人可以为禹。"曷谓也？曰：凡禹之所以为禹者，以其为仁义法正也。然则仁义法正有可知可能之理，然而涂之人也，皆有可以知仁义法正之质，皆有可以能仁义法正之具，然则其可以为禹明矣。今以仁义法正为固无可知可能之理邪？然则唯禹不知仁义法正，不能仁义法正也。将使涂之人固无可以知仁义法正之质，而固无可以能仁义法正之具邪？然则涂之人也，且内不可以知父子之义，外不可以知君臣之正。不然，今涂之人者，皆内可以知父子之义，外可以知君臣之正，然则其可以知之质，可以能之具，其在涂之人明矣。今使涂之人者，以其可以知之质，可以能之具，本夫仁义之可知之理、可能之具，然则其可以为禹明矣。今使涂之人伏术为学，专心一志，思索孰察，加日县久，积善而不息，则通于神明，参于天地矣。故圣人者，

---

① 杨伯峻.孟子译注：下册[M].北京：商务印书馆，1984：276-277.

人之所积而致也[①]。

从孟子"人皆可以为尧舜"之说到荀子"涂之人可以为禹"之说,直至近现代学者马一浮[②]所言"人皆可以为圣贤"说（"人皆可以为圣贤,不可妄自菲薄。学而至于圣贤,方为成就。其不免为乡人,亦皆由其自致。此在诸君之取舍为之。"[③]）,皆肯定人的主观能动作用和人的主体精神。"人皆可以为圣贤"理念在陶行知那里表现为人之主体精神和"自我教育精神"。

陶行知说:"我们尊重人类的理性,我们承认凡是人类都是可以教的。"[④]人具有人类理性,这决定了人具有可教性。他秉承儿童主体论（后文有叙,在此不述）,故充分肯定儿童的自我教育精神,认为"育才学校要养成儿童之自我教育精神。除跟教师学外,还跟伙伴学,跟民众学,走向图书馆去学,走向社会与自然界去学。他可以热烈地参加集团生活,但同时又可以冷静地思考问题"[⑤]。按照陶行知的设计,育才学校要每日给予学生相当时间,作为自由思索和自由活动的机会[⑥]。陶行知在此突出儿童通过自主的"学"——跟教师学、跟伙伴学、走向图书馆学、走向社会和自然界学——来达成儿童之自我教育精神的养成。这也是陶行知所强调的"自动主义"精神——"在自动上培养自动力"精神的一种表现。在陶行知看来,儿童身上有一种"自性"。在《新教育》一文中,陶行知以为新教育的目的是养成"自主"、"自立"和"自动"的共和国国民。自主的人就是要做天然界之主,又要做群界之主;至于自立的人,在天然界、群界之中,

---

① 张觉.荀子译注[M].上海:上海古籍出版社,1995:510-511.

② 马一浮(1883—1967年),我国近现代著名的思想家、诗人、书法家,是现代新儒家的代表人物之一。

③ 中国现代学术经典:马一浮卷[M].马镜泉,编校.石家庄:河北教育出版社,1996:610.

④ 陶行知.护校宣言[M]//华中师范学院教育科学研究所.陶行知全集:第2卷.长沙:湖南教育出版社,1985:221.

⑤ 陶行知.育才学校教育纲要草案[M]//华中师范学院教育科学研究所.陶行知全集:第3卷.长沙:湖南教育出版社,1985:374.

⑥ 陶行知.育才学校教育纲要草案[M]//华中师范学院教育科学研究所.陶行知全集:第3卷.长沙:湖南教育出版社,1985:374.

能够自衣自食，不求靠别人。但是单讲自立，不讲自动，还是没有进步，还是不配做共和国国民的资格。要晓得专制国讲服从，共和国也讲服从，不过一是被动的，一是自动的①。与此同时，陶行知力倡"自动主义"教育——智育注重自学，体育注重自强，德育注重自治，以及自由人之自由所包含的自主、自决、自动、自得等等含义，另外，陶行知晚年所力推的"民主教育"——教人做主人，做自己的主人，做国家的主人，做世界的主人，等等，皆有"自性"教育意蕴。

钱学森曾在一次题为"迎接第二次文艺复兴的到来"的讲话中说："我觉得从前的人说什么'神仙'，无非是人们想象出来的东西。但是，如果把人体科学研究的成果运用到培养人的方面，把人的潜在能力发掘出来，那就又高出一层，不仅是人皆可为圣贤，而是人人皆可为'神仙'了。同志们想想，如果把前边讲的神童这套东西发展了，用到教育系统中去，那么，到21世纪，我们就可以做到人皆'圣贤'。如果能从人体特异功能中找出规律，能够挖掘出人的潜在能力，那就是更高一个层次，人皆可为'神仙'。"②钱学森所言也不是要培养什么神仙，只不过是教育要追求的一种境界，就是要最大限度地开掘人的潜能和创造力。这正是陶行知创造教育思想之旨归，即开发创造力，开放人矿中之创造力。

故而陶行知在其《创造宣言》一文中针对一些人的自暴自弃——"我是太无能了，不能创造"，劝慰道："鲁钝的曾参传了孔子的道统。不识字的慧能，传了黄梅的教义。慧能说：'下下人有上上智。'我们岂可以自暴自弃呀！"③所以陶行知认为，处处是创造之地，天天是创造之时，人人是创造之人④。六祖慧能"下下人有上上智"与陶行知"人人是创造之人"睿语，无疑极大提振人的内在积极性和发展创造性，也道出个体人发展的无限本能或潜能。

---

① 陶行知.新教育[M]//华中师范学院教育科学研究所.陶行知全集:第1卷.长沙:湖南教育出版社,1984:123-124.

② 钱学森.人体科学与现代科技发展纵横观[M].北京:人民出版社,1996:419.

③ 陶行知.创造宣言[M]//华中师范学院教育科学研究所.陶行知全集:第3卷.长沙:湖南教育出版社,1985:483-484.

④ 陶行知.创造宣言[M]//华中师范学院教育科学研究所.陶行知全集:第3卷.长沙:湖南教育出版社,1985:484.

第三章　德育与真人观

第一节　"真君子"人格结构解析

君子，《辞海》（缩印本）将之界定为，西周、春秋时对贵族的通称。君子指当时的统治阶级，小人指当时被统治的劳动人民。春秋末年以后，君子与小人逐渐成为"有德者"与"无德者"的称谓[1]。当时所谓的君子，相当于后人所谓的"大人"、"老爷"、"长官"等用语。孔子创造性地赋予君子以人格内涵，视君子人格为理想人格，并将其确定为孔门私学教育目标之一。陶行知将孔子"君子去仁，恶乎成名"之"成名"演绎为"成真人之名"，反映孔子君子人格理想之于陶行知的影响，并被陶行知做了创造性转化，即君子被置换为真人。陶行知在金陵大学求学时期的"真君子"和"真人"人格理想，直接源于孔子之君子人格理想，以至于其平生最后一封写给育才学校全体师生的信还以"智者不惑，仁者不忧，勇者不惧，达者不恋"[2]以及"富贵不能淫，贫贱不能移，威武不能屈，美人不能动"[3]精神勉励师生。可见以孔子为代表的君子人格理想渗入陶行知生命、灵魂之深。本书尝试对孔子君子人格理想（兼及孟子的君子人格理想）进行人格结构之剖析，并简略探寻其对陶行知的影响。兹将孔子的君子人格结构分为品德结构、心智结构和情意结构三个方面，并对此探析。

---

① 辞海编辑委员会.辞海[M].上海：上海辞书出版社,1980：736.

② 陶行知.最后一封信[M]//华中师范学院教育科学研究所.陶行知全集：第5卷.长沙：湖南教育出版社,1985：965.

③ 陶行知.最后一封信[M]//华中师范学院教育科学研究所.陶行知全集：第5卷.长沙：湖南教育出版社,1985：965.

一、品德结构

"君子"一词在孔子思想中被赋予了道德意蕴，因此君子的德性修养是君子基本的品质，是君子人格中的灵魂。具体来说，君子的品德结构由品德的心理内容、心理要素和心理调节三个维度构成。

（一）品德的心理内容

君子品德的心理内容主要涉及"仁"、"德"、"义"、"礼"、"忠信"等德目。

安仁。孔子认为"仁者安仁"（《论语·里仁篇》）。何为"仁"？《礼记·经解》云：上下相亲谓之仁。《礼记·儒行》说：温良者，仁之本也。《礼记·丧服四制》曰：仁者，可以观其爱焉。《礼记·礼运》云：仁者，义之本也，顺之礼也。得之者尊。在孔子那里，"仁"既是德目之总名，又是子德目。"仁"即"爱人"。《论语·雍也篇》云：仁者，己欲立而立人，己欲达而达人。"仁"是孔子思想体系的核心，孔子学说便是仁学。《论语·里仁篇》曰：君子去仁，恶乎成名？君子无终食之间违仁，造次必于是，颠沛必于是。可见，君子不弃仁，且时刻与仁同在，这便是"仁者安仁"的品质。《孟子·公孙丑上》引用孔子言："里仁为美，择不处仁，焉得知？"认为"夫仁，天之尊爵也，人之安宅也"。仁是上天尊贵的爵位，人世安逸的住所。

怀德。《论语·宪问篇》载孔子称赞南容之言："君子哉若人！尚德哉若人！"这是孔子教育学生要向南容学习，为人应如君子般崇尚道德。《论语·里仁篇》云："君子怀德，小人怀土。君子怀刑（同'型'，榜样、模范——著者注），小人怀惠。"在这里可以看出，与小人怀念乡土、想着好处不同，君子见贤思齐，常以德行存心，乐善恶恶。

尚义。《论语·阳货篇》载有孔子言：君子义以为上。君子是尚义的，即崇尚道义。《论语·卫灵公篇》云：君子义以为质。君子将义作为做事之本。《论语·里仁篇》又曰：君子之于天下也，无适也，无莫也，义之于比。即是说，君子对于天下的事，一切唯义是从。所以孔子将义利对举，即《论语·里仁篇》中孔子言：君子喻于义，小人喻于利。《论语·季氏篇》中载孔子之"九思"语，其中之一是"君子见得思义"，也是将得利与思义并提。《论语·微子篇》辑有子路言：君子之仕也，行其义也。子路受老师孔子影响，也表现出对道义之推崇，特别是君子出而为仕，当行其大义，这也是一种尚义的表现。

有礼。孔子之尊礼、爱礼，表现在君子的品格上，如《论语·颜渊篇》曰：君子敬而无失，与人恭而有礼。《论语·雍也篇》曰：君子博学于文，约之以礼。在消极意义上，君子厌恶勇猛而无礼的人。《论语·阳货篇》曰：君子恶勇而不礼者。不礼即是无礼。《论语·先进篇》载冉有语：如其礼乐，以俟君子。君子不仅修养礼节，还致力于礼教，即所谓自助助人。君子有礼教之能。但是这种礼教历经两千多年，到20世纪"新文化运动"时，被人斥为"礼教吃人"。故陶行知反对害生之礼，而倡导利生之礼："礼养生，养生之礼；礼害生，害生之礼。"①

主忠信。《论语·学而篇》载有孔子言：君子主忠信。君子崇尚忠信二德。《论语·卫灵公篇》录孔子语：君子贞而不谅。君子讲信，但不拘于小信。《论语·泰伯篇》记有曾参之语：可以托六尺之孤，可以寄百里之命，临大节而不可夺也！君子人与？君子人也！一个忠信的君子是可以托六尺之孤、寄百里之命的。

改过。在孔子看来，"过则勿惮改"（《论语·学而篇》）是君子的一个重要品质。《论语·子张篇》记有子贡语："君子之过也，如日月之食焉：过也，人皆见之；更也，人皆仰之。"意思是，君子也会犯错误，但其可贵之处是不怕改正错误，所以君子犯错就像日食、月食一样，犯错时，人人都能看到；改错时，人人都仰望之。

敬业。敬业是君子的优秀品质。孔子认为君子九思之一的"事思敬"（《论语·季氏篇》）以及"敬事而信"（《论语·学而篇》）都是君子的敬业精神。《论语·颜渊篇》载有子夏言：君子敬而无失。即是说，君子认真工作，不出差错。《论语·宪问篇》记录了曾参语：君子思不出其位。君子所思、所想皆不超出自己的工作岗位，是职责范围内的事。这也是君子忠于职守的敬业道德品质。

---

① 陶行知.生活即教育[M]//华中师范学院教育科学研究所.陶行知全集:第2卷.长沙:湖南教育出版社,1985:184.

（二）品德的心理要素

君子品德的心理要素，主要表现为"知"（道德认识）、"情"（道德情感）、"信"（道德信念）、"行"（道德行为）。

知。此"知"即"学道"、"学礼"、"知礼"、"知人"。"学道"即学习人伦之道，"君子学道则爱人"（《论语·阳货篇》）。《论语·季氏篇》载孔子言：不学礼，无以立。《论语》最后一章记载孔子的话：不知命，无以为君子；不知礼，无以立；不知言，无以知人。朱熹《四书章句集注》引尹氏语：知斯三者，则君子之事备矣①。可见，"知礼"、"知人"这些道德人伦知识也是君子的必备品质。

情。君子不仅学道、学礼、知礼、知人，而且须具备丰富的道德感。后文有述，在此不叙。

信。信指信心、信念、信仰。道德品质的形成必通过道德信念的作用，方能相对稳定。孔子似乎谙于此道，故他十分重视君子之信。《论语·泰伯篇》录有孔子言：笃信好学，守死善道。笃信即是信念、信仰。在孔子提出的君子"尊五美"中，"欲而不贪"，意思是"欲仁而得仁"，自己需要仁德便得到仁德。这就是道德信念。

行。孔子注重人的道德践行，多次申明君子之行先言后、言行一致的品格，并视"躬行君子"为他的追求目标。《论语·述而篇》录有孔子言：文，莫吾犹人也。躬行君子，则吾未之有得。孔子自谓书本上的学问与别人差不多，但还做不到"躬行君子"。所以，他期望君子"讷于言而敏于行"（《论语·里仁篇》），"先行其言而后从之"（《论语·为政篇》）。

（三）品德的心理调节

这方面品格就是君子的自省精神或曰自我教育精神。孔子期望君子自省自求。君子不断地自我反省，就会自我警醒，从而自觉地自我扬弃，也就问心无愧。《论语·颜渊篇》记载：司马牛问君子。子曰："君子不忧不惧。"曰："不忧不惧，斯谓之君子已乎？"子曰："内省不疚，夫何忧何惧？"司马牛问孔子怎样做一个君子？孔子说："君子不忧愁，不恐惧。"司

---

① 朱熹.四书章句集注[M].上海：上海书店出版社,1987:148.

马牛又问："不忧愁，不恐惧，这样就可以叫作君子吗？孔子答道："问心无愧，还有什么忧愁和恐惧的呢？"按照孔子的设想，做人应"躬自厚而薄责于人"（《论语·卫灵公篇》），君子应该"求诸己"——宽以待人，严于律己。只有小人才"求诸人"——宽以待己，严于律人。所以，《论语·学而篇》载曾子语：我每日反省我所做的三事——为人做谋略是不是忠心，与朋友交往是不是诚信，对老师讲授的东西是不是研习了。子思在《中庸》里借孔子之口说：射有似乎君子，失诸正鹄，反求诸其身。这里说的也是君子自我要求的品格。而孟子崇尚"反求诸己"："仁者如射：射者正己而后发；发而不中，不怨胜己者，反求诸己而已矣。"（《孟子·公孙丑上》）作为一个君子，其要自我反思，反躬自问。陶行知的"每天四问"、"自我教育精神"也是此种自省自求、反求诸己精神的表现。

二、心智结构

孔子心目中的君子不仅具有德性修养，还有大智慧——博学、审问、慎思、明辨、"求为可知"之才能以及"知类通达"之通识。故君子心智结构包含学、问、思、辨、能（力）和通（识）等。

学。孔子一贯注重"学"，他自己就"好学"、"学而不厌"。《论语·子张篇》载子夏言：君子学以致其道。意即君子通过学习获得"道"。《论语·学而篇》云：君子食无求饱，居无求安，敏于事而慎于言，就有道而正焉，可谓好学也已。在日常生活中君子的好学体现在食不求饱、居不求安、敏事慎言，向有学问之人求教。《中庸》曰：好学近乎知。一个人好学差不多也是智慧的。君子除了"好学"，还"博学"，如《论语·雍也篇》载孔子言：君子博学于文，约之以礼，亦可以弗畔矣夫。博学文献是君子的重要品质。

问。孔子一贯主张多疑多问，学贵有疑，因此君子也被其赋予好问精神。《卫灵公篇》录孔子语：不曰"如之何，如之何"者，吾末如之何也已矣。孔子鼓励学生多问几个"如之何"。孔子推崇君子要"疑思问"，遇到疑问，就要请教别人。朱熹《论语集注》云：思问，则疑不蓄[①]。好问则疑

[①] 朱熹.四书章句集注[M].上海：上海书店出版社,1987:124.

释。陶行知的"八贤"即八问，多少与孔子"疑思问"有一定的渊源。

思。"学"与"问"必须提高到"思"的水平。君子在"学"与"问"的基础上必须进一步"思"。《论语·宪问篇》载曾参言：君子思不出其位。君子思考问题不越出自己的职位，即子夏提出的"近思"（《论语·子张篇》）。《孟子·告子上》发展了孔子的"思"论：心之官则思，思则得之，不思则不得也。人心的功能是用来思考的，思考则有收获，不思考则无收获。

辨。辨是思的进一步发展。辨即分辨、分析、辨析，它可以使人形成明确的概念，掌握确切的知识。孔子重视形成学生"辨"的品质，《论语》中有两处记载学生樊迟、子张请教孔子如何"辨惑"之对话。《论语·颜渊篇》载：子张问辨惑。子曰："爱之欲其生，恶之欲其死。既欲其生，又欲其死，是惑也。"同篇中还载：樊迟问辨惑。子曰："一朝之忿，忘其身，以及其亲，非惑与？"虽然孔子没有明确告知君子如何"辨"，但《论语·卫灵公篇》所载孔子言"君子不以言举人，不以人废言"还是能体现君子"明辨"之智的。君子辨"言"，所以"不以言举人"，知"言"而知人，所以"不以人废言"。《论语·尧曰篇》所载孔子语"不知言，无以知人也"中的"知言"即辨"言"，辨别他人的观点和思想，其中的"知人"即辨"人"，辨别他人的是非、正邪。

能（力）。学、问、思、辨皆为人的心理过程，而能（力）是人的重要心理特征之一。《论语·卫灵公篇》载孔子语：君子病无能焉，不病人之不己知也。这里突出君子之能。《论语·宪问篇》云：子曰：不患人之不己知，患其不能也。这也是突出为人所知之能。《论语·里仁篇》又云：子曰：不患无位，患所以立，不患莫己知，求为可知也。这是强调职位之胜任力以及可知之能。《论语·学而篇》记录孔子语：不患人之不己知，患不知人也。即是担心不为人所知之能。朱熹认为此四者"处小异者，屡言而各出也"。"病无能"，即"患其不能"，"患所以立"，"患不知人"。君子"求为可知"，追求使别人知道自己的本领和能力。

通（识）。通（识）者，通达之识见也。《礼记·学记》曰：知类通达，强立而不反，谓之大成；又曰：大道不器。这一思想显然是对孔子"君子不器"（《论语·为政篇》）、"君子上达"（《论语·宪问篇》）思想的发挥和最早注解。"知类通达，强立而不反，谓之大成"，意思是"理明义精，触类而长，无所不通，有卓然自立之行，而外物不得以夺之矣，是大成也"；"大道不器"，即大道不限于一器之用，"无施而不可也"①，"以本原盛大而体无不具，故变通不拘而用无不周也"②。这便是孔子所说"君子不器"、"君子上达"中的君子"知类通达"之品质。

三、情意结构

孔子所设想的君子人格有着良好的情意等心理品质，这可以从心志（理想）、情感、意志、性格几方面探析。

（一）心志

心志即人之理想，心之所至之谓志。心所要到达的地方，即是心志，亦即理想或愿景。孔子自谓"吾十有五而志于学"，又谓"士志于道"（《论语·里仁篇》）。君子应当志存高远。《论语·宪问篇》所载孔子语"君子上达，小人下达"以及《论语·子张篇》中的子夏言君子"学以致其道"即是高远之志。《论语·卫灵公篇》所录孔子语"君子谋道不谋食"和"君子忧道不忧贫"之谋道、忧道，也是君子之高远之志。君子志于大道，君子"修己以敬"、"修己以安人"、"修己以安百姓"（《论语·宪问篇》），亦即《大学》所言"修身、齐家、治国、平天下"。

（二）情感

爱与憎是人的基本情感。君子有爱也有恨。"君子去仁，恶乎成名？"君子没有爱，就不能成为真正的仁者。"君子学道则爱人"，君子通过学"道"，而产生仁爱之心。仁者爱人。仁者，己欲立而立人，己欲达而达人。并且"君子笃于亲"（《论语·泰伯篇》）。《论语·学而篇》载有子言：君子务本，本立而道生。孝弟也者，其为仁之本与。对父母孝，对兄弟友爱，是人之为人的两种基本情感。君子尚有"四海之内，皆兄弟也"

① 陈澔.礼记集说[M].北京:中国书店出版社,1994:310.

② 陈澔.礼记集说[M].北京:中国书店出版社,1994:316.

（《论语·颜渊篇》之情感。君子还具有"泛爱众"的情怀和广博的仁爱之心。君子的恨也是鲜明的。《论语·阳货篇》云：君子有恶：恶称人之恶者，恶居下流而讪上者，恶勇而不礼者，恶果敢而窒者。君子憎恨揭短之人，憎恨在下位而诽谤上级的人，憎恨勇而无礼的人，憎恨只知蛮干而执拗不化的人。君子还有别的情感，如君子"不忧不惧"、"内省不疚"（《论语·颜渊篇》），"君子坦荡荡"（《论语·述而篇》），等等。

（三）意志

意志是人在行动中自觉地克服困难实现预定目的的心理过程。一个人的成长、成才、成人，内因是根据，意志努力起着关键作用。君子更是如此。孔子说："我欲仁，斯仁至矣"，"为仁由己，而由人乎哉？"（《论语·颜渊篇》）君子"欲而不贪"，"欲仁而得仁"（《论语·尧曰篇》）。君子欲而不贪，需要仁德而得到仁德。即使君子穷困无着，仍能持之以恒，"君子固穷，小人穷斯滥矣"（《论语·卫灵公篇》）。君子"临大节而不可夺也"（《论语·泰伯篇》），紧要关头尚不变节的君子也即孟子所谓"富贵不能淫，贫贱不能移，威武不能屈"的大丈夫。

（四）性格

君子的性格特征体现在对自己、他人和社会的态度上，主要是严于律己，宽以待人。《论语·卫灵公篇》云：君子求诸己，小人求诸人。君子要求自己，而小人则要求别人。《论语·学而篇》首章即载有孔子语：人不知而不愠，不亦君子乎？君子乐修自我，不为人知而不愠。君子求在我，所以不在乎别人的知与不知。诚如前述孔子言：君子病无能焉，不病人之不己知。在待人上，子张所言的"君子尊贤而容众，嘉善而矜不能"（《论语·子张篇》）的美德——尊敬贤人又能接纳众人，赞许善行而怜惜能力差的人，也代表孔子的君子美德观。《论语·颜渊篇》载孔子言：君子成人之美，不成人之恶。孔子还设计了君子礼貌待人的品质：与人恭而有礼。在接济他人方面，《论语·雍也篇》所载孔子言"君子周急不继富"就是君子具有对人雪中送炭而不是锦上添花的品格。在对群体、社会的态度方面，君子乐群、团结、正直、富有社会责任感和义务感，《论语·为政篇》

所载孔子语"君子群而不党",朱熹《论语集注》解读为"和以处众曰群,然无阿比之意,故不党";《论语·为政篇》又载孔子语:君子周而不比,小人比而不周。意即君子团结而不勾结,小人反是。孔子还说:君子矜而不争(《论语·卫灵公篇》)。君子和而不同,小人同而不和(《论语·子路篇》),君子无乖戾之心,故"和",小人有阿比之意,故"同"。君子可以承担大任,不拘泥于小事,小人反是,"君子不可小知而可大受也,小人不可大受而可小知也"(《论语·卫灵公篇》)。君子有强烈的社会责任感和使命感,内圣而外王,己立而立人,己达而达人。子路问孔子怎样才算一个真正的君子,孔子说:"完善自我以养成认真负责的态度。"子路又问道:"如此而已?"孔子答:"完善自我进而抚慰他人。"子路接着问:"如此而已?"孔子答道:"完善自我从而使所有百姓皆得安乐。这种品质尧舜还没有达到!"(子路问君子。子曰:"修己以敬。"曰:"如斯而已乎?"曰:"修己以安人。"曰:"如斯而已乎?"曰:"修己以安百姓。修己以安百姓,尧舜其犹病诸?"[①])当然,由于"四体不勤,五谷不分"的孔子本人抱有对于劳动及劳动技能的轻视、蔑视态度,因此他所设想的君子亦不能免。孔子自谓"吾少也贱,故多能鄙事。君子多乎哉?不多也。"(《论语·子罕篇》)君子无须学得这些鄙贱的技艺,因为这些"鄙事"、"小道",虽"有可观者焉",但"致远恐泥,是以君子不为也"(《论语·子张篇》)。这是孔子的时代及社会局限性,我们应加以扬弃。陶行知在真人人格理想的设计上就创造性地扬弃了孔子的这一局限性。后文论及,在此不述。

君子性格特征还表现在言谈、行动、体貌上。君子说话谨慎、行动敏捷,如孔子曰:"君子欲讷于言而敏于行"(《论语·里仁篇》),"敏于事而慎于言"(《论语·学而篇》),"君子名之必可言也,言之必可行也。君子于其言,无所苟而已矣"(《论语·子路篇》)。君子命名当可言说,话说出口,当行得通。君子言语不轻易出口——"君子一言以为知,一言以为不知,言不可不慎也"(《论语·子张篇》)。正所谓君子一言,驷马难追。君子还要"言思忠"(《论语·季氏篇》),"出辞气"(《论语·泰伯篇》),言语要忠诚老实,说话要讲究声调、语气。在体貌上,孔子提出"质胜文则野,文胜质则史。文质彬彬,然后君子"(《论语·雍也篇》)。

①　杨伯峻.论语译注[M].北京:中华书局,2006:179.

这是对重质轻文或重文轻质做法的否定。卫国大夫棘子成则认为"君子质而已矣，何以文为？"子贡加以反驳："惜乎，夫子之说君子也！驷不及舌。文犹质也，质犹文也。虎豹之鞹犹犬羊之鞹。"①君子"色思温，貌思恭"（《论语·季氏篇》）。君子面色要温和，外表要谦恭。君子还有三变："望之俨然，即之也温，听其言也厉。"（《论语·子张篇》）君子看上去很庄重、严肃，接近之觉得温和，听其说话感到严谨。孔子说："君子不重，则不威"（《论语·学而篇》），"君子威而不猛"（《论语·尧曰篇》）。为此君子"正其衣冠，尊其瞻视，俨然人望而畏之"（《论语·尧曰篇》），君子衣冠整洁，目不斜视，庄严而使人生畏。

孔子所建构的君子人格对他的学生及后世影响甚巨，对陶行知人格理想影响深重。《左传·哀公十五年》记载，子路临死前还说："君子死，不免冠"，表现出视死如归的气节。孟子"富贵不能淫，贫贱不能移，威武不能屈"的"大丈夫"与孔子"临大节而不可夺也"的君子气节有渊源关系。荀子"博学而日参省乎己，则知明而行无过"的君子即是孔子口中"博学于文，约之以礼，亦可以弗畔"、"求诸己"的君子。后来历朝历代的知识分子无不以孔子所建构的君子人格为楷模。在金陵大学求学时的陶行知即是这样的知识分子之一，后虽有所扬弃，但是君子人格的基本精神已嵌入陶行知的生命深处。

第二节　真人观的"诚"底蕴

陶行知的真人观与其关于"诚"的思想（简曰"诚"论）有内在的关系，后者也经历一个演变的过程，并在演变中呈现不同的表征。

一、陶行知之"诚"论演变

《说文解字》云：诚，信也。《增韵·清韵》曰：诚，无伪也，真也，实也。《现代汉语词典》（第5版）将"诚"界定为：（心意）真实。《新华字典》（第11版）界定"诚"：①真心，诚实；②实在，的确。诚与信合而

---

① 杨伯峻.论语译注[M].北京:中华书局,2006:142.

为诚信，诚与实合而为诚实或实诚，诚与真合而为真诚。

　　"诚"是儒家，尤其是思孟学派的核心价值之一。《论语》中"诚"字只出现两次，一次出于孔子之口，作为副词用——子曰："'善人为邦百年，亦可以胜残去杀矣。'诚哉是言也！"[①]——诚哉是言，这话真对啊。另一次是孔子引用别人的话，但看上去似是衍文（子张问崇德辨惑。子曰："主忠信，徙义，崇德也。爱之欲其生，恶之欲其死。既欲其生，又欲其死，是惑也。'诚不以富，亦祇以异'。"[②]）"诚不以富，亦祇以异"引自《诗经·小雅·我行其野》，原文"成不以富，亦祇以异"，其中"成"，《论语》作"诚"，通假。孔子未将"诚"视为德目，他是以"信"代"诚"，如"主忠信"、"言忠信"、"谨而信"、"朋友信之"等等。但是《周易·乾·文言》载有孔子言"闲邪存其诚"，"修辞立其诚"，意思是抵制邪恶而存养其诚，修治文教以培植其诚。前者是在消极意义上护持"诚"，后者是在积极意义上提升"诚"。《礼记·大学》首创"诚意"一说。在从格物、致知到正心、修身的内圣过程中，诚意居中，这就是说，没有意诚，便没有心正和身修："所谓诚其意者，毋自欺也。如恶恶臭，如好好色，此之谓自慊。故君子必慎其独也。小人闲居为不善，无所不至，见君子而后厌然，掩其不善，而著其善。人之视己，如见其肺肝然，则何益矣。此谓诚于中，形于外，故君子必慎其独也。曾子曰：'十目所视，十手所指，其严乎！'富润屋，德润身，心广体胖，故君子必诚其意。""诚"被提到与德、心同等的高度——诚其意而德润身，诚于中即心意诚。《礼记·中庸》系统阐述了关于"诚"的观点："诚者，天之道也；诚之者，人之道也。诚者，不勉而中，不思而得，从容中道，圣人也；诚之者，择善而固执之者也"，"诚者自成也；而道，自道也。诚者，物之终始；不诚，无物。是故，君子诚之为贵。诚者，非自成己而已也，所以成物也"，"自诚明，谓之性；自明诚，谓之教。诚则明矣，明则诚矣"，"唯天下至诚，为能尽其性"，"至诚之道，可以前知"，"至诚如神"，"至诚无息"，等等。孟子在《礼记·中庸》关于"诚"的观点基础上进一步加以发挥："居下位而不获于上，民不可得而治也。获于上有道：不信于友，弗获于上矣。信于友有道：事亲弗

<hr>

①　杨伯峻.论语译注[M].北京:中华书局,2006:154.

②　杨伯峻.论语译注[M].北京:中华书局,2006:143.

悦，弗信于友矣。悦亲有道：反身不诚，不悦于亲矣。诚身有道：不明乎善，不诚其亲身矣。是故，诚者，天之道也；思诚者，人之道也。至诚而不动者，未之有也；不诚，未有能动者也。"（《孟子·离娄上》）孟子的"仁义忠信"、"孝悌忠信"、"朋友有信"等等之"信"亦有"诚（信）"之义。

大学求学时期的陶行知对于"诚"有切己的体验，提出为人要为真人，不为假人，做真君子，不做假好人。因为陶知行自己坦承："我之大病根，在喜誉恶毁。名之所在，心即怦然动，伪言行即不时因之而起。事后则痛悔不安，因思不立定宗旨，徒恃克治，终少进步"①，并真切地体验到"诚心终不伪心胜"②，意即诚心敌不过伪心，最终伪心战胜诚心，且特别不满于洋人辱华之语"中华之大病在于不诚"③，并援引西谚"惟真诚为能令国民自由"④，天真地以为"言行真诚，以保守扩张此铁血换来之自由，使外人对于中华民国皆存爱敬心，不起轻慢心"⑤。显然，陶行知的此一"诚"论乃人的一己之私德修养论，兼容了孔子的君子人格论、孟子的"浩然正气"论、王阳明的"致良知"说以及基督教《圣经·新约全书》中耶稣责法利赛人假冒伪善的论说。在陶行知看来，要树立诚心，便要做到杜绝名利欲望，或者考试不作弊。

作为金陵大学优秀毕业生，负笈西洋、学成归来的陶行知，于1918年9月17日在题为"智育大纲"的演讲中，从试验主义新视域对"诚"进行了新的阐释："本校（指南京高等师范学校——著者注）以诚为训育之本，亦以诚为智育之本。盖诚合成己成物而言，故格物所以致知，即所以致诚。

① 陶行知.伪君子篇[M]//华中师范学院教育科学研究所.陶行知全集：第1卷.长沙：湖南教育出版社,1984:28.

② 陶行知.伪君子篇[M]//华中师范学院教育科学研究所.陶行知全集：第1卷.长沙：湖南教育出版社,1984:28.

③ 陶行知.为考试事敬告全国学子[M]//华中师范学院教育科学研究所.陶行知全集：第1卷.长沙：湖南教育出版社,1984:21.

④ 陶行知.为考试事敬告全国学子[M]//华中师范学院教育科学研究所.陶行知全集：第1卷.长沙：湖南教育出版社,1984:21.

⑤ 陶行知.为考试事敬告全国学子[M]//华中师范学院教育科学研究所.陶行知全集：第1卷.长沙：湖南教育出版社,1984:21.

《中庸》曰：'自明诚谓之教。'又曰：'诚之者，择善而固执之者也。'曰明，曰择，皆智育所有事，而皆所以致其诚也。故本校智育，亦以诚为本。依据诚训以养成学生思想及应用能力，则本校智育之标准也。深望诸生能思想以探知识之本源，能应用以求知识之归宿。"[①]训育上的诚，指的是人的良善品行和行为习惯，而智育上的诚则是探明知识之源与流。训育和智育构成教育之主要部分，诚则成为教育之本。南京高等师范学校的校训"诚"令陶行知萌生"以诚为本"的"致诚"教育观。

南京高等师范学校校歌、校训

在开办之初（1914年——著者注），南京高等师范学校就创作并确定了《校歌》。该校歌由校长江谦[②]亲自"作歌"；"制谱"者则是正在南高教授音乐与绘画的李叔同。李叔同（1880—1942年），是一位集戏剧家、文学家、音乐家、书画家等于一身的奇才。出身于进士家庭，早年留学日本，学习西洋绘画和音乐，曾创立春柳社。归国后在浙江两级师范等执教。1915年接受江谦的聘请，担任南京高等师范学校的绘画和音乐教员。他率先采用外国歌曲配制新词作为"学堂乐歌"的教材。作有歌曲《春游》、《早秋》、《送别》、《西湖》等传世，并且对于我国早期的艺术教育具有重要启蒙作用。1918年他在杭州虎跑寺出家，法名演音，号弘一，世人遂称其为弘一法师。由于1918年7月出版的《南京高等师范学校一览》已印有校歌，且词作者江谦在南高的主要活动是在1917年以前，估计该校歌作于1916年前后。

南京高等师范学校校歌的歌词如下：

大哉一诚天下动。

如鼎三足兮，曰知、曰仁、曰勇。

千圣会归兮，集成于孔。

① 陶行知.智育大纲[M]//华中师范学院教育科学研究所.陶行知全集：第1卷.长沙：湖南教育出版社，1984：70.

② 江谦（1876—1942年），字易园，号阳复，安徽婺源（今江西）人。清末民初教育家、佛学家、社会活动家，曾任通州师范学堂堂长（后任校长）、南京高等师范学校校长、安徽省教育司司长、江苏省教育司司长。1942年4月10日病逝于上海。

下开万代旁万方兮，一趋兮同。

蹠海西上兮，江东；

巍巍北极兮，金城之中。

天开教泽兮，吾道无穷；

吾愿无穷兮，如日方暾。

建校初期，南高还确定了校训。经过广泛讨论后确定，南京高等师范学校校训只用一个"诚"字。所谓"诚"就是指道德上的自我完善和知识上的明达物理。南高之所以以"诚"为训，以诚为本，是因为校长江谦认为，诚涵知、仁、勇，诚育德、智、体；全体师生均须以诚植身，以诚修业，以诚健体，以诚处世，以诚待人。所以江谦在歌词的首句便写道："大哉一诚天下动，如鼎三足兮，曰知、曰仁、曰勇"，大气磅礴，醍醐灌顶。

……

江谦乃耆德硕儒，对王阳明之学颇有心得，崇尚俭朴，主张知行合一，言行一致，有始有终。他修"梅庵"，把两江师范学堂监督李瑞清倡导的"嚼得菜根，做得大事"八字校训，作成木匾悬于门首。江谦身体力行，师生竞相仿效。诚实、俭朴、好学、勤劳，渐成风气。

郭秉文继承和发展了江谦的教育主张，坚持以"诚"为训，以培养学生完善人格为办学标准，勉励学生先天下之忧而忧，后天下之乐而乐[1]。

《礼记·中庸》云："自诚明谓之性；自明诚谓之教。诚则明矣，明则诚矣。"由诚这个天之道而明理、明道、明德，此即天性；由明理、明道、明德而致于真诚，即是教育。郑玄注："自，由也。由至诚而有明德，是圣人之性者也。由明德而有至诚，是贤人学以知之也。有至诚则必有明德，有明德则必有至诚。"孔颖达疏："此一经显天性至诚或学而能两者虽异，功用则相通。"天道人道，合二为一，天人合一。求真知，智育之鹄的，致真诚，训育之旨归。真知和真诚，统而言之，也即是"诚"。是故，陶行知将南京高等师范学校校训"诚"，既作为训育之本，又作为智育之本。当

---

① 王德滋.南京大学百年史[M].南京:南京大学出版社,2002:59-60.

然，诚便是教育之本。

1924年南京安徽公学确定"实"校训：金文，。中之，是家的意思；，是贝的意思，即宝贝、钱财；，意思是放钱财宝贝的地方。金文的另一字，用（即贯）取代和的合成字。《说文》曰：实，富也。从宀从贯。贯，货币也。《说文》又曰：富，备也。一曰厚也。备，是完备的意思；厚则是家底厚实之义。《礼记·郊特牲》云：富也者，福也。《墨子·经上》云：实，荣也。《小尔雅》云：实，满也，塞也。《素问·调经论》曰：有者为实，故凡中质充满皆曰实。在南京安徽公学的"实"字校训中，其意重在（德性）笃实、（知识）富实、（身体）健实。

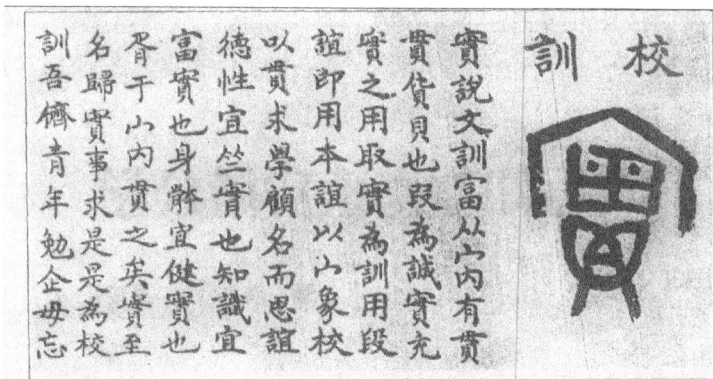

1923年陶行知被推选为南京安徽公学校长。1924年8月7日，中华教育改进社所属全国教育经费委员会在东南大学开会。与会者有董事长熊希龄[1]，董事蔡元培，主任干事陶行知等24人，讨论庚款及收回教育权问题。会间，陶行知请教中等教育宗旨任务等问题，诸人认为，贫弱中国普及国民义务教育，是亟待解决的大事，唯此才能改变"贫愚弱病"的国民状态，中等教育面向青年，当以德智体三育为先，青年学子要明白读书，明理做人。"大学之道，在明德，在亲民，在至善。"治学修身乃应落实在"名"与"实"的统一上，"实"为关键。陶行知乃确定"实"字校训，请

---

① 熊希龄（1870—1937年），字秉三，湖南凤凰人。民国时期政治家、教育家、社会活动家、慈善家，曾任中华民国财政总长、热河都统、国务总理等。退出政界后致力于社会福利和教育事业，1937年12月25日逝世于中国香港。

东南大学"学衡派"古文大家据此意见撰写校训91字文言文。会间，陶行知邀请董事长熊希龄参观南京安徽公学，请熊老为校训题写了"实"字。秋季开学，五米高的校训碑矗立在学校训育室前花园中，上刻熊希龄书写的散盘金文体"实"字，下部后面刻写91字训文。训文是："实说文训富从宀内有贯贯货贝也叚为诚实充实之用取实为训用段谊即用本谊以宀象校以贯求学顾名而思谊德性宜笃实也知识宜富实也身体宜健实也胥于宀内贯之矣实至名归实事求是是为校训吾侪青年勉企毋忘"。

训文翻译后的意思是："实"字，《说文解字》注释说："富也。从宀，内有贯。贯：货贝也。"借作诚实、充实之用，取"实"作为校训用，段（玉裁）注释的意思就是用的本义。现在以宀象征学校，以"贯"象征求学。顾名而思义，（学生）的德性应当笃实，知识应当富实，身体应当健实，（这三者）全部在宀内贯穿包含，这三个方面的要求做到了，在治学之名上才能算实事求是，这就是校训。我们这辈青年，要经常勉励自己，希望时刻不要忘记校训。

1926年，陶行知为学生制成校徽、校服，校服衣领上有圆形"皖中"二字，校徽为三角形，蓝底白字，上边环列"南京安徽公学"六个字，中有一个"实"字。全校以"实"字统领教育质量，校园气象一新[1]。

1927年，陶行知进一步将这一"实"落实于实际生活之上，以实际生活为指南针：我们的真正指南针只是实际生活。实际生活向我们供给无穷的问题，要求不断地解决。我们朝着实际生活走，大致不至于迷路。我们要运用虚心的态度、精密的观察、证实的试验，才能做出创造的工作。这种工作必以实际生活为指南针[2]。他在给朱端琰的信中谈到教学做的中心时说："教学做有一个公共的中心，这'中心'就是事，就是实际生活。实际生活说得明白些，便是日常生活。积日为年，积年为终身，实际生活便是人生的一切。分析开来，战胜实际的困难，解决实际的问题，生实际的利，格实际的物，爱实际的人，求实际的衣、食、住、行，回溯实际的既

---

① 于曰良.陶行知最早制订"中学德智体全面发展"校训[J].爱满天下,2004(05):64-66.

② 陶行知.实际生活是我们的指南针[M]//华中师范学院教育科学研究所.陶行知全集:第5卷.长沙:湖南教育出版社,1985:180.

往，改造实际的现在，探测实际的未来：这些事总结起来，虽不敢概括全部人生，但人生除了这些事，还有什么？在做这些事上去学、去教，虽不敢说有十分收成，但是教成的与学得的必是真本领。实行这种教育的社会，虽不敢必其进步一日千里，但是脚踏实地的帮助天演历程向上向前运行而无一步落空，那是可以断言的。"①从实际出发，从实际生活出发，开展教学做活动，实行教学做合一，这一"诚"的精神，与"一切从实际出发"、"实事求是"的马克思主义精神息息相通，毛泽东曾说："共产党员应是实事求是的模范，又是具有远见卓识的模范。因为只有实事求是，才能完成确定的任务；只有远见卓识，才能不失前进的方向。因此，共产党员又应成为学习的模范，他们每天都是民众的教师，但又每天都是民众的学生。只有向民众学习，向环境学习，向友党友军学习，了解他们，才能对于工作实事求是，对于前途有远见卓识。"②在革命实践这一大事之做的基础上，共产党员既是民众的教师，即教；又是民众的学生，即学，只有这样，才能在工作上实事求是，才能对于前途有远见卓识。

陶行知在征求熊希龄等学界高人的意见基础上，确定南京安徽公学的"实"字校训，与陶行知曾经供职的南京高等师范学校"诚"字校训可以一比。实，亦有"诚"的意思，诚实，也可以说为实诚。《广雅》上说："实，诚也。"南京高等师范学校前身两江师范优级学堂，其校长李瑞清为学生定下的做人规范是"道德为原本，知识极诚明"，并初步形成了"俭朴、勤奋、诚笃"的校风。1914年，两江师范优级学堂改名为南京高等师范学校，江谦出任校长。江谦（易园）继承李瑞清的办学思想，明确校训为"诚"。接着，由校长江谦亲手作词、李叔同作曲的南高校歌诞生，其中的前三句为：大哉一诚天下动。如鼎三足兮曰知曰仁曰勇。千圣会归兮集成于孔③。

---

① 陶行知.谈教学做合一[M]//华中师范学院教育科学研究所.陶行知全集：第5卷.长沙：湖南教育出版社,1985:206.

② 毛泽东.论新阶段[M]//毛泽东.毛泽东选集：第2卷.北京：人民出版社,1991:522-523.

③ 沈卫威.百年南京大学的精神守望[M]//朱庆葆.我的大学.南京：南京大学出版社,2012:23.

　　1927年，陶行知基于一学生说其想做一段时期的政客以谋乡村教育之发展，而与其深入讨论政治家与政客之区别，并撰《政治家与政客》一文。陶行知提出："政治家的存心只是一个诚字，一伪就变为政客了。政治家的动机是为公众谋幸福的，有所私就变为政客了。政治家的进退是以是非为依据，若随利害转移，就变为政客了。政治家的目光注射在久远，若贪近功，就变为政客了。政治家为目的而择手段，政客只管达他的目的而不择手段。政治家是'富贵不能淫，贫贱不能移，威武不能屈'；政客就不然，他的主张，随富贵而变，随贫贱而变，随威武而变。孔子说：'政者正也。'政治家以'正'为家；政客是'正'之客，自外于正的人。政客只怕天下不乱，政治家一心只求天下之治平。"[①]概而言之，"诚"之政治家为公众，依是非，重长远，为目的而择手段，不淫、不移、不屈，只求天下太平；而"伪"之政客有私心，随利害，贪近功，为目的不择手段，随富贵、贫贱、威武而变，自外于正，唯恐天下不乱。

　　1940年3月25日，陶行知在为生活教育社十三周年纪念所写的告同志书中说，今日中国教育最需要而最忽略的一点就是觉悟之启发。虽然生活教育社的宗旨包含启发自觉，但是对此并没有充分讨论。陶行知认为生活教育社所提"集体主义的自我教育"中的"自我"二字若作自觉解更为正确，因为集体教育要通过"自觉"才成为有效的教育，即集体的自觉教育和自觉的集体教育。何为自我？其何以通自觉？

自　　我

　　包含人的行为、意识等一切心理经验的主体，以及等同于主体意义的客观性心理内容。一般分为主体性自我和客体性自我。前者有两层含义：一是指在自己的行为和意识经验中能够感知到的主体自身，它作为对象难以被注意到，但常以第二位的东西被感知，如果被清晰感知到就是"自我意识"；二是指非真实的，它作为直接经验不能被感知，而是为了理解人的行为并进行统一的说明而假设的。主体性自我可以作为行为或心理活动的发动者，以区分经验的主体是否属于自

---

　　① 陶行知.政治家与政客[M]//华中师范学院教育科学研究所.陶行知全集：第2卷.长沙：湖南教育出版社，1985：39.

己。S.弗洛伊德人格结构中的"自我"概念即基于此而提出。客体性自我是指作为文化行为规范经内化后左右一个人行为的心理部分。罗杰斯进一步认为，客体性自我并不是存在于人们头脑中的另一个人，它不指挥人们去行动，只是表征那些能够被个体所知晓和意识到的自己的经验。如文化规范中道德、习俗等的内化，自己的欲望、情感、才能、性格等等①。

在弗洛伊德所谓本我、自我、超我的人格理论中，本我（id）乃是人与生俱来的本能、冲动和欲望等，是一个人最原始的自己，它受快乐原则支配。超我（superego）则是按照社会道德伦理规范而形成的道德化的自我，代表道德准则、理想和良心，其活动遵循至善原则，以监督自我按道德行事。自我（ego）处于本我和超我之间，代表理性和意识，监督人的本能、冲动等本我活动，又给予适当满足，它是按现实原则行事，弗洛伊德将之比喻为马车夫，而本能被喻为马，自我要控制本我，马不听役使，而致使关系僵持，必得一方妥协。所以，自我处于本我、超我和外部世界的夹缝中，致力于调节三者之间的冲突。一个人能够通过自我将本能的我、超我等调适得当，就会形成和谐的、健全的人格。自我教育中的自我既是教育的主体，又是教育的客体。自我作为马车夫，将本我——马作为其驾驭的对象，而其本身又受"道"（道路、道德，即超我）的制约和规约。

陶行知将"集体主义的自我教育"中"自我"释为"自觉"，即是一种反思、自省。而《说文解字》曰：觉，悟也。从见，学省声。一曰发也。这是说，觉，开悟的意思，字形以见为偏旁，又以省略的学为声旁。另一种说法认为，觉是发现的意思。又曰：悟，觉也。觉就是悟，悟就是觉，联合而为"觉悟"。自觉即自悟，觉悟即是自我觉悟。自我教育的本意就是个人自己教育自己，而使人自我觉悟。

由自我教育之自我、自觉，陶行知进一步延伸至"觉悟"，将孙中山所言之"思想贯通"视为"觉悟"。孙中山云："大凡人类对于一件事，研究当中的道理，最先发生思想；思想贯通以后，便起信仰；有了信仰，就生

---

① 顾明远.教育大辞典[M].简编本.上海：上海教育出版社.1999：648-649.

出力量。"①研究而发生思想，思想又经过反思、梳理、整理，形成有系统、有条理的体系，便有思想之贯通。陶行知认为，思想贯通便是觉悟。对于觉悟的本人来说便是自觉。有了觉悟就产生信仰而生出力量②。陶行知转而又发问"觉悟从何而来？"自答曰：从研究而来。研究是追求真理即是求知之行。那么觉悟是从行而来；从"求知之行"而来③。孙中山所言之"思想贯通"，在陶行知看来，即是觉悟。可见，思想本身还不是觉悟，只有思想贯通起来，才能称为觉悟。而思想贯通本身又不能是思想自己内在地产生，而是"行以求知知更行"，按照行—知—行之知行合一或行知合一路径，获致思想贯通，亦即觉悟。陶行知后来将行—知—行而获致觉悟进一步阐释为"融会贯通之思考"："人类与个人最初都由行动而获得真知，故以行动始，以思考终，再以有思考之行动始，以更高一级融会贯通之思考终，再由此而跃入真理之高峰。"④到达真理的巅峰，即臻于"诚"之境地：

中国古代教育是一贯的注重觉悟。"大学之道在明明德。"明德即真理。第一个明字便是明白和阐明。明白是自觉，阐明是觉他。这个道理和"先知觉后知"，"先觉觉后觉"是相通的。并且觉悟是智仁勇三达德之康庄大道。"仁者不忧，智者不惑，勇者不惧。"因为不惑，才能不忧，不惧，不惑便是思想贯通而觉悟了。《中庸》说"不诚无物"。无论是"自诚明"，或是"自明诚"都离不了诚。不诚便没有觉悟。诚心追求真理才能自觉觉他。要负起自觉觉他的任务必定要忠实于真理。比如一个人必定要忠于追求抗战建国的真理才能在抗战建国上自觉觉他，才能对抗战建国生出信仰并发挥出力量来。

① 陶行知.生活教育运动十三周年纪念告同志[M]//华中师范学院教育科学研究所.陶行知全集：第3卷.长沙：湖南教育出版社,1985:417.
② 陶行知.生活教育运动十三周年纪念告同志[M]//华中师范学院教育科学研究所.陶行知全集：第3卷.长沙：湖南教育出版社,1985:417.
③ 陶行知.生活教育运动十三周年纪念告同志[M]//华中师范学院教育科学研究所.陶行知全集：第3卷.长沙：湖南教育出版社,1985:417.
④ 陶行知.育才两周岁前夜[M]//华中师范学院教育科学研究所.陶行知全集：第3卷.长沙：湖南教育出版社,1985:440.

人人都可以觉悟而往往到老还不觉悟反而妨碍别人觉悟，除这是由于成见、武断、私心、偶像崇拜、公式主义、教条主义，或是由自己闭了觉悟之门，或是由外力封锁了觉悟之路，客观的真理反映不到头脑里去，或是能到头脑而不能正确的反映出来。以致自己不肯觉悟，不能觉悟甚至不愿别人觉悟①。

陶行知所言"不诚便没有觉悟"与《中庸》"不诚无物"、孟子"万物皆备于我"有异曲同工之妙，言有殊而义无别。《孟子·尽心上》说："万物皆备于我矣。反身而诚，乐莫大焉。强恕而行，求仁莫近焉。"②万物在我这里都具备了，不是说我身上都具备了万物或万物都为我而存在，而是说万物通过人之思——"心之官则思"之思而为人所掌握，这样反思自身而诚实无欺，是最大的快乐；坚持不懈地推行恕道，本着"己所不欲，勿施于人"之恕道行事，便最靠近仁道了，因为视人犹己，推己及人，即是"己欲立而立人，己欲达而达人"之仁道。反身而诚，则达于诚，强恕而行，求仁莫近，而臻于仁，也是达于诚。清人王弘撰③径直将忠、恕、仁与诚等量齐观：

诚 仁

天地之间一诚而已矣，吾谓天地之间一仁而已矣。仁即诚也，不诚则不仁矣。孔子云："吾道一以贯之"，言仁也。故曾子曰："夫子之道，忠恕而已矣。"忠恕者仁也。程子曰："维天之命於穆不已，忠也。乾道变化各正性命，恕也。"此善言忠恕者也，仁之谓也。仁也，诚也，一而已矣。子曰："仁者静。"传曰："仁无欲，故静。"无欲者诚也。

李邦直云："不欺之谓诚。"徐仲车云："不息之谓诚。"程子始

---

① 陶行知.生活教育运动十三周年纪念告同志[M]//华中师范学院教育科学研究所.陶行知全集:第3卷.长沙:湖南教育出版社,1985:417-418.

② 杨伯峻.孟子译注:下册[M].北京:中华书局,1960:302.

③ 王弘撰(1622—1702年),华阴人,字文修,一字无异,号太华山史,顾炎武称之为"关中声气之领袖"。

曰："无妄之谓诚。"朱子又加二字，云："诚者，真实无妄之谓。"有一显者，尝问李子德，曰："既言真实矣，何必又言无妄？"子德曰："譬如公好色一念，岂不真实，然而妄也。"问者悚然。予曰：去尽此妄，一理真实，此圣人之所以为圣人也。故周子曰："诚者圣人之本。"程子曰："动以天为无妄，动以人欲则妄矣。"

凡木之果，其核中实曰仁。此借用字极有理，以其内含生机发育无穷也。仁之在人，亦人之实耳。培养得好，可以开花，可以结果，可以为舟楫、梁栋，否则萎耳，朽耳。故程子曰："心譬如谷种，生之性便是仁。"朱子解仁字曰："心之德，爱之理。或以爱为仁，已不如爱之理说得浑全。况又遗却心之德，是探末而忘本矣。"孔子曰"爱人"是随问者言，孟子曰"恻隐"是与四德列言，又不可以此例求也[①]。

《礼记·中庸》记载："自诚明谓之性，自明诚谓之教。诚则明矣，明则诚矣。"前者为内在的对己对物之觉知即觉悟；后者为外在的教育引导而产生的对己对物的觉解亦即觉悟。但是人非自成己而已，还须推己及物，推己及人，概而言之，就是要成物。这是要成己成物，即自觉觉人，自觉觉他，亦即先知觉后知，先觉觉后觉。所以，《礼记·中庸》说："诚者，自成也；而道，自道也。诚者，物之终始；不诚无物。是故，君子诚之为贵。诚者，非自成己而已也，所以成物也。"陶行知所引《中庸》言"不诚无物"，意思就是不诚则没有觉悟，即不能自觉。不能自觉，当然就不能觉人觉他。所以"君子诚之为贵"，一个人要做高尚的人，离不开"诚"。诚是人之为人的底色、本色，要做真人，做君子，做绅士，做高尚的人，更要以诚为本。

陶行知在《育才学校手册》（1944年）中进一步将"诚"延伸而生成为人的诚实品质，并将"诚实无欺"作为育才学校"十二要"之首：

育才十二要
一、要诚实无欺；

---

① 王弘撰.山志[M].何本方，点校.北京：中华书局，1999：120-121.

二、要谦和有礼；

三、要自觉纪律；

四、要手脑并用；

五、要整洁卫生；

六、要正确敏捷；

七、要力求进步；

八、要负责做事；

九、要自助助人；

十、要勇于为公；

十一、要坚韧沉着；

十二、要有始有终[①]。

二、陶行知之"诚心"论

（一）"心"义与"诚心"论之源起

"心"义。甲骨文的心字像包形的内脏器官，金文的心（师某鼎），心（齐镈），心（克鼎），篆文心，都是仿照人和高等动物体内心脏的外部结构，或中心加一点，表示思想活动的象形字"心"字。古人不知脑的功能，误认心（脏）为思考器官。

说文解字释之谓：心，人心，土藏，在身之中。象形。博士说以为火藏。凡心之属皆从心。

康熙字典载：《说文》人心，土藏，在身之中。象形。博士说以为火藏。《徐曰》心为大火，然则心属火也。《玉篇》、《广韵》训火藏。又《荀子·解蔽篇》心者，形之君也，而神明之主也。《礼·大学疏》总包万虑谓之心。又《释名》心，纤也。所识纤微无（物）不贯也。又本也。《易·复

---

① 陶行知.育才十二要[M]//华中师范学院教育科学研究所.陶行知全集:第3卷.长沙:湖南教育出版社,1985:493.

卦》复其见天地之心乎。《注》天地以本为心者也。《正义曰》言天地寂然不动，是以本为心者也。《礼·礼器》如松柏之有心也。《注》得气之本也。《孔疏》得气之本，故巡四时，柯叶无凋改也，心谓本也。又中也。心在身之中。《诗序》情动于中。

《新华字典》（第11版）释"心"：①心脏，人和高等动物体内推动血液循环的器官。②习惯上也指思想器官和思想感情等。③中央，在中间的地位或部分。《现代汉语词典》（第5版）释"心"，大体如是：①人和高等动物身体内推动血液循环的器官。人的心在胸腔的中部，稍偏左方，呈圆锥形，大小约跟本人的拳头相等，内部有四个空腔，上部两个是心房，下部两个是心室。……也叫心脏。②通常也指思想的器官和思想、感情等。③中心；中央的部分。

《荀子·解蔽篇》曰："心者，形之君也，而神明之主也，出令而无所受令。自禁也，自使也，自夺也，自取也，自行也，自止也。故口可劫而使墨（同默，沉默义——著者注）云，形可劫而使诎申，心不可劫而使易意，是之则受，非之则辞。故曰：心容，其择也无禁，必自见；其物也杂博，其情之至也不贰。"[1]荀子是从心之功用角度来释"心"。

陶行知"诚心"论的直接源起。陶行知本人"诚心"信念之确立，直接源起于其金陵大学求学时期所崇奉的王阳明心学。其所学系科为金陵大学文学系，求知若渴的陶文濬尤钟情于阳明心学。

心学，是宋陆九渊创立、明王守仁集大成、与程朱理学相对立的学术派别，

亦称理学。王守仁发展了陆九渊"宇宙即是吾心，吾心即宇宙"学说，提出"心外无物"、"心外无理"、"心明便是天理"新论，提倡"知行合一"与"致良知"。心即理说成为阳明心学以心为体（本）的本体论。知行合一论成为阳明心学的认识论。致良知说成为阳明心学的价值论或道德论。

阳明心学对陶行知影响甚巨，以致于大学求学时期的陶文濬改名为陶知行，而王畿的心学思想对陶行知的道德信念——诚心信念的形成，具有直接的影响。

---

① 张觉.荀子译注[M].上海:上海古籍出版社,1995:459.

　　王畿（1498—1583年），字汝中，号龙溪，明朝思想家。师从王阳明，传播王学，为王学传人之一。由于受佛老思想的影响，"虚无"论和"自然"思想使龙溪学术别树一帜，被称为现成良知说，成为浙中学派的创始人。他的"自然"思想对陶行知道德人格的形成与发展产生重要影响。王畿说："知者心之本体，所谓是非之心，人皆有之。是非本明，不须假借，随感而应，莫非自然。圣贤之学，惟自信得及，是是非非不从外来。故自信而是，断然必行，虽遁世不见是而无闷。自信而非，断然必不行，虽行一不义，杀一不辜，而得天下不为。如此方是毋自欺，方谓之王道，何等简易直截。后世学者，不能自信，未免倚靠于外。动于荣辱，则以毁誉为是非；惕于利害，则以得失为是非。搀和假借，转摺安排，益见繁难，到底只成就得霸者伎俩，而圣贤易简之学，不复可见。"①

　　陶行知自谓其有好名之心，喜誉恶毁，因此之故而思立定宗旨，并将王畿上述语录中"自信而是，断然必行，虽遁世不见，是而无闷②；自信而非，断然必不行，虽行一不义而得天下，不为"③话语截取出来，作为励志警言、人生指针："小子不敏，窃愿持此以为方针。"④并且经过一段时间试行，这位青年才俊自感很有进步："率此行后，纵未能一时肃清伪魔，然较前颇有进步"⑤，进而又以孟子、阳明子为楷模，自喜"将来真我之必胜，而伪我之必可败。其胜其败，是在及早努力，百折不回，在心中建立真主宰，以防闲伪魔，行出一真是一真，谢绝一伪是一伪。譬如淘金，期在沙尽金现"⑥。如此一来，诚心立而伪心退，真我胜而伪我败。这种内圣的功夫，大体源于王阳明"身之主宰便是心"的心学理论，即心外无理，心外无是非，正所谓"我欲仁，斯仁至！"（《论语·述而篇》）陶行知以此存养省察有得，而自勉勉人。

---

　　① 黄宗羲.明儒学案：一[M]//沈善洪.黄宗羲全集：第7册.杭州：浙江古籍出版社，1985：277.

　　② 陶行知引语中的标点与上文有差异，意思似亦有别。

　　③ 陶行知.伪君子篇[M]//华中师范学院教育科学研究所.陶行知全集：第1卷.长沙：湖南教育出版社，1984：28.

　　④ 陶行知引语中的标点与上文有差异，意思似亦有别。

　　⑤ 陶行知引语中的标点与上文有差异，意思似亦有别。

　　⑥ 陶行知引语中的标点与上文有差异，意思似亦有别。

（二）"诚心"之表征

陶行知在金陵大学求学时期提出"诚心"——"诚心终不伪心胜"①、"且喜将来真我之必胜，而伪我之必可败"②——和"初心"——考试作弊"大背圣贤之道，而违莘莘学子求学之初心"③——之说，经过创造性转化之后，此"心"有不同的表征：整个的心、赤子之心、良心、仁爱之心。

整个的心。从事教育工作的人，当有一颗赤胆忠心，即把整个的心都献给孩子和事业，尤其是伟大的教育家。苏霍姆林斯基曾说："五年来，我拉着你们的手一步一步向前走，我把整个的心都给了你们。诚然，这颗心也有过疲倦的时刻。而每当它精疲力竭时，孩子们啊，我就尽快到你们身旁来。你们的欢声笑语就给我的心田注入新的力量，你们的张张笑脸使我的精神重新焕发，你们那渴求知识的目光激发我去思考……我遐想未来，仿佛看到你们都已长大成人，我的亲爱的孩子们：我看到你们一个个都成长为英勇无畏的苏维埃爱国者，都怀有一颗赤诚的心，都有一个聪慧的头脑，都有一双灵巧的手。"④陶行知亦复如是，把整个的心献给孩子和教育事业，言其所行，行其所言。

1926年11月，陶行知在题为"我们的信条"的演讲中提出以"整个的心"向着农民"烧心香"："我们从事乡村教育的同志，要把我们整个的心献给我们三万万四千万的农民。我们要向着农民'烧心香'。我们心里要充满那农民的甘苦。……我们必须有一个'农民甘苦化的心'才配为农民服务，才配担负改造乡村生活的新使命。"⑤这种"整个的心"乃是全心全意为农民服务之心，"烧心香"映现的又是真心、热心、虔诚之心，即为乡村

---

① 陶行知.伪君子篇[M]//华中师范学院教育科学研究所.陶行知全集:第1卷.长沙:湖南教育出版社,1984:27.

② 陶行知.伪君子篇[M]//华中师范学院教育科学研究所.陶行知全集:第1卷.长沙:湖南教育出版社,1984:28.

③ 陶行知.为考试事敬告全国学子[M]//华中师范学院教育科学研究所.陶行知全集:第1卷.长沙:湖南教育出版社,1984:31.

④ 苏霍姆林斯基.育人三部曲[M].北京:人民教育出版社,1998:307.

⑤ 陶行知.我们的信条[M]//华中师范学院教育科学研究所.陶行知全集:第1卷.长沙:湖南教育出版社,1984:651.

人民和儿童服务的纯正之心和全身心投入的真爱之情。

陶行知亲自设计的晓庄试验乡村师范校旗（如下图）上面"♥"形即"心"表示关心农民甘苦之意："试验乡村师范的精神，可以拿本校校旗之意义来代表，旗之中心有一个小圆圈，里面有个'活'字代表所要培养之生活力；圈外有个等边三角，代表教学做三者合一；三角上面有一个'心'字放在当中，表示关心农民甘苦之意；左边有一支笔，右边有一把锄头；三角之外有一个大圆圈放射光芒，好比是太阳光；四面有一百个金色星布满全旗，代表一百万个学校，改造一百万个乡村，使个个乡村都得到光明。"①陶行知所设计的校旗上的"心"字表示全心全意为农民服务之心，也是"整个的心"。

在陶行知看来，致力于乡村教育的人一定要全身心地投入其中："要想完成乡村教育的使命，属于什么计划方法都是次要的，那超过一切的条件是同志们肯不肯把整个的心献给乡村人民和儿童。真教育是心心相印的活动。唯独从心里发出来的，才能打到心的深处。"②整个的心之付出，便有心心相印之效，大有佛学心印说之痕迹：

心　心　相　印

禅宗用语。心指佛心，印者印可，禅宗不依语言，以心印心。契合无间，故曰"心印"。唐裴休《圭峰定慧禅师碑》："心心相印，印印相契。"《祖庭事苑》卷八："心印者，达摩西来，不立文字，单传心印，直指人心，见性成佛。"《黄檗禅师传心法要》卷上："自如来付法迦叶以来，以心印心，心心不异……若能契悟者，便至佛地矣。"后多用以指彼此思想感情完全投合③。

这种"整个的心"和"心心相印"精神在晓庄师范第一期学生程本海

---

① 陶行知.再论中国乡村教育之根本改造[M]//华中师范学院教育科学研究所.陶行知全集:第2卷.长沙:湖南教育出版社,1985:4-5.

② 陶行知.第二年的晓庄[M]//华中师范学院教育科学研究所.陶行知全集:第2卷.长沙:湖南教育出版社,1985:134.

③ 任继愈.佛教大辞典:上册[M].南京:凤凰出版社,2002:339.

所撰《在晓庄》一书中和程本海本人身上亦有适切的表征："乡村教育问题至为繁难，且与土豪劣绅处处短兵相接，非有农人身手，菩萨心肠，科学头脑，哲人目光及大无畏精神之青年男女踊跃加入，万难成功。所以希望全国学生界忠实同志们，依据才能兴趣正式或随时加入乡村教育革命战线，齐心奋斗，以竟全功。"①陶行知盛赞程本海这种"整个的心"之投入和"心心相印"精神，说程本海在晓庄头一年的精神完全献与这件事。他唤醒了不少的青年，增加了不少的生力军。并说程本海"为人和蔼，不但同志爱他，农人也爱他，最爱他的是小朋友。他在农人和小孩子当中结交的朋友特多，这是他在晓庄最有精采的生活，也是他最有意义的生活"②。可见，真心付出、诚心相待、善心与人，一定能打到心的深处，开出最美的花，结出丰硕的果。

在《学做一个人》和《整个的校长》两篇文章中，陶行知又提出五种"非整个的人"——残废的人，依靠他人的人，为他人当作工具用的人，被他人买卖的人，一身兼管数事的人——他们不是整个的人，而是不完全的命分式的人，特别是身兼数事之人，这种人的心分散在几处，"心挂两头"，他们是命分式的人，分心的人。所以，陶行知忠告做校长的人要用"整个的心"做整个的校长："一个人干几个校长，或几个人干一个校长，都不是整个的校长，都是命分式的校长。试问，世界上有几个第一流的学校是命分式的校长创造出来的？国家把整个的学校交给你，要你用整个的心去做个整个的校长。为个人计，这样可以发展专业的精神，增进职务的效率。为学校计，与其做大人名流的附属机关，不如做一个学者的专心事业。"③这个"整个的心"乃是专心致志之心、专心，或者说，就是一心一意，不要心挂两头，要心无旁骛，全副精力投入一项事业中去。

赤子之心。早在战国时期，孟轲在《孟子·离娄下》中说："大人，不

<hr>

① 陶行知.《在晓庄》序[M]//华中师范学院教育科学研究所.陶行知全集:第2卷.长沙:湖南教育出版社,1985:144.

② 陶行知.《在晓庄》序[M]//华中师范学院教育科学研究所.陶行知全集:第2卷.长沙:湖南教育出版社,1985:145.

③ 陶行知.整个的校长[M]//华中师范学院教育科学研究所.陶行知全集:第1卷.长沙:湖南教育出版社,1984:606.

失其赤子之心者也。"①"大人"永葆其赤子之心，就是永葆其童心。《老子》也曾说过类似的话："常德不离，复归于婴儿。"②一个人不失常德，便会老有童心。李贽在《童心说》里将"童心"解释为："夫童心者，真心也。……夫童心者，绝假纯真，最初一念之本心也。若失却童心，便失却真心；失却真心，便失却真人。人而非真，全不复有初矣。"③赤子之心，就是童心，就是真心，亦即绝假纯真的原初之心，就像山下流出的泉水，清澈透明，纯洁无瑕。故而陶行知说："老年人常与小孩子接近，便要成为'老有童心'。"④在儿童教育之时，教育者不能以成人之腹度童子之心。以陶行知之见，"我们应该了解儿童的能力需要。儿童有许多痛苦是由于父兄师长之不了解。不了解则有力无处用，有苦无处说。我们要知道儿童的能力需要，必须走进小孩的队伍里去体验而后才能为小孩除苦造福。我们必须重生为小孩，不失其赤子之心，才能为儿童谋福利"⑤。教育工作者须永葆赤子之心。

陶行知这种"赤子之心"成为其人格象征，亦是其人格魅力，感染着人们。陶行知逝世后，陈鹤琴被各人民团体推选为陶先生追悼会筹备会的主任，筹备会在幼师召开。1946年10月27日，陈鹤琴在震旦大学⑥礼堂举行的大会上任执行主席，在致辞中说："陶行知是我们伟大的导师，我们要以赤子之心来追悼他，要将他未竟志向继续担当起来。陶先生的人格不仅是中国的，而且是世界的，他不仅是这个时代的人物，而且是万世的。"⑦要以赤子之心追悼作为伟大导师的陶行知，正是永葆赤子之心的陶行知之

---

① 杨伯峻.孟子译注：上册[M].北京：中华书局，1960：189.

② 朱谦之.老子校释[M].北京：中华书局，1984：112.

③ 李贽.焚书·续焚书校释[M].陈仁仁，校释.长沙：岳麓书社，2011：172.

④ 陶行知.答操震球之问[M]//华中师范学院教育科学研究所.陶行知全集：第2卷.长沙：湖南教育出版社，1985：79.

⑤ 陶行知.育才学校的创办[M]//华中师范学院教育科学研究所.陶行知全集：第3卷.长沙：湖南教育出版社，1985：530.

⑥ 原名震旦学院。1903年2月由法国天主教耶稣会资助、马相伯创办的教会大学，1952年院系调整后，撤销建制。

⑦ 陈一鸣.陶行知和陈鹤琴[M]//方明.陶行知全集：第12卷.成都：四川教育出版社，2005：800.

人格魅力的感召。

良心。良心，本指人天生的善良的心地，后多指内心对是非、善恶的正确认识，特别是跟自己的行为有关的[①]。按此释义，上述"整个的心"、"赤子之心"皆有良心之义。陶行知1942年12月6日在给妻子吴树琴的信中所抄录的武训诗之一"郜某赖账不还有感"："人凭良心树凭根，各人只凭各人心。你有钱，我受贫，准备上天有真神。"[②]在信中，陶行知说武训的诗里没有清风明月，只有做工、讨饭、兴义学，若违背这大义便有雷劈火龙抓[③]。陶行知将人凭良心视为一种"大义"。这种大义也表现于"民意"之中："民意就是人民按着良心所发的志愿。人民从良心里所发出来的志愿是自然而然的，是不约而同的。"[④]在陶行知关于良心之见中，良心即是良知。《平民千字课》中选了著名的杨震四知故事，源出于《后汉书·杨震传》：杨震字伯起，弘农华阴人也。……迁东莱太守。道经昌邑，故所举茂才王密为昌邑令，谒见，至夜怀金十斤以遗震。震曰："故人知君，君不知故人，何也？"密曰："暮夜无知者。"震曰："天知，神知，我知，子知，何谓无知！"密愧而出[⑤]。

有 谁 知 道

杨伯起做了知府，有个县知事来会他。一早就来和他谈话，谈了又谈，总不回去。等到半夜里，大家都睡了，这个县知事才拿出一点东西出来送伯起。伯起打开一看，不是别的，就是十斤黄金。

伯起变了面色说："这是什么意思？你当我是什么人？"县知事说："你收了，不妨事。半夜三更有谁知道？"伯起说："天知，地知，你知，我知，怎么没有人知道呢？"县知事听了这话，心中不好意思，

---

① 现代汉语词典［M］.5版.北京:商务印书馆,2005:850.

② 陶行知.介绍武训［M］//华中师范学院教育科学研究所.陶行知全集:第5卷.长沙:湖南教育出版社,1985:787.

③ 陶行知.介绍武训［M］//华中师范学院教育科学研究所.陶行知全集:第5卷.长沙:湖南教育出版社,1985:789.

④ 陶行知.主动的民意［M］//方明.陶行知全集:第2卷.成都:四川教育出版社,2005:188.

⑤ 范晔.杨震传［M］//后汉书.刘春节,高丽雅,评注.长春:吉林大学出版社,2015:213.

只得把金子收了回去①。

陶行知将"杨震四知"作为《平民千字课》中的一篇课文，一方面供识字之用，另一方面又用于道德教育。他还将此故事写成诗歌，发挥诗教之效：

杨震不贪钱

县官送来十斤金，

知府杨震不肯要。

县官老起脸皮说：

"黑夜没有人知道。"

杨震正色驳他说：

"天知道，地知道，

你知道，我知道，

怎么没有人知道？"②

陶行知在《每天四问》一文将这种"良知"说成"廉洁"。所谓廉洁，即不贪污，不损公肥私。陶行知将"廉洁"视为一种私德，认为私德最重要的是廉洁，一切坏心术、坏行为，都由不廉洁而起。由此观之，廉洁心也是一种人格防、人格长城。陶行知说他在讲"建筑人格长城"时，提到了杨震的"四知"，甘地的漏夜"还金"，冯焕章先生所讲的平老静"还金镯"的故事，认为"这些，都是我们大家私德上的好榜样。我们每一个人都可以效法这些榜样，把自己的私德建立起来，建筑起'人格长城'来"③。人的良心、良知构建起人之为人处事、待人接物的做人原则，便建

---

① 陶行知.平民千字课:第三十课[M]//华中师范学院教育科学研究所.陶行知全集:第6卷.长沙:湖南教育出版社,1985:50.

② 陶行知.杨震不贪钱[M]//华中师范学院教育科学研究所.陶行知全集:第6卷.长沙:湖南教育出版社,1985:220.

③ 陶行知.每天四问[M]//华中师范学院教育科学研究所.陶行知全集:第3卷.长沙:湖南教育出版社,1985:471-472.

筑起一道坚固的人格长城，自觉地抵制外部诱惑和侵袭。

仁爱之心。《礼记·中庸》上说："君子诚之为贵。诚者，非自成己而已也，所以成物也。"诚，就是成己成物的意思，亦即推己及人，这就是仁爱之心。孔子说仁就是自立立人，自达达人："夫仁者，己欲立而立人，己欲达而达人。"①孟子讲"推恩"："老吾老，以及人之老；幼吾幼，以及人之幼。天下可运于掌。《诗》云：'刑于寡妻，至于兄弟，以御于家邦。'言举斯心加诸彼而已。故推恩足以保四海，不推恩无以保妻子。古之人所以大过人者无他焉，善推其所为而已矣。"②"老吾老，以及人之老；幼吾幼，以及人之幼"就是"举斯心加诸彼"，就是"善推其所为"，也就是"推恩"。

陶行知所论的推己及人的仁爱之心，表现在陶行知所提出的自立立人、自达达人、自慰慰人、自助助人、自卫卫人、自治治人、自觉觉人、自正正人等等之论述之中，可以简称为自××人。

自立立人、自达达人

陶行知所论"自立立人，自达达人"的仁爱之心，表现在1925年仅有一段歌词的《自立歌》和1935年扩至四段而改名的《自立立人歌》上。

从《自立歌》——滴自己的汗，吃自己的饭，自己的事自己干。靠人、靠天、靠祖上，不算是好汉！③——的歌名和内容来看，陶行知强调的重点仅在学生的自立上，还没有考虑到立人，更没有考虑到达人。

在《自立立人歌》中真正落实了自立立人、自达达人的精神。从第二段到第四段，可以看出"别人的事"、"大众的事"以及"救苦救难"之立人达人精神。

（一）滴自己的汗，吃自己的饭，自己的事自己干。靠人、靠天、靠祖上，不算好汉。

（二）滴自己的汗，吃自己的饭，别人的事帮忙干。不救苦来不救难，可算是好汉？

① 杨伯峻.论语译注[M].北京:中华书局,2006:72.

② 杨伯峻.孟子译注:上册[M].北京:商务印书馆,1984:16.

③ 陶行知.自立歌[M]//华中师范学院教育科学研究所.陶行知全集:第4卷.长沙:湖南教育出版社,1985:50.

（三）滴大众的汗，吃大众的饭，大众的事不肯干。架子摆成老爷样，可算是好汉？

（四）大众滴了汗，大众得吃饭，大众的事大众干。若想一个人包办，不算是好汉[①]。

陶行知在赠实业家樊立之先生的诗中，从自立立人、立达达人说到"真孔子"。这个"真孔子"当然是指樊立之的真正的仁爱之心。

赠樊立之先生

己欲立而立人，

己欲达而达人，

学得这个真孔子，

物质动员到精神[②]。

自慰慰人

自慰慰人的仁爱之心，主要是陶行知就艺术生活而言之。他在《在湘湖师范教学做讨论会上的答问》中指出，"烧饭是一种美术的生活，做一桩事情，画幅图画，写一张字，如能自慰慰人就叫作美。一餐饭烧得好，能使自家吃得愉快舒服，也能够使人家愉快舒服，岂不是一种艺术吗？"[③]这种自慰慰人，是在情感上能与人同乐共情。陶行知为晓庄师范学生李楚材在晓庄艰难困苦的境况下抒发与人同乐共情的诗情诗意所撰就的《破晓》小品文集而欣然作序：一次将要绝粮，全校只剩一元钱，大家处之泰然，他（《破晓》书的作者李楚材——著者注）说：

---

① 陶行知.自立立人歌[M]//华中师范学院教育科学研究所.陶行知全集:第4卷.长沙:湖南教育出版社,1985:266-267.

② 陶行知.赠樊立之先生(二)[M]//华中师范学院教育科学研究所.陶行知全集:第4卷.长沙:湖南教育出版社,1985:567.

③ 陶行知.在湘湖师范教学做讨论会上的答问[M]//华中师范学院教育科学研究所.陶行知全集:第2卷.长沙:湖南教育出版社,1985:167.

不！我们倘然饿死，也是为乡村教育而死。我们预备着牺牲，即使这时不饿死，别的时候也会饿死，时时会使我们饿死，处处会使我们饿死。以前从事乡村教育的死者很多了，我们虽然死，我们的事业和精神是不会死的，永久的遗留在世上。

"同学们这次所受的困苦，比我十八岁流落在苏州的时候，我和我的表兄把衣服当得三百文过一日还要难些。但他们会拿一个不朽论去自慰慰人，立时便把'饿死'这件事彻骨的诗化了。他们甚至于深信他们饿死了之后不是变为饿鬼，必定是无疑的变成饿神。"①面对这样乐观且能与人共乐的学生，陶行知当然欣慰之至，况且他本人也是一位乐观且能与人共乐的乐观主义者。他的学生戴伯韬回忆在晓庄时的生活，认为陶行知富有情趣，颇有"浪漫蒂克"的色彩：

"陶氏是一位很诙谐，乐观，富有风趣的人，我们每星期六晚上都举行一次同乐会，他常来参加，他说的故事时常把人引得大笑，后来，他领头组织了晓庄剧社，编了一出锄头舞，想发展农村戏剧运动，可惜当时受田汉所领导的南国社影响太大，陶氏本人也颇有些浪漫蒂克的色彩，成立不久便排演田汉的《南归》，《苏州夜话》及《生之意志》等剧，他在《苏州夜话》中饰老画家，《生之意志》中饰老父，均惟妙惟肖，饰女儿和儿子者为秋芳及维棨，不但在校中公演而且到城里去公演，震动了当时的教育界。陶氏在这方面的成就不大，以后也没再继续下去，当时有人问他："什么叫艺术？"他的回答是，"能自慰慰人的，就是艺术"，其实照现在的目光看来是不对的，这不过说明陶氏为一自由主义者而已。"②

戴伯韬也没有给出陶行知的艺术之自慰慰人特点理论"不对"的充足理由。用自由主义者做断语，似有无限上纲之嫌。其实，质言之，艺术除了自慰慰人，还能有什么？

自觉觉人

陶行知在研讨生活教育社"集体主义的自我教育"原则时，认为将其

---

① 陶行知.《破晓》序[M]//华中师范学院教育科学研究所.陶行知全集：第2卷.长沙：湖南教育出版社，1985：590.

② 戴伯韬.陶行知的生平及其学说[M].北京：人民教育出版社，1982：31-32.

中的"自我教育"解释为"自觉"更正确些，进而由《中庸》之"诚"而演绎为"自觉觉他"，即自觉觉人。

陶行知以此"自觉觉他"理论评议当时的教育政策："最近教育部颁布十六字的训育方针：自治治事，自信信道，自养养人，自卫卫国。我想倘使把自觉觉他的意思贯彻进去，则不但教育内容更加丰富而且更能发挥出管教养卫的力量。有自觉的纪律则自治治事更可严谨。有自觉的信心则自信信道更可坚定。自觉的做工是斯大汉诺夫运动[①]的灵魂，不但生产激增而且做工的人个个兴高采烈，只觉做工之乐不觉做工之苦。自觉去当兵则知为中国死，愿为中国死，与敌人拼命时必可以一当十，以一当百的去打倒日本帝国主义而收复已失的河山。"[②]

国民政府教育部这一训育方针实质是为国民党反动的保甲制度服务的。20世纪30年代国民政府推行保甲制度，实行"管、教、养、卫"并重原则，使保甲制既服务于"自治"，亦有利于所谓自卫。"管、教、养、卫"是蒋介石提出的。1934年2月5日，蒋介石在浙江省政府纪念周上提出了"教、养、卫"三字。1936年5月16日和1937年7月在庐山军官训练团，他又增加了"管"字。"管、教、养、卫"分别表示管理、教育、经济、军事四方面内容。陈立夫在《地方建设问题》中解释说"管"即自治治事，"教"即自信信道，"养"即自养养人，"卫"即自卫卫国。但蒋介石解释得更明白，他说推行保甲，目的是为军事化服务，军事化是我们今后要推行自治实行主义根本精神所在，军队组织就是人类一切组织的最高范型，而一切的社会组织，可以说都渊源于军。国民党当局虽对保甲制寄望极大，但保甲制的推行却收效甚少，其原因是一般公正人士多不愿担任保甲长，一般不肖之徒又多以保甲长有利可图，百般钻营，正人不出，自然只有坏人的世界，良好的制度也就变成剥削人民的工具，因此民众怨声载

---

① 斯大汉诺夫运动，即斯达汉诺夫运动。苏联第二个五年计划时期开展的社会主义劳动竞赛运动。因顿巴斯矿区的采煤工人斯达汉诺夫而得名。他在1935年8月31日在一班的工作时间内，创造了用风镐采煤102吨的记录，超过普通定额(7吨)13.5倍多。这一先进事迹传遍全国，并发展成为全国性群众运动。

② 陶行知.生活教育运动十三周年纪念告同志[M]//华中师范学院教育科学研究所.陶行知全集:第3卷.长沙:湖南教育出版社,1985:418-419.

道。这是国民党人士自己做出的评价①。陶行知则赋予"自治治事，自信信道，自养养人，自卫卫国"训育方针以"自觉觉他"亦即"自觉觉人"精神，而将之导引至服务于抗日战争这一正义事业。

综上所述，陶行知"自××人"的思想继承了孔子"自立立人，自达达人"的仁爱思想以及孟子"推己及人"的思想，并做了适应时代需要的创造性转化和发展。

第三节　早期真人及其嬗变

金陵大学求学时期的陶行知受到历史上一位文人叫张甑山（《明儒学案·泰州学案》记载：张甑山讲学，谓："为学，学为人也。为人须求为真人，毋为假人。"②）的影响，将"真人"当作道德榜样，作为其心目中的理想人格。其间陶行知以传统文化为视角，审视民国初年社会道德风尚，呼唤"真人"、"真君子"，并继承和发扬了孔子的"君子之道"，而形成了其早期真人的人格特质。但随着其生活教育实践的深入，陶行知又摈弃了孔子之君子人格理论中的一些糟粕，吸取其精华，而终臻"千教万教教人求真，千学万学学做真人"这一千古绝唱。

一、早期真人

（一）真人即真君子

陶行知理想的"真人"是生活中的人，是深谙生活真谛的人，与中国历史上道家的"不食人间烟火"之"真人"大相径庭，迥异其趣。

真人之真，《说文解字》释为：仙人变形而登天也。从匕，从目，从乚，八所乘载也③。八表示真字下面一撇一捺，可能意指道人得道登天所乘坐的工具。道家之"真人"是指"修真得道"或"成仙"的人，即"仙

---

① 徐矛.中华民国政治制度史[M].上海:上海人民出版社,1992:425.

② 黄宗羲.明儒学案[M].沈芝盈,点校.北京:中华书局,1985:720.

③ 许慎.说文解字[M].北京:中华书局,1963:168.

人"。庄子的理想人格"真人"忘怀于物，清心寡欲，不计生死，随物而变，应时而行，天人合一，甚而至于"登高不栗，入水不濡，入火不热"（《庄子·大宗师》）。《楚辞·九思·守志》中"随真人兮翱翔，食元气兮长存"之"真人"，即指仙人。

明朝学人张甑山"为人须为真人，毋为假人"①之训触动青年陶行知心灵深处。张甑山属心学一派，当然此"真人"乃借用道家真人之名，而赋予儒家君子人格。

张甑山（1520—1593年），即张绪，字无意，别号甑山，湖北汉阳（今武汉汉阳区）人。师邹守益（1491—1562年），王阳明高足，因以闻东越之学，知圣贤必可为，读其遗书，严奉若秘文。志意高迈，鄙远声利，挺然以学术廉耻自立。其操义风概，有以厉天下而动异世，微独一乡而已②。青年陶行知所谓的真人，是一种相对于伪君子的理想道德人格。他艳羡君子、真君子形象，憎恨伪君子、假人。

陶行知在其所撰的《伪君子篇》一文中深刻剖析伪君子的含义、由来、伪状、恶行及危害。孔子曾说："乡愿，德之贼也。"（《论语·阳货篇》）陶行知依孔子语而给伪君子下定义："伪君子之居乡而假愿者，即孔子所为之乡愿。人之为伪，不必居乡，凡率土之滨皆可居。人之行诈，不仅假愿，凡君子之德皆可假。然必假君子之德以行诈，始谓之伪。故总名之曰：伪君子，从广义也。"③为什么人要为伪行诈做伪君子？答曰：为名利。陶行知说："为伪所以求名趋利也。天下之名，莫美于君子，而非分之利，则舍小人之道莫由趋。世人慕真君子，而真君子之墙数仞，不得其门而入。真小人则亡国败家，身死天下笑，复凛然可惧。为真君子难，为真小人不易。舍难就易，于是相率而为似君子非君子，似小人非小人之伪君子。"④为了追名逐利却又不能行、不敢行、不愿行，于是只好诉诸为伪行

---

① 陶行知.伪君子篇[M]//华中师范学院教育科学研究所.陶行知全集:第1卷.长沙:湖南教育出版社,1984:26.

② 冯辉.康熙汉阳府志[M].武汉:湖北人民出版社,2014:639.

③ 陶行知.伪君子篇[M]//华中师范学院教育科学研究所.陶行知全集:第1卷.长沙:湖南教育出版社,1984:24.

④ 陶行知.伪君子篇[M]//华中师范学院教育科学研究所.陶行知全集:第1卷.长沙:湖南教育出版社,1984:24.

诈投机取巧走捷径，而成为似君子非君子、似小人非小人之伪君子。名利驱使，加之世道衰微，人欲横流，于是伪君子们"遇一名正言顺之词说，必群相假之以饰人耳目，防人之攻击，而逞其心思之所欲"①，从而表现出种种丑恶嘴脸和行径。陶行知对此详加述诉，不吝笔墨，并得出结论："众矣哉！伪君子之类。杂矣哉！伪君子之途。"②

伪君子之害甚于真小人。天下并非真小人之为患，而是伪君子之为患。因为"真小人，人得而避之，并得而去之。伪君子……虽善实恶，虽恶而难以罪之；虽是实非，虽非而难以攻之；真中藏假，虽假而难以察之"③。更为可悲的是伪君子以此自鸣，世人以此相隐慕。长此以往，伪君子便酿成伪家风、伪国风、伪世风，灾及万世而不可穷④。然而，陶行知并非泛泛而论，其所指直接针对当时的社会现实：软弱的资产阶级葬送了辛亥革命的光辉成果，窃国大盗袁世凯阳奉阴违，阴谋得逞，位高者为伪大。综天下而论，伪君子惟吾国为最多；统古今而论，伪君子惟今世为最盛⑤。而社会百病皆出于伪，"吾国之贫，贫于此也；吾国之弱，弱于此也；吾国多外患，患于此也；吾国多内乱，乱于此也"⑥。"伪"风盛行，人将不人，国将不国。所以，陶行知发出"真人不出，如苍生何"之感慨，并引朱熹"是真虎必有风"语和明朝文人张甑山"为人须为真人，毋为假人"话，劝勉人们做真人。

---

① 陶行知.伪君子篇[M]//华中师范学院教育科学研究所.陶行知全集:第1卷.长沙：湖南教育出版社,1984:24-25.

② 陶行知.伪君子篇[M]//华中师范学院教育科学研究所.陶行知全集:第1卷.长沙：湖南教育出版社,1984:26.

③ 陶行知.伪君子篇[M]//华中师范学院教育科学研究所.陶行知全集:第1卷.长沙：湖南教育出版社,1984:26.

④ 陶行知.伪君子篇[M]//华中师范学院教育科学研究所.陶行知全集:第1卷.长沙：湖南教育出版社,1984:27.

⑤ 陶行知.伪君子篇[M]//华中师范学院教育科学研究所.陶行知全集:第1卷.长沙：湖南教育出版社,1984:27.

⑥ 陶行知.伪君子篇[M]//华中师范学院教育科学研究所.陶行知全集:第1卷.长沙：湖南教育出版社,1984:26-27.

（二）真人之心和博爱

陶行知真人之原型即孔子教育目的之一的"君子"。孔子曾曰："君子去仁，恶乎成名？"（《论语·里仁篇》）青年陶行知将"成名"释为"成真人之名"。他说："人而心伪，则耳目口舌俨然人也，而实假人矣。孔子曰：'恶乎成名？'谓其无以成真人之名也。"①此真人即孔子所言之君子。"君子无终食之间违仁，造次必于是，颠沛必于是。"（《论语·里仁篇》）这就是说"真人"即真仁真义之人，而非假仁假义之人。陶行知所言"真人之名"，即孔子视野中的"君子之名"。故他说："天下之名，莫美于君子……世人慕真君子。"②

"真人之名"出于真人的"四端之心"。陶行知说："真人必有四端之心。"③真人自有原初的本然的善心。"四端之心"就是人所具有的"不忍人之心"，人皆有之，无之非人也。孟子曰："恻隐之心，人皆有之；羞恶之心，人皆有之；恭敬之心，人皆有之；是非之心，人皆有之。恻隐之心，仁也；羞恶之心，义也；恭敬之心，礼也；是非之心，智也。"④又说："人皆有不忍人之心。……无恻隐之心，非人也；无羞恶之心，非人也；无辞让之心，非人也；无是非之心，非人也。"⑤这就是孟子所谓的"四端之心"。陶行知将此"四端之心"注入真人人格结构中，而赋予真人一种精神生命，从而使真人成为一种人格象征、精神表征。

真人之心与其行为之间是统一的关系。心与行合一，为真心；心与行不一，乃伪心。陶行知引《礼记·大学》"心不在焉，视而不见，听而不闻，食而不知其味"语，说明假人、伪君子心意与身行两处。这种心便是假心、伪心。心不正，则身虽人身，心却是伪心，人便是假人。《礼记·大

---

① 陶行知.伪君子篇[M]//华中师范学院教育科学研究所.陶行知全集:第1卷.长沙:湖南教育出版社,1984:26.

② 陶行知.伪君子篇[M]//华中师范学院教育科学研究所.陶行知全集:第1卷.长沙:湖南教育出版社,1984:24.

③ 陶行知.伪君子篇[M]//华中师范学院教育科学研究所.陶行知全集:第1卷.长沙:湖南教育出版社,1984:26.

④ 杨伯峻.孟子译注:下册[M].北京:商务印书馆,1984:259.

⑤ 杨伯峻.孟子译注:上册[M].北京:商务印书馆,1984:79-80.

学》云："所谓修身在正其心者：身有所忿愤，则不得其正；有所恐惧，则不得其正；有所好乐，则不得其正；心不在焉，视而不见，听而不闻，食而不知其味。此谓修身，在正其心。"朱熹《大学集注》曰："心有不存，则无以检其身。是以君子必察乎此，而敬以直之，然后此心常存而身无不修也。"①表里如一，身行与心意一致，以心驭身，这就是陶行知于金陵大学求学时期真人理想人格之"真我"。做人忌心伪，须心真，真人、君子敬以直之，"无终食之间违仁"。

青年陶行知所谓的真人"四端之心"，即合义理之心，而所谓假人之心，即"伪心"、违义理之心。他说：假人、伪君子"与世浮沉，随祸福毁誉而变……故其出处、去就、进退、取与，不定于义理，而定于毁誉祸福，而义理亡。人之出处、去就、进退、取与，贵当其义理耳。出处、去就、进退、取与，而违乎义理，则非人之出处、去就、进退、取与。"②一个人之所以蜕变为假人、伪君子，外因是名利，内因就是伪心。而真人、真君子则不随祸福毁誉而变，其思想言行不定于毁誉祸福，而定于义理。真人之心定于一，真人不为外物所动，唯义理是从，津津乐"道"，"君子之于天下焉，无适也，无莫也，义之与比"（《论语·里仁篇》）。这就是孔子所谓的君子"忧道不忧贫"、"谋道不谋食"。陶行知于大学求学时期理想的"真人"与孔子理想中的"君子"相通。

陶行知理想的真人人格，除了融会传统儒家之君子人格外，还汲取西方宗教和资产阶级的博爱情怀。陶行知曾说他入大学后暇时展阅《圣经·新约全书》，希望有所教益，"读至耶稣责法利赛人徒守旧俗假冒为善一节，恍然自失曰：'吾从前所为得为法利赛人乎？'"③从此以后，陶行知"乃痛恶己之为伪，视为伪之我曰伪我，或曰贼，或曰法利赛人"④。

《圣经》何以对青年陶行知有如此大的触动？这与陶行知青少年时代耳

① 朱熹.四书章句集注[M].上海：上海书店出版社，1987：7.

② 陶行知.伪君子篇[M]//华中师范学院教育科学研究所.陶行知全集：第1卷.长沙：湖南教育出版社，1984：26.

③ 陶行知.伪君子篇[M]//华中师范学院教育科学研究所.陶行知全集：第1卷.长沙：湖南教育出版社，1984：27.

④ 陶行知.伪君子篇[M]//华中师范学院教育科学研究所.陶行知全集：第1卷.长沙：湖南教育出版社，1984：27.

濡目染的基督教教育不无关系。陶父曾皈依耶稣教，加入英人唐进贤在歙县小北街设立的耶稣教内地会。陶母入教堂帮佣。此时，陶行知十来岁，常去看望母亲，帮母做勤杂工作。陶文濬的聪明勤劳，深得崇一学堂校长唐进贤的赏识，他十五岁时免费进入这所教会学校（"崇一"就是崇拜唯一之神上帝的意思）。提前一年毕业后，本着医药救人的思想，考入杭州广济医学堂。半年后，因不满该校歧视非基督徒学生，"愤而退学"。他离开杭州，流落苏州，暂居亲戚家，入浸理学堂（因资料所限，该校是否为基督教新教浸礼会所办，不得而知——著者注）走读①。在苏州浸理学堂走读的半年中，陶行知生活贫困，靠典当度日。后在上海巧遇回英探亲又返华的唐进贤，得其帮助，于1909年秋考入南京汇文书院文科（该书院乃美国美以美会传教士开办的高等教育机构）。1910年，汇文书院与宏育书院（该校由基督书院与益智书院合组而成）合并，成立"金陵大学堂"（后改名金陵大学校，最后定名金陵大学）。其时汇文预科毕业的陶行知也直接升入金陵大学堂，成为后来正式以金陵大学之名结束学业的首届大学生。据陈裕光回忆："金大的办学宗旨是培养学生的'基督化人格'，亦即培养'基督牺牲与服务精神'，以造就健全国民，发展博爱精神，养成职业技能的根本。"②联合组建的金陵大学与所有其他教会大学一样，其根本宗旨是把基督教真理、基督教的爱、基督教的目标、基督教的希望，"渗透在中国施教的西方教育的经和纬，使之成为无比强大的无比绚丽的对中国人民极端有用的织物"③。传教士们企图乘中国官办大学蹒跚学步之机抢先垄断中国高等教育，通过培养有文化、有社会影响的中国籍教会人物，来征服中国。客观地说，在培养基督教的爱和传教精神这点上，金陵大学的培养目标在陶行知身上得到完满的实现，或者说，陶行知是金陵大学乃至教会大学"合格"的毕业生。如果说当年的杭州广济医学堂采用强硬手段强迫非基督徒学生信仰耶稣以至于陶文濬"愤而退学"的话，那么此际的金陵大学则采用"开明"政策软化手段使中国学生自主皈依基督。陶行知很高兴："入金陵大学，校中基督教徒学生和非基督教徒均受欢迎，此乃余今日仍乐于

---

① 安徽省陶行知教育思想研究会.陶行知一生[M].长沙:湖南教育出版社,1984:28.

② 余子侠.陶行知[M].武汉:湖北教育出版社,1999:41.

③ 霍益萍.近代中国的高等教育[M].上海:华东师范大学出版社,1999:175.

称道之事也。"①在这样宽松的宗教文化氛围中，接受四年基督精神熏陶的陶行知曾一度皈依基督："1913年，余成为一基督信徒。"（I became a Christian in 1913.②）"约有四年了，我的心灵一直是个战场。耶稣基督和撒旦为占有它而战。耶稣最终赢得胜利。自那一刻起，我成为他的追随者。……我信仰耶稣很大程度上由一本书促成，它是康奈尔大学的詹克斯教授写的，名为《耶稣的处世原则》。我不能仔细回想起耶稣的哪一部分教诲是重要的了，但是我必须说，使我追随他的是他那'我们应当像爱自己一样爱世人'的教义。"③"基督教的爱"深度地感染了青年陶行知。

陶行知的博爱情怀，还渊源于资产阶级倡导的博爱精神。陶行知在汇文和金大读书期间，正处清末民初之改朝换代期。民族革命、民主革命思潮蓬勃发展，冲击着适逢其时的青年人。青年陶行知文化基础厚实，思想活跃，对新事物敏感，置身革命前沿，撰文立说，伸张己见，勇于力行，对旧民主主义革命、民族解放斗争做出了应有的贡献。作为一名旧民主主义者，青年陶行知信奉"自由、平等、博爱"。他说："至于共和之世，人道大昌，待己则自由，待人则亲爱；应于宪法之下，则人我平等。平等、自由、亲爱，社会中之三大要素也。"④1914年陶行知在其毕业论文《共和精义》中提出："自由、平等、民胞，共和之三大信条也。共和之精神在是，共和之根本在是。"⑤然而，此三大信条中，博爱又是自由、平等之根基，是共和之大本，因为"平等自由虽美名，必畛域铲除，博爱心生，国人以兄弟相视，始能得其实际。故自由平等，虽为共和三大信条之二，然共和之大本则在民胞焉！民胞主义昌，而后有共同目的、共同责任、共同

① 陶行知.我的学历及终身志愿[M]//方明.陶行知全集:第6卷.成都:四川教育出版社,2005:455.

② 陶行知.My Resume And My Plan Of Life Career[M]//方明.陶行知全集:第6卷.成都:四川教育出版社,2005:336.

③ 陶行知.金陵大学学生陶文濬的信仰自述(部分)[M]//方明.陶行知全集:第12卷.成都:四川教育出版社,2005:4.

④ 陶行知.一夫多妻之恶结果[M]//华中师范学院教育科学研究所.陶行知全集:第1卷.长沙:湖南教育出版社,1984:10.

⑤ 陶行知.共和精义[M]//华中师范学院教育科学研究所.陶行知全集:第1卷.长沙:湖南教育出版社,1984:44.

义务；而后贵贱可除，平等可现；而后苛暴可蠲，自由可出。苟无民胞主义以植共和之基，则希望共和，犹之水中捞月耳！"①在青年陶行知看来，社会进化、人文进化便自发产生亲爱、博爱之民胞主义，进而产生共和国家。他说："人民相处日久，互爱心生。他人痛痒，视同切肤，民胞主义，渐以昌明。宗教家、伦理家复从而提倡之，躬行之，以为民表。耶教'天父以下皆兄弟'，孔教'四海之内皆兄弟'之义，不独深印人心，凡奉其教义者，抑且不惜披发缨冠，以趋人之急难也。故民胞主义愈膨胀，则专制荼毒愈衰微，共和主义益不能不应时而遍布于全球矣。"②社会、人文进化，便生出人际之爱；人民互爱，共和自现。

耶教之爱人如己与资产阶级的博爱，在陶行知身上合而为一。然而，这两种爱皆为泛爱，皆为抽象的爱。而青年陶行知却奉为圭臬，他甚至认为只要交通便利，就一定能产生人际互爱。他说："吾国国大民众，种庞族杂，方言不一，习惯不齐，情势睽隔，博爱难生。欲沟通声气，养成共和大本，非便利交通，则肤功不克奏也。"③多少显现青年陶行知思想的稚嫩！

二、嬗变

（一）重估"君子"，真人演绎为"整个的人"

经过举办晓庄学校的实践，陶行知明确了教育与生活实践的关系，并萌生了工学团思想——"工以养生，学以明生，团以保生"，进而反对学自学、工自工的学工分离现象。在这一思想背景下，陶行知在《古庙敲钟录》中批判了孔子的"君子谋道不谋食"思想。孔门私学培养做官之人，

① 陶行知.共和精义[M]//华中师范学院教育科学研究所.陶行知全集:第1卷.长沙:湖南教育出版社,1984:45.

② 陶行知.共和精义[M]//华中师范学院教育科学研究所.陶行知全集:第1卷.长沙:湖南教育出版社,1984:52.

③ 陶行知.共和精义[M]//华中师范学院教育科学研究所.陶行知全集:第1卷.长沙:湖南教育出版社,1984:51-52.

教人学为官之道——"学而优则仕",不教人学为"小道"。由于孔子对于劳动及劳动人民的鄙视态度——孔子骂请学稼、请学为圃的樊迟为小人,所以其"君子"之人格中缺乏对于劳动及劳动人民的正确态度。孔子曰:君子不器①。《礼记·学记》云:大道不器②。所以,君子谋的"道"即是"大道"而非"小道"。孔子的学生子夏说:"虽小道,必有可观者焉;致远恐泥,是以君子不为也。"③孔子说:"君子谋道不谋食。耕也,馁在其中矣;学也,禄在其中矣。君子忧道不忧贫。"④ "致远"的君子务"大道",弃"小道"。读书,做官,"齐家、治国、平天下"为"大道",稼圃卜医之类为"小道"。故而,君子"谋道不谋食"、"忧道不忧贫"。战国时期孟子将之区分为劳心者和劳力者两个社会阶层,并进行功能定位,即劳心者治人,劳力者治于人,治人者食于人,治于人者食人。

陶行知对孔子这一教育目的观进行了批判。他在《古庙敲钟录》里说:"同是一部《论语》,从前那样读法觉得圣人的书没有一句错,现在换个法子读,便觉得句句有重新估价之必要。"⑤这是由于陶行知的平民教育和生活教育实践才使其思想发生重大转折。他认为"孔子是地主的代表","私塾是地主的麻醉机关"。孔子说君子谋道不谋食,其意思是,学道吃不了,耕田要挨饿,学道吃不了的是君子,耕田要挨饿的是小人,"不种谷而吃饱饭的自称君子,种谷而没饭吃的反被骂为小人,这是何等的不公平!"⑥陶行知批判道:照孔子的理想看来,一国之中不能尽是君子。如果尽是君子,便没人谋食,没人耕田,君子都要饿死了。在这样的社会中,必须有一部分人专门耕田,耕田的人要把自己饿得瘦瘦的,使君子可以养得胖胖的坐在那儿管他们。这种瘦己令人肥的人被骂为小人。既然孔子骂农人为小人,农人也骂孔子"四体不勤,五谷不分",这说明当时的农民对

---

① 杨伯峻.论语译注[M].北京:中华书局,2006:18.

② 孟宪承.中国古代教育文选[M].北京:人民教育出版社,1979:98.

③ 杨伯峻.论语译注[M].北京:中华书局,2006:225.

④ 杨伯峻.论语译注[M].北京:中华书局,2006:190.

⑤ 陶行知.古庙敲钟录[M]//华中师范学院教育科学研究所.陶行知全集:第2卷.长沙:湖南教育出版社,1985:525.

⑥ 陶行知.古庙敲钟录[M]//华中师范学院教育科学研究所.陶行知全集:第2卷.长沙:湖南教育出版社,1985:524.

孔子没有好感①。可见，陶行知对孔子的君子这一人格观是持否定态度的。君子"动口"不"动手"、"劳心"不"劳力"，小人"动手"不"动口"、"劳力"不"劳心"。孔门教育培养了不健全的人格——"不完全的人"。所以，陶行知提出，要做一个整个的人，别做一个不完全、命分式的人，要做一个整个的人，须有三个要素：有健康的身体，有独立的思想，有独立的职业。所谓人要有独立的职业，意思就是"滴自己的汗，吃自己的饭。自己的事，自己干。靠人，靠天，靠祖先，都不算好汉"②。这样，陶行知的"真人"实现了一次人格超越：由"君子"、"真君子"转变为"整个的人"、自食其力的人。

"整个的人"具有"整个的心"。陶行知1928年在晓庄师范建校一周年时发表纪念文章，提出他的"心"愿："乡村教育之能否改造，最要紧的是问我们肯不肯把整个的心献给乡村儿童。……倘使我们肯把整个的心捧出来献给乡村儿童，那么，无论如何困难，必有达到目的的一日。否则天天背诵教学做合一，也是空的。我今天要代表乡村儿童向全国小学教师及师范生上一个总请愿：'不要你的金，不要你的银，只要你的心。'"③不久，他在其论文集《中国教育改造》一书的《自序》中说："纸上的教育改造能有多大效力！大家原把整个的心捧出来献给小孩子，才能实现真正的改造。"同年，陶行知出席全国教育会议，在所提交的《乡村小学、师范学校标准案》中又提出："乡村师范应引导师范生，将整个的心，献给乡村儿童和人民。"④"整个的心"所奉献的对象由儿童、小孩子扩大到"人民"。晓庄师范建校二周年时，陶行知又发表纪念文章，勉励同仁拿出"整个的心"。他说："要想完成乡村教育的使命，属于什么计划方法都是次要的，那超过一切的条件是同志们肯不肯把整个的心献给乡村人民和儿童。真教

① 陶行知.古庙敲钟录[M]//华中师范学院教育科学研究所.陶行知全集:第2卷.长沙:湖南教育出版社,1985:524.

② 陶行知.学做一个人[M]//华中师范学院教育科学研究所.陶行知全集:第1卷.长沙:湖南教育出版社,1984:595.

③ 陶行知.晓庄试验乡村师范的第一年[M]//华中师范学院教育科学研究所.陶行知全集:第2卷.长沙:湖南教育出版社,1985:62.

④ 陶行知.乡村小学、师范学校标准案[M]//华中师范学院教育科学研究所.陶行知全集:第1卷.长沙:湖南教育出版社,1984:99.

育是心心相印的活动。唯独从心里发出来的，才能打到心的深处。"①在晓庄师范举行的孙中山逝世四周年纪念会上，陶行知发表演说，勉励同志们要真心实意地去办乡村教育，"假使你是以整个的心献给乡村教育，努力与农人、小朋友合作，就无论在国家、在社会、在世界"都可以产生巨大的力量②。要改造中国、改造社会、改造世界，唯一的希望就是能够以整个的心贡献给乡村教育的广大教师。正是在20世纪20年代末30年代初的几年时间里，陶行知在服务社会、服务儿童、服务农民、服务乡村的实践中凝练出一种永垂青史、万古流芳的教育精神："捧着一颗心来，不带半根草去。"在《晓庄三岁敬告同志书》一文中陶行知说他"在吉祥学园里写了两句话：'捧着一颗心来；不带半根草去'。"③2002年9月8日，江泽民在北京师范大学百年校庆上发表讲话，盛赞陶行知当年倡导的"捧着一颗心来，不带半根草去"的崇高精神，并指出："这种平凡而伟大的精神，永远值得我们学习和发扬！"2014年9月9日，习近平总书记在北京师范大学师生座谈会上发表了"做党和人民满意的好教师"的重要讲话，在讲到"做好老师，要有道德情操"时特别指出陶行知"捧着一颗心来，不带半根草去"的精神：好老师要有"捧着一颗心来，不带半根草去"的奉献精神，自觉坚守精神家园、坚守人格底线，带头弘扬社会主义道德和中华传统美德，以自己的模范行为影响和带动学生。

捧着一颗心来，不带半根草去

——致李友梅、蓝九盛等

友梅、九盛、和中、达之④：

接到你们四月二十四日所写的信，知道你们用两件大衣跑了三十

① 陶行知.第二年的晓庄[M]//华中师范学院教育科学研究所.陶行知全集：第2卷.长沙：湖南教育出版社，1985：134.

② 陶行知.定于一[M]//华中师范学院教育科学研究所.陶行知全集：第2卷.长沙：湖南教育出版社，1985：142.

③ 陶行知.晓庄三岁敬告同志书[M]//华中师范学院教育科学研究所.陶行知全集：第2卷.长沙：湖南教育出版社，1985：207.

④ 友梅即李友梅，九盛即蓝九盛，和中即台和中，皆为晓庄师范学生、新安小学教师；汪达之，晓庄师范学生、新安小学校长。

里路，当不得两元钱，又饿着肚子跑回学校．这件事是你们在长江北岸为乡村教育史写成悲壮的一页，亦即光荣的一页。我们是何等的安慰而又是何等的敬佩你们啊！在前一个礼拜，我们接到文采先生①转来的信，即汇了三十元经常费给你们，可惜竹因②不慎，给扒手拿去了。我只希望个人需要此款比你们还切，那么我们总算对于他有些贡献了。但是想念着你们的困难，急的了不得，立刻又凑了一笔款寄去，谅现在已经收到了吧！请你们放心，你们要我们做的事，我们是已经做了，我们是决不会忘记你们的。捧着一颗心来，不带半根草去，你们抱着这种精神去教导小朋友，总是不会错的。

何日平③
十九、四、三十④

（二）真人的博爱演绎为"人中人"之爱

陶行知曾说，我们应当知道，民国只有人中人，没有人上人，也就没有人下人。后来他又强调，在人道上只有人中人，没有人上人，也没有人下人。"人道"是相对于"奴道"、"畜道"而言的，他认为，"现在是有人在奴道、畜道上过日子。……伸人道是把奴道、畜道上的人一起提到人道上来"⑤。所谓"人上人"就是做坏事，吃好饭，骑在百姓头上作威作福的

---

①即姚文采。安徽歙县人，为陶行知在歙县崇一学堂时同学，考入金陵大学（当时叫汇文书院）学医，后学生物。毕业后曾受聘担任南京高等师范学校、东南大学生物学、解剖学讲师，兼任南京安徽公学副校长、晓庄师范生物学教师。1949年后继续担任安徽中学（1939年安徽公学更名）校长，1951年安徽中学与南京六中合并称为南京市第六中学，姚文采继续担任校长。1958年病逝，享年66岁。

②即方与严。安徽歙县人，晓庄师范学生，为长期与陶行知共事的中共党员之一。1930年晓庄被封后，陶行知被通缉，方与严化名方竹因被指定为陶行知在上海的秘密联络负责人。

③这是晓庄师范被封后，陶行知被通缉时所用的笔名之一。

④陶行知.捧着一颗心来，不带半根草去[M]//华中师范学院教育科学研究所.陶行知全集：第5卷.长沙：湖南教育出版社，1985：235.

⑤陶行知.古庙敲钟录[M]//华中师范学院教育科学研究所.陶行知全集：第2卷.长沙：湖南教育出版社，1985：535.

统治者；"人下人"就是身受压迫剥削而不知觉悟，为奴性所窒息，失去自尊心和自信心的穷苦人，甘愿在"奴道"、"畜道"上过日子的人。在陶行知看来，晓庄所要培养的人不但是一个人，而且是一个人中人。晓庄就是要培养"人中人"，培养只做大众的公仆，不做个人的听差的"人中人"。因为人中人的生活是实际生活，实际生活便是人生的一切，"爱实际的人"也是实际生活即人生要做的事之一①。

"人中人"热爱人类，热爱中华民族，热爱劳苦大众，"因为他爱人类，所以他爱人类中最多数而最不幸之中华民族；因为他爱中华民族，所以他爱中华民族中最多数而最不幸之农人。他爱农人只是从农人出发，从最多数最不幸的出发，他的目光，没有一刻不注意到中华民族和人类的全体"②。晓庄的"人中人"有了这种高尚的爱，便肩负起伟大的使命。在晓庄诞生三周年时，陶行知说："晓庄三年来的历史，就是这颗爱心之历史——这颗爱心要求实现之历史。有了爱便不得不去找路线，寻方法，造工具，使这爱可以流露出去完成他的使命。流露的时候，遇着阻力便不得不去奋斗——与土豪劣绅奋斗，与外力压迫奋斗，与传统经验奋斗，与农人封建思想奋斗，与自己带来的伪知识奋斗。这奋斗之历史，也就是这颗爱心之历史。晓庄没有爱便不能奋斗，不能破坏，不能建设，不能创造。个人没有爱，便没有意义，即使在晓庄，也不见得有贡献。所以晓庄和各个同志的总贡献——破坏和创造——如果有的话，都是从爱里流露出来的。晓庄生于爱；亦惟有凭着爱的力量才能生生不已。"③爱是人内心的一种高级情感，它流露出来便表现一种力量，即"爱的力量"、"爱力"。陶行知将这种力量视为"奋斗的工具"，他说："我们奋斗的工具是爱力不是武力，爱力如同镭之第三种射线，不是任何射线，不是刀剑所能阻碍住

---

① 陶行知.谈教学做合一[M]//华中师范学院教育科学研究所.陶行知全集:第5卷.长沙:湖南教育出版社,1985:206.

② 陶行知.晓庄三岁敬告同志书[M]//华中师范学院教育科学研究所.陶行知全集:第2卷.长沙:湖南教育出版社,1985:207.

③ 陶行知.晓庄三岁敬告同志书[M]//华中师范学院教育科学研究所.陶行知全集:第2卷.长沙:湖南教育出版社,1985:207-208.

的。"①陶行知已将耶教之爱和资产阶级之博爱升华为人类的一种精神，扬弃两爱之抽象形式，而继承两爱之精神实质。这就是人类之爱、民族之爱、人民之爱。

（三）"明明德"演变为"明民德"

中国传统儒家注重"明明德"教育，并将之作为大学的首纲，其目有"格物致知诚意正心修身"，即"内圣"过程，即"独善其身"。青年陶行知赋予真人以"明明德"内涵，他说他自己"吾圆颅不啻为真我与伪我之战场，真我驱伪我不遗余力"②，在汇文书院读书时，因致力于文科之学，"未暇在受用学问上加功，虽时有道学演说，心不在焉，故诚心终不伪心胜"③。真我与伪我、诚心与伪心的斗争，就是存养省察的过程，即"正己"、"自治"的功夫。1913 年，他在《为考试事敬告全国学子》一文中说："学生将以正人者也，己不自正而欲正人，可乎？学生将以治人者也，己不自治而欲治人，可乎？学生将以引人服从法律者也，己不服从而令人服从，可乎？"④他提醒大学生应当注意自己的存养省察，修己以敬，只有身修才能治人。在《伪君子篇》一文中，他说他自己受到孟子、王阳明"虽困难万状，终有成功之日"之启迪，"吾于是乎且喜将来真我之必胜，而伪我之必败。其胜其败，是在及早努力，百折不回，在心中建立真主宰，以防闲伪魔。行出一真是一真，谢绝一伪是一伪"⑤。陶行知在后来的生活教育实践中，意识到仅仅在"诚意"、"正心"、"致良知"上下功夫是不够的。故陶行知对传统儒家的内省式修身法有所扬弃、有所去取。1936

① 陶行知.护校宣言［M］//华中师范学院教育科学研究所.陶行知全集：第 2 卷.长沙：湖南教育出版社,1985:221.

② 陶行知.伪君子篇［M］//华中师范学院教育科学研究所.陶行知全集：第 1 卷.长沙：湖南教育出版社,1984:27.

③ 陶行知.伪君子篇［M］//华中师范学院教育科学研究所.陶行知全集：第 1 卷.长沙：湖南教育出版社,1984:27.

④ 陶行知.为考试事敬告全国学子［M］//华中师范学院教育科学研究所.陶行知全集：第 1 卷.长沙:湖南教育出版社,1984:20.

⑤ 陶行知.伪君子篇［M］//华中师范学院教育科学研究所.陶行知全集：第 1 卷.长沙：湖南教育出版社,1984:28.

年，陶行知在《新大学》一文中说："《大学》里面说：'大学之道在明明德，在新民，在止于至善。'这是从前的'大学之道'。新的'大学之道'就不同了。依照新的眼光看来，它是变成了'大学之道在明大德，在新大众，在止于大众之幸福'。什么是'大德'？'大德'就是'大众之德'。大众之德有三；一是觉悟；二是联合；三是争取解放。"①1936年11月，陶行知在一次演讲中将"大众之德"演绎为"大众的道德"，将"争取解放"演绎为"争取民族大众的解放"②。1946年初，陶行知在创办重庆社会大学时，明确提出："大学之道：在明民德，在亲民，在止于人民之幸福。社会大学之道，首先要明白人民的大德。人民的大德有四：一是觉悟。……二是联合。……三是解放。……我们要学习争取六大解放：（1）头脑解放，（2）双手解放，（3）眼睛解放，（4）嘴解放，（5）空间解放，（6）时间解放。四是创造。解放出来的力量要好好地用，用在创造上，创造新自己，创造新中国，创造新世界。"③在重庆社会大学开学后不久，陶行知在与新华社记者谈话时鲜明地提出社会大学的宗旨"在于为人民服务"。至此，早期真人的修己以敬、修己以治人之"明明德"嬗变升华为"为人民服务"之"明民德"，体现了真人"与时代俱进"的品质，诚如陶子之所言："时代是继续不断的前进，我们必得参加在现代生活里面，与时代俱进，才能做一个长久的现代人。"④1944年毛泽东同志发表《为人民服务》这一光辉篇章。自此以后，"为人民服务"成为共产党人的思想原则。陶行知教育思想正体现了为人民服务的精神。

---

① 陶行知.新大学[M]//华中师范学院教育科学研究所.陶行知全集:第3卷.长沙:湖南教育出版社,1985:72.

② 陶行知.《团结御侮的几个基本条件与最低要求》之再度说明[M]//华中师范学院教育科学研究所.陶行知全集:第3卷.长沙:湖南教育出版社,1985:164.

③ 陶行知.社会大学运动[M]//华中师范学院教育科学研究所.陶行知全集:第3卷.长沙:湖南教育出版社,1985:586.

④ 陶行知.攻破普及教育之难关[M]//华中师范学院教育科学研究所.陶行知全集:第2卷.长沙:湖南教育出版社,1985:782.

第四节 真人含义

何为真人？对于这一问题，中国陶行知研究会前会长、陶行知学生、已故著名陶行知研究专家方明先生曾提出六答：一是学做真人，勿做假人；二是做人中人，不做人上人；三是做有道德的人；四是做一个整个的人；五是做一个立志改革，勇于创造的人；六是做真善美的活人。但是本书认为陶行知真人内涵丰富，至少包含八种含义。

一、做人中人

人中人是相对于人上人与人下人而言的，所以，它既是政治意义上的人，具有阶级性，也是道德意义上的人，具有人格化、道义性。但是陶行知更倾向于道德意义上的，是其早期真人理想的嬗变。陶行知在1922年7月7日发表于《民国日报·觉悟》上的《教育者的机会与责任》一文中说："在此阶级制度破产时，我们绝不承认社会上还有什么'人上人'，'人下人'，但是'人中人'我们是逃不掉的。我们既然都是人中之一人，那么，人与人自然会有相互的关系了。"①陶行知所谓"阶级制度破产"，即意味着剥削阶级消灭，所以也就没有人上人，没有人下人。显然，陶行知这一思想，多少带有乌托邦色彩，没有看到半封建半殖民地的近现代中国现实，他甚至幻想在这样的境地里将"晓庄"建设成为"人间乐园"。陶子的这一思想在后来接受马克思主义后进行了彻底改造，他在《古庙敲钟录·四十九》里说：在人道上只有人中人，没有人上人，也没有人下人。"人道"是相对于"奴道"、"畜道"而言的，他认为，"现在是有人在奴道、畜道上过日子。……伸人道是把奴道、畜道上的人一起提到人道上来"②。所谓"人上人"就是做坏事，吃好饭，骑在百姓头上作威作福的统治者；"人下人"

---

① 陶行知.教育者的机会和责任[M]//华中师范学院教育科学研究所.陶行知全集:第1卷.长沙:湖南教育出版社,1984:259.

② 陶行知.古庙敲钟录[M]//华中师范学院教育科学研究所.陶行知全集:第2卷.长沙:湖南教育出版社,1985:535-536.

就是身受压迫剥削而不知觉悟，为奴性所窒息，失去自尊心和自信心的穷苦人，甘愿在"奴道"、"畜道"上过日子的人。陶行知进一步肯定在人道上做人中人便也包含了公道在内，并且在国内伸公道还不够，公道必得以人类为范围，在人类当中伸人道，即所以在人类当中伸公道，"体认得这一点，就哼作人道可，哼作公道也可"①。所谓公道，指的是公正的道理，公平，合理，代表人间正道，人类正义。所以，这样的人中人确乎属于真人范畴。

二、做有道德的人

在陶行知这里，立德是做有道德的人即做真人，反之亦然。因为在陶子看来，道德是做人的根本，立德是智仁勇合一的基础，道德不立，智勇乃乖，而作为道德条目之一的诚实也是做人的根本，道德是全称，道德和诚实皆为做人的根本。可见，诚实是一个人品德的基础和根本。如前所述，《育才十二要》的第一"要"便是"诚实"，亦可见其在人格中的基础和根本之地位。为此，陶行知曾特意写信给晓庄师范的一位校工，说："您为人很诚实。我们大家都爱上您这一点。这是做人的根本。我希望您永久保守这个宝贝，终身做个诚实人。"②陶行知根据此校工不听调度的毛病，还给他指出"在世上做人，单靠诚实是不够的。诚实之外，还要尽本分"，应当受别人调度，并且自己的本分尽了，还得用空闲的工夫帮人家的忙，和气待人。以陶行知之见，作为一名校工，能够诚实到老，尽本分，听调度，帮人忙，和气待人，便是"理想的校工"，也可以说是"校工中的圣人"③。做一名校工，也能做到"圣人"水平，端赖"德"之修为：诚实到老，帮助别人，和气待人，可以认为是一般的道德品质，而尽本分，听调

① 陶行知.古庙敲钟录[M]//华中师范学院教育科学研究所.陶行知全集:第2卷.长沙:湖南教育出版社,1985:536.

② 陶行知.平等与本分[M]//华中师范学院教育科学研究所.陶行知全集:第5卷.长沙:湖南教育出版社,1985:200.

③ 陶行知.平等与本分[M]//华中师范学院教育科学研究所.陶行知全集:第5卷.长沙:湖南教育出版社,1985:200-201.

度，乃职业操守和道德。按照陶行知的人格理想，"圣人"作为传统的人格理想范型，亦为真君子、真人，绝非伪君子、假人。

三、做整个的人

陶行知所提的"整个的人"是相对于"命分式的人"而言的。何为整个的人？何为命分式的人？整个的人与真人何干？命分式的人，即不完全的人，非整个的人，是分心的人，是一身兼数事的人，是心挂两头的人。命分之命，有性命、生命、人命的意思。陶行知1925年年底在南开中学所做的题为"学做一个人"演讲中，以抱朴子"全生为上，亏生次之，死又次之，不生为下"①为理据，阐说"不完全的、命分式的人"，倡导做整个的人。《吕氏春秋·贵生》援引战国时期魏国人子华子语："全生为上，亏生次之，死次之，迫生为下。"尊贵生命就是保全生命的意思。保全生命就是人的生、死、耳、目、口、鼻等基本需要皆得满足。亏生只是部分需要得以满足。亏生对于尊贵的生命有所亏损。对于生命，亏待越重，亏损越大。不义而死，生命无以知晓其基本需要，又回到未生状态。迫生则是人的六种基本需要非但得不到满足，所得到的皆是其所憎恶的。屈服于此，凌辱于此。不义是最大的凌辱。行不义之事，即是迫生，但是迫生却不仅仅是不义。一个人若是迫生的话，还不如死。陶行知将"迫生"置换为"不生"，不生即死。在陶子那里，只有全生之人，才是整个的人，而亏生、迫生之人便是命分式的人。《说文》云：亏，气损也。亏生，即生命有所亏损、损害、损伤。迫，偪也。六欲不得其宜，又不得死，且在屈辱之下而生②。亏生、迫生之人，皆为不完全的人，非整个

---

① 可能是陶行知记忆之误，该引语非东晋葛洪言，而为战国时期道家人物、魏国人子华子语，只不过陶行知将"迫生"置换为"不生"，即不义之生。《吕氏春秋·贵生》：子华子曰："全生为上，亏生次之，死次之，迫生为下。"故所谓尊生者，全生之谓。所谓全生者，六欲皆得其宜也。所谓亏生者，六欲分得其宜也。亏生则于其尊之者薄矣。其亏弥甚者也，其尊弥薄。所谓死者，无有所以知，复其未生也。所谓迫生者，六欲莫得其宜也，皆获其所甚恶者，服是也，辱是也。辱莫大于不义，故不义，迫生也，而迫生非独不义也，故曰迫生不若死。(吕氏春秋新校释：上册[M].陈奇猷，释.上海：上海古籍出版社，2002:76.)

② 吕氏春秋新校释：上册[M].陈奇猷，释.上海：上海古籍出版社，2002:83.

的人。

那么，何种人不是整个的人？陶行知提出五种人：一是残废的人——他的身体有了缺欠，他当然不能算是整个的人；二是依靠他人的人——他的生活不是独立的，只能算是他人生活的一部分；三是为他人当作工具用的人——这种人为他人所支配，没有自己独立的人格；四是被他人买卖的人——被人贩子贩卖的人，接受贿赂、卖身的议员，就是代表者；五是一身兼管数事的人——一个人兼做十几个差事，精神难以兼顾。这五种人，不是整个的人，而是不完全的命分式的人，或者是亏生之人，或者是迫生之人即不生之人。有鉴于此，陶行知以为要做一个人，做一个整个的人，得有三种要素：一要有健康的身体——身体好，可以在物质环境中站个稳固；二要有独立的思想——要能虚心，要思想透彻，有判断是非的能力。三要有独立的职业——要有独立的职业，为的是要生利。生利的人，自然可以得到社会的报酬。一个人能做到一个整个的人，就是一个真正的人，亦即陶行知所希望的：至少要做一个人，至多也只做一个人，一个整个的人①。做一个人，做一个整个的人，健康是第一要义，然后须有独立的思想和独立的职业。陶行知提请人们要时常自我反思自己是不是一个整个的人。一个真正的人，不为人所支配，不为人所奴役，有独立的思想，有独立的职业，这种人也是一个真正的自由人，当然就是一个真人。

四、做创造之人

创造，有二义，一是对于人类社会总体有新贡献的活动，包括技术发明、科学发现、打破新的纪录等，这是以结果言之，如《辞海》（1979年版）对"创造"所界定的"首创前所未有的事物。如：发明创造；创造新纪录；人民群众的创造"②；二是个人自己有新的认识、新的觉悟或新的发现，这种创造虽然对于人类来说并不是新的，但是于己而言则为新，譬如孔子言"温故而知新"（《论语·为政篇》），《礼记·大学》引商汤盘铭

---

① 陶行知.学做一个人[M]//华中师范学院教育科学研究所.陶行知全集：第1卷.长沙：湖南教育出版社,1984:594-595.

② 辞海编辑委员会.辞海[M].上海：上海辞书出版社,1980:183.

"苟日新，日日新，又日新"。陶行知1919年7月在一次题为《新教育》的讲演中，对于"新"字做了辞义学的释义："'新'字是什么意思？某处人家因为要请客，一切设备家伙，都去向别家借用，用过之后，就去还了。这是客来则新，客去便旧了，不得为根本的新。……所以新字的第一意义要'自新'。今日新的事，到了明日未必新；明日新的事，到了后日又未必新。即如洗澡，一定要天天洗，才能天天干净。这就是日日新的道理。所以新字的第二意义要'常新'。又我们所讲的新，不单是属于形式的方面，还要有精神上的新。这样才算是内外一致，不偏不倚。所以新字的第三意义要'全新'。"①他还在《试验主义与新教育》一文中，对于"新"字进行了辞源学的释义："《说文》：'新，取木也。'木有取去复萌之力，故新有层出不已之义。"②陶行知在此处用的是"新"字的引申义，"新"是"薪"的本字。段玉裁《说文解字注》云：取木者，新之本义；引申之为凡始基之称。陶行知所言新之层出不已义，实系新之引申义。新的层出不已义，即生生不已、新陈代谢。陶行知关于新的三义——自新、常新、全新，似与商汤"苟日新，日日新，又日新"之铭有异曲同工之妙。若有一日之新，只是日新。如果仅此而已，可能又沦为旧，非为根本的新，因此要日日新，即陶行知所谓的常新；且陶行知理想的根本的新，不仅仅是形式的新，还需精神上的新，形式的新和精神上的新，共同构成实质的新。这种实质的新是人类所追求的创新，即人的创造力的发挥。创造力是人与生俱来的本领，是人类潜在的力量和本能。陶行知断语"处处是创造之地，天天是创造之时，人人是创造之人"③。这便赋予了人无限的创造力，意味着人无时不可创造，无处不可创造，无人不可创造，人人皆有无穷的创造潜力。故而陶行知谓"儿童的创造力是千千万万祖先，至少经过五十万年与环境适应斗争所获得而传下来之才能之精华。发挥或阻碍，加强或削弱，

---

① 陶行知.新教育[M]//华中师范学院教育科学研究所.陶行知全集:第1卷.长沙:湖南教育出版社,1984:122-123.

② 陶行知.新教育[M]//华中师范学院教育科学研究所.陶行知全集:第1卷.长沙:湖南教育出版社,1984:91.

③ 陶行知.创造宣言[M]//华中师范学院教育科学研究所.陶行知全集:第3卷.长沙:湖南教育出版社,1985:484.

培养或摧残这创造力的是环境。教育是要在儿童自身的基础上，过滤并运用环境的影响，以培养加强发挥这创造力，使他长得更有力量，以贡献于民族与人类。教育不能创造什么，但他能启发解放儿童创造力以从事于创造之工作"①。儿童的创造力，即人的创造力，它是人类祖先"所获得而传下来之才能之精华"，是人的潜在力量和潜能。

在陶行知的思想中，人的创造力具有社会遗传性，它是人身上具有的、与生俱来的文化遗传基因，又具有本真性、始源性，是有待开发的潜质和潜能。做真人，就要做创造之人，使其固有的创造潜力，通过适宜的环境和教育得到开发和挖掘。所以教育不能创造什么，但是可以启发、挖掘人固有的创造力。人的创造潜力，一旦被激起，便有刨根问底、寻本求源之力量。缘于此，故陶行知特重"每事问"："发明千千万，起点是一问。禽兽不如人，过在不会问。智者问得巧，愚者问得笨。人力胜天工，只在每事问。"②创造发明，起于"每事问"。做创造之人，不仅须好问多问，还要会问巧问。这也是一种追求真理做真人的精神。尼采在其皇皇巨著《查拉图斯特拉如是说》中说，人的"精神并非一成不变，而是常变常新。纵观人的一生，精神往往会经历下述三种变形，即一变而为骆驼，再变而为狮子，三变而为儿童"③。骆驼忍辱负重，迫于承担，恭顺而坚韧，无所谓"新"，遑论创造；狮子锐于破坏，力争自由做主人，砸烂一切传统价值，摆脱一切束缚，看似创造，实为毁灭；只有儿童天真无邪，纯洁无瑕，怀有赤子之心，真正实现创造，开始全新的建设，人类复归于真正的精神。陶行知对于儿童之创造力及其教育，倍加重视，这是人类的希望，是一代胜于一代的基础，保护、启发、解放儿童之创造力，人类才能臻于真善美之境。

---

① 陶行知.创造的儿童教育［M］//华中师范学院教育科学研究所.陶行知全集:第3卷.长沙:湖南教育出版社,1985:522.

② 陶行知.创造的儿童教育［M］//华中师范学院教育科学研究所.陶行知全集:第3卷.长沙:湖南教育出版社,1985:526.

③ 尼采.查拉图斯特拉如是说［M］.北京:中国画报出版社,2012:22.

五、做真善美的活人

活人，是相对于死人而言的。但是此活人并非一般意义上活物一样的人所可比拟，而具有更深层次的意涵。一个活人，未必真善美，假恶丑的活人，虽活犹死。但是已死的真善美的人，虽死犹活，虽形体不存，然精神仍活。一个真善美的人，必是活人。陶行知所冀望的是真善美合一的活人，也是完人、真人：活人既表示其身体之存活状态，又显示其活泼泼的精神。这样的真善美的活人，便是完全之人物。

王国维《论教育之宗旨》阐扬"完全之人物"："何谓完全之人物？谓人之能力无不发达且调和是也。人之能力分为内外二者：一曰身体之能力，一曰精神之能力。……完全之人物，精神与身体必不可不为调和之发达。而精神之中又分为三部：知力、感情及意志是也。对此三者而有真美善之理想：'真'者知力之理想，'美'者感情之理想，'善'者意志之理想也。完全之人物不可不备真美善之三德。"[1]完全之人物，包括身体和精神的和谐发展，即体、知、情、意，或曰真、善、美及身体之健全发展。这与陶行知所谓知情意合一、真善美合一的人格理想息息相通。于此而言，陶行知谓"真善美的活人"，其实即谓身体与精神——真善美之完满发展的人。

不论是王国维的"真美善"，还是陶行知的"真善美"，真都是首位，是基础，是前提，无真则无善无美，也就是说，无知则无情无意。知情意合一之知乃真知。真，是陶行知至高无上的宗教。真知，是陶行知梦寐以求的，"追求真理做真人"可证。且陶行知所谓"真善美合一"，奠基于真，由真达善，由真及美，因为真即善，真即美，进而臻于真善美的祖国，真善美的世界，真善美的人生，真善美的创造。由知而智，即真知化为智慧，故又有陶行知之"智仁勇合一"。

《说文》释"知"："知，词也。从口从矢。"《说文》释"词"："词，意内言外也。从司从言。"段玉裁《说文解字注》解释"知"："知，词也。白部曰：智，识词也。从白从亏从知。按此词也之上亦当有识字。知智义同。故智作知。从口矢。识敏故出于口者疾如矢也。陟离切。十六部。

---

[1] 王国维.论教育之宗旨[M]//方麟.王国维文存.南京:江苏人民出版社,2014:45.

"《说文》解释"智"："智，识词也。从白，从亏，从知。"徐灏《说文解字浅笺》云："知，智慧，即知识之引申，故古只作知。"

《法言·脩身》：智，烛也。智慧如烛照，可以看清事物，明察秋毫。《法言·问道》：智也者，知也。智，即是知物、知道。《管子》：四时能变谓之智。《释名·释言语》："智，知也，无所不知也。"《淮南子·道应》：知可否者，智也。《白虎通义·情性》云："智者，知也，独见前闻，不惑于事，见微者也。"贾谊《治安策》有云：凡人之智，能见已然，不能见将然。

知，在性质上，有两种，一种是无情意之知，一种是合情意之知——知情意合一。同样，智，亦有两种，一种是无仁勇之智，一种是合仁勇之智——智仁勇合一。合情意之知，即合仁勇之智；知情意合一，即智仁勇合一，统而言之，就是真善美合一。

六、做有益于人类的人

做有益于人类的人，是陶行知的宏愿。在他看来，"有益人类的意义"就是"使一切人有生之乐无生之苦"[①]，这也是陶行知的大愿，犹如佛陀之普济众生离苦得乐之大愿。这是"孔子己达达人，耶稣爱人如己，释迦超度众生的事业"[②]。陶行知所建构的"社会即学校"图景即是指向全人类："我们承认'社会即学校'。这种学校是以青天为顶，大地为底，二十八宿为围墙，人人都是先生都是学生都是同学。"[③]"人人"可以泛指全人类中的每一个人。"社会即学校"的这一全人类取向，在他1938年《敬赠西班牙之中国战士》[④]一诗中显现出来："你们为西班牙伟大民族而受伤，你们流

① 陶行知.文渼指导之遗志[M]///华中师范学院教育科学研究所.陶行知全集:第2卷.长沙:湖南教育出版社,1985:151.

② 陶行知.女子平民教育[M]//华中师范学院教育科学研究所.陶行知全集:第5卷.长沙:湖南教育出版社,1985:54.

③ 陶行知.教育的新生[M]//华中师范学院教育科学研究所.陶行知全集:第2卷.长沙:湖南教育出版社,1985:711-712.

④ 这是陶行知1938年3月1日写给在西班牙内战中，为反对法西斯武装叛乱、保卫共和国而参战的中国籍战士的。此诗曾由任光谱曲，歌名另题为《慰劳中国战士歌》。

的血是自由神下凡的红光！……你们打胜仗，便是我们打胜仗；请你们放心，祖国的责任有我们担当。向前创造吧！直等到法西斯消灭，民为王，有四万万同胞，欢迎你们回故乡！啊！何必急急回故乡？看青天为顶，大地为底，二十八宿为围墙，人类是兄弟姊妹，全世界是咱们的家乡。"①全世界是家乡，全世界又是学校，人类是兄弟姊妹，亦谓四海之内皆兄弟，人人都是先生、都是学生、都是同学。所以，美国毕莱士女士②曾说："我觉得陶博士并不仅仅属于中国，而是属于世界的。他希望每一个地方的老百姓最后都能得到自由和民主。他相信他有一个职务就是帮助人民了解这种奋斗是世界性的，并不仅限于中国。陶博士的确是全世界各国民族一个公民——他对于人类关怀是不分种族国界的。"③这也显现陶行知的国际主义情怀和理想，亦可算全人类取向。

陶行知的全人类取向基于其"爱满天下"的情怀：由爱而创办晓庄试验乡村师范学校，由对人类之爱、对最不幸的中华民族之爱、对最不幸的农人之爱，而创生晓庄这一火种带给农人、带给中华民族、带给人类光和热。陶行知这一"爱人类"情怀，"爱满天下"情愫，是由其在金陵大学求学时期带有资产阶级性质的"民胞"（博爱）这一抽象的爱、泛爱嬗变而来的，是由中国共产党党员（包括学生党员）的影响而产生的具有阶级阶层性的人民之爱、大众之爱，因此也是爱憎分明的深爱，是对弱势人群的深情。陶行知1938年赋诗一首寄于中国籍战士以支援西班牙人民反对法西斯武装叛乱，以及1942年秋知悉印度的特大水灾后而在育才学校发动赈灾义举，等等，即是这种深爱和深情的表征和自然流露。

陶行知全人类取向与他的正义之道与公道观密切相关。在陶行知那里，人道观不是抽象的普遍的人道主义，犹如其是非观的公与不公性、真与不真性以及前进与倒退性一样，人道和非人道的判准大体如是。在《古庙敲钟录》这部小说里，陶行知设计了拳师张师傅这一武德高尚的人物，

---

① 陶行知.敬赠西班牙之中国战士[M]//华中师范学院教育科学研究所.陶行知全集:第4卷.长沙:湖南教育出版社,1985:447-448.

② 毕莱士女士曾是美国援华会的总干事,她对中国救济事业素极热心,尤其是难童教育.陶先生生前所创办之育才学校得力于该会及毕女士之赞助者实多.

③ 毕莱士.纪念陶行知博士[M]//陶行知先生纪念委员会.陶行知先生纪念集.6.

这位习武之人对于徒弟要求甚高，入门必立誓言，其中第一句是"防身保国伸人道"，是由先前的"防身保国伸公道"改过来的，张师傅自认为"的确改得好"。陶行知给张师傅"点赞"："现在是有人在奴道、畜道上过日子。他要伸人道是把奴道、畜道上的人一起提到人道上来。在人道上只有人中人，没有人上人，也没有人下人，便也包含了公道在内。他并且说在国内伸公道是不够的，公道必得以人类为范围。那么改为人道是格外醒目了。他的意思是要在人类当中伸人道，即所以在人类当中伸公道。体认得这一点，就哼作人道可，哼作公道也可。"①就是说在全人类意义上，人道即是公道，公道即是人道。可以看出，陶行知的人道观意味着正义之道的公道观，而其公道观又意味着正义之道的人道观。人道相对于奴道、畜道而言，人道之人是人中人，非人上人，非人下人，故人道含有正义之道的公道；公道，是大众利益之道，非小众利益之道，即正义之道。《说文解字》云：公，平分也。《春秋纬上·元命苞》说：公之言公，公正无私。《白虎通义·爵》云：公者，通也。公正无私也。公之"通"义，反映其普遍意蕴，有"共"义，又与"正"连接起来，公则必公正无私，不正则不公。《广雅·释诂》云：公，正也。陶行知的人道观和公道观中蕴涵公共、公正之意，这是不拘于国界、民族而放之四海的意识。

七、做自由人

陶行知对自由之向往，源于其在金陵大学求学时期资产阶级性质的"自由、平等、民胞"之自由观，他在大学毕业论文《共和精义》中说："自由、平等、民胞，共和之三大信条也。共和之精神在是，共和之根本在是。……法律之内有自由，道德之内有自由。逾越法律，侵犯道德，此自由之贼，而罗兰夫人所以有'自由，自由，古今几多罪恶假汝之名以行'之言也。"②陶文濬进一步提出正负自由之分："自由有正负，曰：不自由毋

① 陶行知.古庙敲钟录[M]//华中师范学院教育科学研究所.陶行知全集:第2卷.长沙:湖南教育出版社,1985:535-536.

② 陶行知.共和精义[M]//华中师范学院教育科学研究所.陶行知全集:第1卷.长沙:湖南教育出版社,1984:44.

宁死；曰：不有代议士，不出租税；曰：非依法律，不得侵及人民之生命财产，此负面之自由也。此种自由，人民久已不惜蹈汤赴火以争之，其成绩已大有可观。然人民脱离强暴之羁绊，未必及能自由。"①这种负面的自由即是所谓的消极自由，即对他人干涉之免除，或曰无他人的干涉。与消极自由相反的是积极自由，即自我主宰②。他人干涉免除后，人的自由是不是真正获得，这尚需人自己的自克、自制："盖天下之至不可超脱者，有自奴焉！故真自由贵自克。天下之至不可侵越者，有他人焉！故真自由贵自制。天下之至不可忽略者，有公福焉！故真自由贵个人鞠躬尽瘁，以谋社会之进化。"③一个人头脑中想什么，心里考虑什么，想要什么，选择什么，其有绝对自由，这就是想象的自由，思想的自由，但是人又不是单子式的人，其关涉他人和共同体。在消极自由基础上，一个人能否获得真正的自由取决于其能否做到自克、自制和奉献。在陶行知那里，自克相对于自奴而言，自制相对于他制而言，奉献相对于索取而言。《现代汉语词典》（第5版）将"奴"解释为"旧社会中受压迫、剥削、役使而没有人身自由等政治权利的人（跟"主"相对）"④，并进一步解释"奴隶"为"为奴隶主劳动而没有人身自由的人，常常被奴隶主任意买卖或杀害"⑤。由此言之，"自奴"即自认为奴，自甘为奴，自沦为奴，自堕为奴；在人与人的关系上，他人是自己的边界，虽皆为人，但人各有个性，每个人都是一独立

① 陶行知.共和精义[M]//华中师范学院教育科学研究所.陶行知全集：第1卷.长沙：湖南教育出版社，1984：44-45.

② 积极自由（positive liberty，即自我主宰 selfmastery，"它暗含着一个人与自己的分裂与对抗"）与消极自由（negative liberty，即他人干涉 interference 的阙如，"没有人干涉我的行动"）的二分法，为20世纪英国著名哲学家、政治理论家以赛亚·伯林（1909—1997年）于1958年所提。（佩迪特.共和主义：一种关于自由与政府的理论[M].刘训练，译.京：江苏人民出版社，2005：17-18.）这一分法与陶行知早年将自由分为正自由和负自由，何其相似乃尔！只不过，后者没有进行深入的理论阐述，但陶行知大体上是按照两种路径在行动上争自由的，即内在地从教育学上提升人的自我解放（正自由或积极自由）和外在地从政治学上争取人的自由权力（负自由或消极自由）。

③ 陶行知.共和精义[M]//华中师范学院教育科学研究所.陶行知全集：第1卷.长沙：湖南教育出版社，1984：45.

④ 现代汉语词典[M].5版.北京：商务印书馆，2005：1006-1007.

⑤ 现代汉语词典[M].5版.北京：商务印书馆，2005：1007.

的世界，不可侵越他人，即是要恪守人己之边界，给他人以自由；人，除了与自己、与他人的关系外，尚有与群体、共同体的关系，作为群体、共同体中的一分子，个人唯有贡献与之，才有共同体的公共福祉。这就是说，在消极自由之上、之后，真正的自由在于积极自由、正面自由，它取决于内部自我的奴性（包括欲望、本能、冲动等等之奴性）之攻克、自我与他人关系和边界上的不可侵越以及为民族国家和人类社会增进福祉而尽心竭力、鞠躬尽瘁。

陶行知在南京晓庄试验乡村师范的教育实验之后进一步提出"做自由人"的思想："自由是以自己的意志指挥自己的行动。个人自由是以个人的意志指挥个人自己的行动。团体自由是以团体自己的意志指挥团体自己的行动。自由这个名词是含有自主、自决、自动、自得种种意义，扩而大之，是要各得其所。自由人是奉头脑做总司令。他的反面是奴隶。他自己不愿做奴隶，也不要人做他的奴隶。"[①]自由，在陶行知哲学辞典中，除了上述积极自由和消极自由之义外，还有佩迪特所言的无控制或支配的自由，亦被称为第三种自由之义。因为自由人"自己不愿做奴隶，也不要人做他的奴隶"，"不要人做他的奴隶"即包含了免于控制或支配他人的自由，被人控制或支配当然是不自由，但是控制和支配别人的人也是不自由，因为其要随时随地担心和忧虑被控制或被支配者之挣脱、摆脱控制和支配，即奴人者亦为人所奴。这些皆是从个人意义上而谈论的自由，陶行知名之曰个人自由。除此而外，尚有由个人所组成的团体或共同体而形成的自由，即团体自由，陶行知将之界定为"以团体自己的意志指挥团体自己的行动"。问题是何为团体的意志？团体意志如何达于团体行动？在团体中，个人意志与团体意志怎样协调，亦即个人自由与团体自由怎样协调？自由人如何在团体中行动，或曰在团体中如何做自由人？在个人与团体、个人自由与团体自由的矛盾中，陶行知基于晓庄试验乡村师范学校的团体实验，提出在团体生活中，"应守纪律的地方，绝对服从；应当自动的地

---

① 陶行知.一个教师和家长的答复[M]//华中师范学院教育科学研究所.陶行知全集：第2卷.长沙：湖南教育出版社,1985:429.

方，绝对自由"①这一思想。在这一团体中，做自由人是能够游刃有余地处理好纪律与自律关系的，纪律不是他人的强迫，纪律即是自律，自律即是自由，达于"从心所欲，不逾矩"，欲念服从理性，顺应纪律，纪律遵从欲念，其本身又是人性化、民主化，尤其是后者，这正是陶行知后来竭力倡导民主教育、六大解放，尤其是思想解放的根本动因。

陶行知的"做自由人"命题在无干涉的自由即消极自由与无控制或支配的自由之间，侧重于后者。也就是说，陶行知所讲的负面自由是一种无控制或支配的自由，这种自由观认为："自由是根据自由（liber）和奴役（servus）、公民和奴隶的对立来定义的。自由的条件可以通过一个人的这样一种身份来说明：与奴隶不同，他不会服从于其他人专断的权力，也就是说，他没有受到其他人的支配。"②陶行知也是将奴隶和自由人、奴役和自由放在一起而谈论的。陶行知以诗歌明其外争自由之志：

把自由还给我们

一

不自由，

毋宁死。

把自由还给我们！

我们要捣碎一切枷镣锁铐。

我们要撕去加在我们头上的裹头布。

我们要有做人的自由：

做自己的主人，

做中国的主人，

做世界的主人。

二

不自由，

---

① 陶行知.晓庄生活[M]//华中师范学院教育科学研究所.陶行知全集:第5卷.长沙:湖南教育出版社,1985:183.

② 佩迪特.共和主义:一种关于自由与政府的理论[M].刘训练,译.南京:江苏人民出版社,2005:40.

毋宁死。

把自由要回来!

我们要捣碎一切枷镣锁铐。

我们要撕去加在我们头上的裹头布。

我们要有创造的自由:

创造新的自己,

创造新的国家,

创造新的世界[①]。

在《大扫除》一文中,陶行知谈到他的无控制或无支配的自由观点:"有人问我:'你为什么要向《自由谈》投稿?'我说:'我就是爱那自由两字。'我见了《自由谈》便联想到儿童的自由,妇女的自由,被压迫民众的自由,世界弱小民族的自由。我在这里要开自由之炮,破奴隶之城,缴奴主之械,解奴隶之镣,不使民间再有奴隶,人人都成为自由人。有人说奴隶也是有自由的。何以呢?他没有做奴隶之前一定有出处的自由:还是做自由人奋斗而死,还是做亡国奴乞怜而活,在这中间,他岂没有自由的选择?所以除非是他自己死心塌地情愿做奴隶,谁也没有力量叫他做奴隶。我们所要连根扫除的便是这种奴隶性。这种奴隶性不扫除干净,则自由的世界是永远不能实现。"[②]所以陶行知以《大扫除》为文题,并以诗隐喻:谁有自由笔?一起来扫地!扫到那一天?地上无奴隶![③]人之主奴关系在制度层面的扫除,不等于观念上的荡涤殆尽。也就是说,第三种自由尚须积极自由的支撑、辅佐、巩固。故而陶行知除了高度重视外在的自由、外在的解放外,更加重视人内在的自由、人的自我解放。

① 陶行知.把自由还给我们[M]//华中师范学院教育科学研究所.陶行知全集:第4卷.长沙:湖南教育出版社,1985:552-553.

② 陶行知.大扫除[M]//华中师范学院教育科学研究所.陶行知全集:第2卷.长沙:湖南教育出版社,1985:350.

③ 陶行知.大扫除[M]//华中师范学院教育科学研究所.陶行知全集:第2卷.长沙:湖南教育出版社,1985:350.

八、做与时俱进的现代人

陶行知理想的真人人格，具有一种与时偕行、与时俱进的品格。在现代意义上，陶行知所谓的真人，必是与时俱进的现代人。作为一种理想的人格，真人可能有两种：一种是超世、出世的真人。老子说"含德之厚，比于赤子"，"常德不离，复归于婴儿"，又说"绝圣弃智"，"绝仁弃义"，"绝巧弃利"，"绝学无忧"，这里的"赤子"、"婴儿"是返璞归真的真人境界。庄子说，登高不栗，入水不濡，入火不热，是其真人的品质。老庄的真人品质是超世的，不是入世的，独与天地精神相往来，不食人间烟火。佛家亦云"真人"，丁福保《佛学大辞典》上说：真人总称阿罗汉，亦称佛，并引《玄应音义九》：真人是阿罗汉也，或言阿罗诃。经中或言应真，或言应仪，亦言无着果，皆是一也。又引《中本起经上》：方身丈六，华色紫金，明曜于世。……身正修德，履道忽荣弃利，义曰真人。佛家之真人也是出世的，不是入世的。另一种是现世、入世的真人。这是儒家的人格理想。孔子的真君子人格即具真人品格，如孔子言君子"义之于比"，"君子贞而不谅"（《论语·卫灵公篇》），坚守中道，不必讲小信；"君子耻其言之过其行"（《论语·宪问篇》），君子言行一致；君子思不出其位，《礼记·中庸》还说"君子素其位而行"，说的是君子从生活现实出发，从实际出发，从我做起，从当下做起。陶行知的真人人格是真君子人格，其行动特质是现世的、入世的，与时偕行，与时代俱进。这就是与时代俱进的现代人。

陶行知生活教育的目的、真人教育的目的是培养与时俱进的现代人。所谓现代人，是"我们是现代的人，要过现代的生活，就是要受现代的教育。不要过从前的生活。也不要过未来的生活。若是过从前的生活，就是落伍；若要过未来的生活，就要与人群隔离"[1]。实际生活是现代人教育的起点和终点："实际生活说得明白些，便是日常生活。积日为年，积年为终身，实际生活便是人生的一切。分析开来，战胜实际的困难，解决实际的

---

[1] 陶行知.生活即教育[M]///华中师范学院教育科学研究所.陶行知全集:第2卷.长沙:湖南教育出版社,1985:187.

问题，生实际的利，格实际的物，爱实际的人，求实际的衣、食、住、行，回溯实际的既往，改造实际的现在，探测实际的未来：这些事总结起来，虽不敢概括全部人生，但人生除了这些事，还有什么？在做这些事上去学、去教，虽不敢说有十分收成，但是教成的与学成的必是真本领。实行这种教育的社会，虽不敢必其进步一日千里，但是脚踏实地的帮助天演历程向上向前运行而无一步落空，那是可以断言的。"①从实际生活出发，在事上学与教，做与时俱进的现代人，其旨归是教成、学成真本领。

做一个现代人必须取得现代的知识，学会现代的技能，感觉现代的问题，并以现代的方法发挥我们的力量。时代是继续不断地前进，我们必得参加在现代生活里面，与时代俱进，才能做一个长久的现代人。

第五节　真人精神

真人是陶行知的理想人格，是其生活教育和德育的出发点与归宿，即"千教万教教人求真，千学万学学做真人"。陶行知理想的真人是生活中的人，是深谙生活真谛的人。陶行知的真人则具有求真精神、爱的精神、服务精神、创造精神。

一、求真精神

还在大学时代，青年陶行知就呼唤真人。在《伪君子》一文中，他猛烈抨击虽善实恶，虽恶而难以罪之；虽是实非，虽非而难以攻之；真中藏假，虽假而难以察之、似君子非君子似小人非小人的伪君子，斥责伪君子酿成伪家风，伪国风，伪世风，灾及万世而不可穷，并气愤地发出"真人不出，如苍生何？"②之感叹。所以，青年陶行知呼吁："为人须为真人，毋为假

---

① 陶行知.谈教学做合一[M]//华中师范学院教育科学研究所.陶行知全集:第5卷.长沙:湖南教育出版社,1985:206.

② 陶行知.伪君子篇[M]//华中师范学院教育科学研究所.陶行知全集:第1卷.长沙:湖南教育出版社,1984:27.

人"①。他认为,"真人必有四端之心"②,真人以"真我"驱除"伪我"、以"诚心"战胜"伪心"。20世纪20年代,陶行知在平民教育实践和举办晓庄师范的过程中,一再强调为师为人须有整个的心,并勉励同仁要真心实意地去办乡村教育,把整个的心贡献给乡村教育。正是在这一时期,陶行知在实践中凝练出一种永垂青史、万古流芳的精神:"捧着一颗心来,不带半根草去。"这是一种为师的精神,也是一种做人的精神——真人精神。1931年,他在《假好人》一文中说:假好人"看去是真的,又象有几分假;听来是假的,又象有几分真。真中有假,假又象真,把人弄得头昏脑黑,无从辨别。假社会当中做人是多么难对付的一件事啊!世界如何坏?坏在假好人。口是而心非,虽人不是人!"③陶行知真诚地呼吁人们学习颜习斋"宁为真白丁,不做假秀才"④精神,并一腔热血地祈望大家洗心革面,共同创造"一个光明磊落的真世界"⑤。"真世界"需要大家来创造,人人努力做真人,做一个光明磊落的人。陶行知还用诗歌来赞美"光明磊落的人":"××吾友,光明磊落,在人中一个人,不能做低于人的"可怜虫"。在朋友中够得上朋友。一言一行都是拿自己来塑像——塑一个象样的像。"⑥

陶行知于金陵大学求学时期即赋予"真人"一种真君子精神:"君子去仁,恶乎成名?君子无终食之间违仁,造次必于是,颠沛必于是。"(《论语·里仁篇》)陶行知将孔子所说"恶乎成名"中的"名"释为"真人之名",表现了真人"当仁不让于师"的精神"和"吾爱吾师,吾尤爱真理"

① 陶行知.伪君子篇[M]//华中师范学院教育科学研究所.陶行知全集:第1卷.长沙:湖南教育出版社,1984:26.

② 陶行知.伪君子篇[M]//华中师范学院教育科学研究所.陶行知全集:第1卷.长沙:湖南教育出版社,1984:26.

③ 陶行知.假好人[M]//华中师范学院教育科学研究所.陶行知全集:第2卷.长沙:湖南教育出版社,1985:338.

④ 陶行知.假好人[M]//华中师范学院教育科学研究所.陶行知全集:第2卷.长沙:湖南教育出版社,1985:338.

⑤ 陶行知.假好人[M]//华中师范学院教育科学研究所.陶行知全集:第2卷.长沙:湖南教育出版社,1985:338.

⑥ 陶行知.给一位朋友[M]//华中师范学院教育科学研究所.陶行知全集:第4卷.长沙:湖南教育出版社,1985:596-597.

的精神，即他后来在一首诗歌中所说的"真理是吾师"的精神。在他看来，假人、伪君子"与世浮沉，随祸福毁誉而变"，其行为举止不定于义理而违乎义理；真人、真君子则不随祸福毁誉而变，其行为举止定于义理，惟义理是从。1940年年底，陶行知的二儿子陶晓光到成都一家无线电厂工作，工厂要学历证明，陶晓光让别人开了一张晓庄学校毕业证明书。陶行知闻讯后，即电告晓光将证明书寄回，并寄快信告诫儿子，"我们必须坚持'宁为真白丁，不做假秀才'之主张……'追求真理做真人'，不可丝毫妥协。……决不向虚伪的社会学习与妥协。你记得这七个字，终身受用无穷，望你必需努力朝这方面修养，方是真学问"[①]。1943年陶行知为广东省百侯中学复校十周年纪念所做的纪念诗中就写有"千教万教兮，教人求真。千学万学兮，学做真人。"不久陶行知为百侯中学所写的校歌再次强调这种"求真精神"。

百侯中学校歌（节选）

手脑双敲，

未知之门。

岁寒松柏，

求仁得仁。

千教万教，

教人求真。

千学万学，

学做真人。

努力创造，

始败终成。

文化为公，

百侯精神[②]。

---

① 陶行知.追求真理做真人[M]//华中师范学院教育科学研究所.陶行知全集:第4卷.长沙:湖南教育出版社,1985:700.

② 陶行知.百侯中学校歌[M]//华中师范学院教育科学研究所.陶行知全集:第4卷.长沙:湖南教育出版社,1985:591-592.

1941年3月，陶行知在给时任育才学校副校长马侣贤[1]的信中说："我们追求真理，爱护真理，抱着真理为小孩、为国家、为人类服务，社会必有了解之一日"。[2]生活教育和德育是要"涵养一心向真之赤心，……找出真理之夜明珠，……得到光，得到热，得到力。……真即善，真即美，真善美合一。让我们歌颂真善美的祖国，真善美的世界，真善美的人生，真善美的创造。"[3]求"真"可以通"善"，可以达"美"，进而形成真善美合一的人格。依陶行知之见，学问与革命是相通的，一个追求真理的人必能为真理而献身，"学问不论新旧，只要是追求真理，便与革命之精神符合。……在学问上忠于真理的，则在政治上必忠于革命。……一个人在学问上能追求真理，则在革命上能杀身成仁。依据有正确理论指导的实践看来，学问与革命是一件事，而不是两件事"[4]。

二、爱的精神

陶行知于金陵大学求学时期崇奉西方基督教和资产阶级的博爱精神。在青年陶行知看来，随着社会进化、人文进化，人们之间便自发地产生亲爱、博爱之民胞主义。他在大学毕业论文《共和精义》中说："人民相处日久，互爱心生。他人痛痒，视同切肤，民胞主义，渐以昌明。宗教家、伦理家复从而提倡之，躬行之，以为民表。耶教'天父以下皆兄弟'，孔教'四海之内皆兄弟'之义，不独深印人心，凡奉其教义者，抑且不惜披发缨

---

① 马侣贤(1907—1974年)，安徽肥东人。晓庄师范毕业，曾任山海工学团首任团长、重庆育才学校副校长。1946年陶行知逝世后，继任校长。1953年育才中学更名为行知中学，继续担任校长。1959年当选为上海市宝山县政协副主席，兼任行知中学校长。1974年病逝，终年67岁。

② 陶行知.致马侣贤的信[M]//华中师范学院教育科学研究所.陶行知全集：第5卷.长沙：湖南教育出版社，1985：709.

③ 陶行知.育才学校校歌[M]//华中师范学院教育科学研究所.陶行知全集：第4卷.长沙：湖南教育出版社，1985：598-599.

④ 陶行知.学问与革命是一件事[M]//华中师范学院教育科学研究所.陶行知全集：第5卷.长沙：湖南教育出版社，1985：440.

冠，以趋人之急难也。"①所以，他呼唤"真人"，意在超度众生，以体现博爱情怀。但是这种博爱是一种泛爱，是一种抽象的爱。后来，陶行知将"真人"演绎为"人中人"，也将"博爱"升华为人类的一种精神，扬弃其抽象形式，而继承其精神实质。这就是人类之爱，民族之爱，人民之爱。他认为，晓庄是培养"人中人"的，而"人中人"热爱人类，热爱中华民族，热爱劳苦大众，因为他爱人类，所以他爱人类中最多数而又最不幸的中华民族；因为他爱中华民族，所以他爱中华民族中最多数而最不幸的农人。他爱农人只是从农人出发，从最多数最不幸的出发，他的目光没有一刻不注意到中华民族和人类的全体。在晓庄学校成立三周年时，陶行知说：晓庄三年来的历史，就是这颗爱心的历史——这颗爱心要求实现的历史。有了爱便不得不去找路线，寻方法，造工具，使这爱可以流露出去完成他的使命。流露的时候，遇着阻力便不得不去奋斗——与土豪劣绅奋斗，与外力压迫奋斗，与传统奋斗，与农人封建思想奋斗，与自己带来的伪知识奋斗。这奋斗的历史也就是这颗爱心的历史。晓庄没有爱便不能奋斗，不能破坏，不能建设，不能创造。个人没有爱，便没有意义，即使在晓庄，也不见得有贡献。陶行知把爱的教育与生活实践、社会实践结合起来的思想对我们今天的学校德育实践仍有现实意义。

陶行知有一句名言："爱满天下"。他再三强调"爱"，如"爱人如己"、"爱人自爱"、"精诚的爱心"、"爱力"等等。他还在一首诗中说："爱通过阻力给我们热，爱通过真理给我们光明，爱与真理通过信仰，给我们力量。但愿热溶化人间隔阂，光明吞掉社会黑暗，力量拿出来参加于/自由平等的祖国和/幸福进步的世界之创造。"②此"爱"已不是无原则的泛爱、抽象的博爱，而是革命的爱、理智的爱、"人中人"之爱、人民之爱。所以，陶行知把"爱"作为育才教育方针之一：根据孩子们愿意帮助别人的倾向，通过集体生活，培养和引导他们对民族人类发生更高的自觉的爱③。

---

① 陶行知.共和精义[M]//华中师范学院教育科学研究所.陶行知全集：第1卷.长沙：湖南教育出版社，1984：52.

② 陶行知.贺孙锡洪先生与袁女士结婚[M]//华中师范学院教育科学研究所.陶行知全集：第4卷.长沙：湖南教育出版社，1985：523.

③ 陶行知.育才三方针[M]//华中师范学院教育科学研究所.陶行知全集：第3卷.长沙：湖南教育出版社，1985：492.

三、服务精神

服务他人，即是利他精神，这是人之为人的一种重要品质。服他人之务，造他人之福，服务人民，造福人民，都是陶行知所尊崇的美德，真人自不能免。陶行知发扬了孔子忠恕之道，又汲取基督教服务精神和佛教"佛不入地狱，谁入地狱"的度人精神，而赋予真人可贵的服务精神。孔子之"忠"，就是尽心，尽己助人之心，亦即"仁"，即己立立人、己达达人。忠或仁又服从于恕，即己所不欲、勿施于人，也就是视人如己。陶行知以一个农民的儿子之农村艰苦生活背景，深知底层民众和弱势群体生活之不易，因此晓庄时期致力于服务农民，服务民众。1920年代，陶行知提出，我们必须有一个"农民甘苦化的心"才配为农民服务，才配担负改造乡村生活的新使命。20世纪30年代服务于救国，育才时期服务难童。陶行知认为，帮助人就是教育，教育的行为是服务，而服务的行为也就是教育①。1941年3月，陶行知致信时任育才学校副校的马侣贤，勉励师生为小孩、为国家、为人类服务，要对得住小朋友，对得住国家、民族。

1944年，毛泽东发表《为人民服务》这一光辉篇章，以纪念一位普通的共产党员——张思德同志。张思德同志生前是中央警备团战士。1933年参加革命，任劳任怨。1944年9月5日，在陕北山中烧炭，炭窑崩塌，因奋力将队友推出窑外，自己被埋而牺牲。9月8日，在那个艳阳高照的日子里，毛泽东站在追悼张思德同志大会的讲台前，作了这篇《为人民服务》纪念报告。自此，"为人民服务"成了适应时代需要的一种新伦理思想，是共产党人新的道德原则和道德精神。在这一背景之下，陶行知响应"为人民服务"道德原则和精神。重庆社会大学开学后不久，陶行知在与新华社记者谈话时鲜明地提出社会大学的宗旨"在于为人民服务"②。陆定一同志在陶行知逝世后代表党中央在延安追悼会上致的"哀词"中，充

---

① 陶行知.全面抗战与全面教育[M]//华中师范学院教育科学研究所.陶行知全集:第3卷.长沙:湖南教育出版社,1985:329-330.

② 陶行知.社会大学的创办[M]//华中师范学院教育科学研究所.陶行知全集:第3卷.长沙:湖南教育出版社,1985:590.

分肯定陶行知的教育思想"正是新民主主义教育思想，正是为人民服务的教育思想"[1]。

四、创造精神

我们中国人在自由创造能力上其实并不弱于世界上任何其他的民族，只要我们不是有意地压抑这种创造力，而是将它充分地发挥出来，就可以成为使我们恢复自信心的可靠依据[2]。具有中华文化品格的"真人"不乏这种创造力、创造精神。作为一种人格理想，真人精神自然不会缺失这种精神，陶行知也不会疏离这种精神。陶行知《创造宣言》即倡扬"真善美的活人"之创造力和创造精神。要培养这种创造力和创造精神，就需要培养者具有创造精神，以人教人者，要教人求真，自己应当求真；教育人做真人，自己应当是真人；培养人的创造精神，自己应当具有创造精神。教师、教育者要具有真人品质和精神，要有创造精神。陶行知在《第一流的教育家》这篇文章中，分析了三种"教育家"——"政客的教育家"，"书生的教育家"，"经验的教育家"之后，认为"第一种不必说了，第二、三种也不是最高尚的"，进而提出"第一流的教育家"要具有"敢探未发明的新理"，"敢入未开化的边疆"，前者即是"创造的教育家"，后者是"开辟的教育家"。这种第一流的教育家所具有的精神，就是一种真人精神。能称得上"第一流"的教育家即具有真人的创造精神。敢探未发明的新理，即是创造精神，敢入未开化的边疆，即是开辟精神。培养、造就具有创造精神的教育家，是陶行知孜孜以求、殚精竭虑探索的一个重要课题："创造时，目光要深；开辟时，目光要远。总起来说，创造开辟都要有胆量。在教育界有胆量创造的人即是创造的教育家，有胆量开辟的人即是开辟的教育家，都是第一流的人物。大丈夫不能舍身试验室，亦当埋骨边疆尘，岂宜随便过去！但是这种人才，究竟要到什么时候才能出现？究竟要由什么

---

① 陆定一.悼人民教育家陶行知先生[M]//生活教育社.陶行知先生四周年祭.1950:5.
② 邓晓芒.徜徉在思想的密林里[M].济南:山东友谊出版社,2005:122.

学校造就？究竟要用什么方法养成？可算是我们现在最关心的问题。"①不论前者还是后者，都具有"第一个吃螃蟹"的精神，这需要创造性人格，包括创造性智慧、勇气和胆量。教育者具有这种胆量和勇气以及智慧，其实就是一种真人精神。

① 陶行知.第一流的教育家[M]//华中师范学院教育科学研究所.陶行知全集:第1卷.长沙:湖南教育出版社,1984:114.

第四章 德育与主体观

第一节 教育的自动主义

教育的自动主义即学生中心主义，是对传统教育的教师中心主义的反动，突出强调儿童的主体性。这种理论和思潮在中华大地的兴起是受杜威进步主义教育思想影响的结果。1919年5月1日，杜威踏上中华大地，1921年7月11日离开北京回国，历时两年有余，传播其实用主义哲学和教育学，其思想一时被奉为圭臬。也是借此之机，陶行知得以深窥其师思想之堂奥。

一、"五四"新潮

五四运动前夕，美国进步教育运动的领军人物、著名教育家约翰·杜威来华讲学，传播其哲学思想、教育思想。一时之间，实用主义思潮蔚为风气，盛行于中华大地。杜威主张"教育即生活"、"学校即社会"、"从做中学"，反对教师中心主义，倡导和推行进步主义教育，提倡学生中心主义及学生自治。

"五四"前的新文化运动和五四运动对中国的教育产生很大的影响。当时学生们热烈地讨论教育上的"自动主义"或"自律辅导主义"。他们有人主张"必须扫除学生的束缚"，提倡"自动教育"，"将学校一切应有之规则，一任学生自己维持之"。有人认为教育上的干涉主义和绝对放任主义都有弊病，应当提倡"自律辅导主义"。五四运动过后，1919年11月14日北京高等师范学校废除了学监制，成立了学生自治会。这是全国最早成立的学生自治会。这一天，北京大学校长蔡元培、蒋梦麟及正在中国讲学的美国教育家杜威皆应邀与会，莅临指导。蔡元培在讲话中说：成立这个自治会，可以把治者和被治者的分别去掉，关系是重大的很。学生的自治是个先导，由学生传给国民，一定可以提起国民自治的精神。以后各校都成立了自治会①。蔡元培心目中的学生自治就是自动主义教育思想的体现，包括卫生、学业、品行等的自治，即自动主义的体育、智育、德育。这与陶行知所说的德育注重自治，还有稍许区别。

蒋梦麟在讲话中说，自治就是自动，是自己愿意，不是外面强迫。学生自治要有一种精神，即一种意志和决心——爱国的决心、移风易俗的决心、活泼泼的勇往直前的决心，因为学生自治不是一种时髦的运动，不是反对教员的运动，也不是一种机械性的运动，而是爱国的运动，是移风易俗的运动，是养成活泼精神的运动；学生自治不是不负责任的，而是要负重大的责任，即提高学术程度、公共服务、创造文化、改良社会，真正的自治，就是要负这四种责任；学生自治，有了精神，知道了责任，还要心平气和地解决问题，如学生个人与教职员个人或团体的问题、学生团体与教职员个人的问题、学生自治团体与教职员团体的问题。能心平气和地解决这些问题，学生自治会就有发达的道理②。

黄炎培还在中华职业学校推行学生自治："五四"以后，各学校震于学潮的厉害，大家议论今后的教育方针。于是，学生自治成为极时髦的名词。各地教育家向我校要自治组织法，做他们参考的更多③。

1922年2月1日《教育月刊》创刊，恽代英在此创刊号上发表文章，认为"学生自治是要逐渐使学校主权操于学生。学生必须善于操使学校主权，然后将来进为公民，善于操使社会主权。……要改革社会总要使少数或多数人善于操使社会主权，这是定了的。既然如此，那便学校里须使学

---

① 北京师范大学历史系中国现代史教研室.中国现代史（一九一九——一九四九）：上册[M].北京：北京师范大学出版社，1983：110.

② 蒋梦麟.学生自治——在北京高等师范演说[M]//曲士培.蒋梦麟教育论著选.北京：人民教育出版社，1995：135-138.

③ 黄炎培."学生自治号"发行的旨趣[M]//田正平，李笑贤.黄炎培教育论著选.北京：人民教育出版社，1993：152.

生学习。操使主权不亦了然了么？我们要学生将来做主人，不可只顾叫他在学校里做奴隶。要他做社会的主人，须先让他做学校的主人，以练习做主人的能力与品性。我承认学生自治的性质是如此"①。

中国传统教育的保育主义、干涉主义、严格主义便是他治。这是一种死的教育，它完全抹杀学生的地位，疏忽学生的存在。与此相反，为了冲破这种教育思想的牢笼，放任主义的教育又走到另一极端。显然，中国传统教育的干涉主义与放任主义，是两个极端。干涉主义是封建主义的余孽，封建教育的残渣。作为矫枉过正之策，放任主义是从一个极端走向另一个极端。这是五四运动之际，中国学校教育之实。陶行知是一个与时俱进的人，既读圣贤书，又闻窗外事。于是撰成《新教育》、《学生自治问题之研究》等文，系统阐述其新教育观及自动主义教育思想与学生自治观。

二、儿童主体和解放论

（一）儿童主体论

我们知道，陶行知的老师、美国实用主义教育家杜威是主张儿童中心论的，即从教师中心转到儿童中心的理论。中心是相对于边缘而存在的一种事物状态。在传统教育的教师中心论视域，教师既是中心，学生则是边缘；而在进步教育的儿童中心视域，学生成了中心，教师便是边缘。

以儿童为行动的主体，即儿童主体论，或曰学生主体论。陶行知将儿童由传统教育中的客体地位转变为主体地位，加之教师是当然的主体，这样，教育过程中教师与学生共同构成主体，在教师与学生之间（包括教师与教师之间、教师与学生之间、学生与教师之间、学生与学生之间）就形成了互主体或共主体（稍后有论，在此不述），而非教师是主体、学生是客体的单一主体或主客二分。陶行知这一思想早在其将教授法改为教学法的过程中就萌生了。到南京安徽公学创办与运行时，陶行知提出师生"共学共事共修养的方法"："我们最注重师生接近，最注重以人教人。教职员和

①恽代英.我对于学生自治问题的意见[M]//中央教育科学研究所.恽代英教育文选.武汉:湖北教育出版社,1991:191.

学生愿意共生活，共甘苦。要学生做的事，教职员躬亲共做；要学生学的知识，教职员躬亲共学；要学生守的规矩，教职员躬亲共守。我们深信这种共学、共事、共修养的方法，是真正的教育。师生有了共甘苦的生活，就能渐渐地发生相亲相爱的关系。教师对学生，学生对教师，教师对教师，学生对学生，精神都要融洽，都要知无不言，言无不尽。一校之中，人与人的隔阂完全打通，才算是真正的教师交通，才算是真正的人格教育。"①其中就包含了陶行知的互主体或共主体教育思想。

儿童主体论以儿童为行动的主体。在育才学校时期，陶行知就明确提出儿童主体论，视儿童为行动的主体，即教育、德育的主体。他在《育才学校教育纲要草案》中提出，育才学校总的教育过程有三：第一，以儿童为行动的主体，在教师之知的指导下，所进行的行与知之不断连锁的过程；第二，以儿童为行动的主体，同时以儿童自身之知为领导，所发展之行与知不断连锁的过程；第三，育才教育目的之一便是从第一种过程慢慢地发展到第二种过程②。

陶行知喂鸡

有一次，陶行知先生在武汉大学演讲，走上讲台，他不慌不忙地从箱子中拿出一只大公鸡。台下的听众全愣住了：不知陶先生要干什么？

陶行知不慌不忙地又掏出一把米撒在桌上，然后按住公鸡的头，强迫它吃米，可是大公鸡扇着翅膀，就是不吃米。正在大家十分疑惑时，陶行知又掰开鸡的嘴，把米硬往鸡嘴里塞，大公鸡拼命挣扎，还是不肯吃。这时，陶行知轻轻地松开手，把鸡放到桌子上，自己向后退了几步，不一会儿，大公鸡自己就吃起米来。

这时陶行知开始演讲了："我认为，教育就跟喂鸡一样，先生强迫学生去学习，把知识硬灌给他，他是不情愿学的，即使学，也是食而

①陶行知.南京安徽公学创学旨趣[M]//华中师范学院教育科学研究所.陶行知全集：第1卷.长沙:湖南教育出版社,1984:500—501.

②陶行知.育才学校教育纲要草案[M]//华中师范学院教育科学研究所.陶行知全集：第3卷.长沙:湖南教育出版社,1985:374.

不化，过不了多久，他还会把知识还给先生的。但是如果让他自由地学习，充分地发挥他的主观能动性，那效果一定会好得多。"

台下顿时欢声雷动，为陶行知形象的演讲开场白叫好①。

（二）儿童解放论

解放的意思，按《现代汉语词典》（第5版），是指：①解除束缚，得到自由或发展，如解放思想，解放生产力，等。②推翻反动统治，在我国特指1949年推翻国民党统治②。陶行知所言的儿童解放指的是第一种意思。

1944年，陶行知在《创造的儿童教育》一文中，提出"解放儿童的创造力"须从五个方面着手，即"五大解放"：解放小孩子的头脑，先要把儿童的头脑从迷信、成见、曲解、幻想中解放出来，进而解放青年、成人的头脑；解放小孩子的双手；解放小孩子的嘴；解放小孩子的空间；解放儿童的时间。儿童解放的目的是解放儿童的创造力，终极目的在于发展儿童的创造力，培养儿童的创造力，为此陶行知还提出四个原则，概括为营养的原则，良好习惯的原则，因材施教原则，民主的原则③。

1945年，陶行知在《实施民主教育的提纲》一文中将原先的五大解放，发展为六大解放：

解放眼睛：不要戴上封建的有色眼镜，使眼睛能看事实。

解放双手：让小孩有动手的机会。

解放头脑：使头脑从迷信成见命定、法西斯细菌中解放出来。

解放嘴：儿童有言论自由，有话直接和先生说。

解放空间：要把小孩子从鸟笼中解放出来，要把大自然大社会做他们的世界。

解放时间：要儿童一点空闲的时间，以至于师生工友都有一点空闲的

---

① 周德藩.走进陶行知:学生读本[M].北京:高等教育出版社,2011:122-123.

② 现代汉语词典[M].5版.北京:商务印书馆,2005:700-701.

③ 陶行知.创造的儿童教育[M]//华中师范学院教育科学研究所.陶行知全集:第3卷.长沙:湖南教育出版社,1985:524-528.

时间①。

不论是五大解放，还是六大解放，陶行知寄予厚望的仍是儿童创造力、人的创造力之培养。其实质是"思想解放"，即解除禁锢儿童乃至人民的思想的各种枷锁，让儿童自己解放自己，让人民自己解放自己。

陶行知十分关怀儿童的成长,经常募集基金,购买节日礼物赠给农村儿童②

三、自动主义教育观

自动主义教育的要义就是"三自"——自学（智育注重自学）、自强（体育注重自强）、自治（德育注重自治），即学生的自主活动。这是"新教育"和"进步教育"思潮的核心特质。

陶行知的自动主义教育观是在"新教育"和"进步教育"思潮背景下形成的。"新教育"是19世纪末20世纪上半叶，世界范围内出现的一股教育思潮。其动因是反对传统教育。在传统教育中，学生是受教育者，其地位是仆人，是客体，是教育者作用的对象，是被动的；教师是教育者，其

---

① 陶行知.实施民主教育的提纲[M]//华中师范学院教育科学研究所.陶行知全集:第3卷.长沙:湖南教育出版社,1985:542-543.

② 安徽省陶行知教育思想研究会.人民教育家陶行知[M].上海:上海教育出版社,1984:68.

地位是主人，是主体，是主动的。而在新教育中，儿童、学生是一个生活旅行者，在旅途中观察事物，并试图弄懂周围的人所讲的陌生话。教师则是那些刚刚进入人类思想世界的旅行者的向导。"我们应该成为聪明的有修养的向导，不说废话，清楚简明地讲解旅行者感兴趣的艺术的工作，并尊重他，让他尽兴观察。"①新教育让学生自己工作，自动纠正错误，自我进行教育，通过自己的努力完善自己。教师教得少，观察得多，其作用是指导学生的心理发展和生理发展。像意大利著名教育家蒙台梭利，径直将教师名称改为指导员。教师作为指导员指导的意义比一般理解的要深远和重要得多，因为他指导的是生命和灵魂。教师作为指导员，具有两个明确的概念：指导学生和学生个人的练习，就像钢琴教师指导学生和学生自己练习钢琴②。教育之功在于帮助个体自然地发展，儿童的一切教育皆遵循一个原则，即帮助儿童的身心自然发展。

杜威领导的进步主义教育运动，其核心理念就是儿童中心论。儿童中心论或儿童中心主义把儿童的发展看作一种自然过程，有其内在的规律和程序。18世纪法国思想家教育家卢梭认为凡是出于造物主手中的东西都是好的，教师只能作为自然的仆人顺应这种发展。20世纪美国教育家杜威把儿童的心理内容看成以本能为核心的习惯、情绪、冲动、智慧等天生心理机能不断发展、生长的过程，教育是发展儿童本能的工具。教师的作用在于了解儿童的兴趣和需要，以及用什么样的活动可以使之得到有益的表现，并据此提供必要的刺激和材料，设计和编制学校的课程。教师要放弃向导和指挥官的任务，执行看守及助理者的任务。他批评以教师和教科书为中心，无视儿童内部本能和倾向的主张，提出儿童应成为教育的素材和出发点，教育的一切措施应围绕他们转动。他宣称这是"和哥白尼把天文学的中心从地球转到太阳一样的革命"。在儿童中心论者的眼里，儿童是道德学习的主人，是德育的主体，教育者成为辅导者、服务者、帮助者。

陶行知认为，近世所倡导的自动主义包括三个方面："一、智育，注重

---

① 蒙台梭利幼儿教育科学方法[M].任钟印，主译校.北京：人民教育出版社，2001：223.

② 蒙台梭利幼儿教育科学方法[M].任钟印，主译校.北京：人民教育出版社，2001：175.

自学;二、体育,注重自强;三、德育,注重自治。"①这就是陶行知的自动主义教育观,也是其新教育观。

1919年2月,蒋梦麟、黄炎培、陶行知等于上海创办《新教育》月刊,蒋梦麟任主笔。《新教育》高举"养成健全之个人,创造进化之社会"的旗帜,宣传杜威教育思想,介绍欧美教育制度,提倡平民主义,呼吁改革社会,改革教育;呼吁发展儿童个性,反对填鸭式教育,使儿童在心智、身体和团体活动各个方面得到发展和健康成长。《新教育》创刊后影响很大,深受教育界、知识界欢迎,六个月就销到一万份,成为当时著名的新文化刊物之一②。陶行知借此刊一隅发表其《新教育》等文章,阐明其新教育观。

陶行知以为,新教育的目的是要培养学生成为自主、自立、自动的共和国国民——自主的人能做自然界之主,能做群界之主,能富贵不淫、贫贱不移、威武不屈,自立的人能自衣自食,不求别人,自动的人能够主动地服从,而不是被动地服从;新教育的方法,不专注于教授法,而是教学法,如依据学生的经验,使学生共同生活,注重启发,鼓励自治,唤起兴趣,等等;新教育的学校即社会——一个雏形的社会、具体而微的社会,由教师为主的学校转型为师生共甘苦的学校。在这一新教育观中,我们还可以看到陶行知思想中的杜威思想痕迹;新教育的教师不重在教,重在引导学生如何学;新教育的课程适合社会和学生的需要;新教育的教材只是作为参考,并且要适应时代的变迁,要明白实际的事情,毕竟教科书是死的,人是活的,不要将活泼泼的人为死书所用;新教育的考试是按照新教育的目的进行的。总之,陶行知新教育观的核心是以学生为中心的观点,是以学生为主体的观点。

作为杜威的学生,陶行知批判传统教育,将教授法改为教学法,提出"教学合一",突出学生在教育中的地位。在传统教育中,先生只管教,学生只管受教,学因教而消,所以,"学校"其实是"教校"。由于重教太过,教与学相分离。陶行知主张教学合一。先生的责任不在教,而在教

---

① 陶行知.学生自治问题之研究[M]//华中师范学院教育科学研究所.陶行知全集:第1卷.长沙:湖南教育出版社,1984:132.

② 曲士培.蒋梦麟教育论著选[M].北京:人民教育出版社,1995:本卷前言.

学，而在教学生学，教学生自得自动。学生要自己去学，不是坐而受教，不像学戏，也不像留声机。学生的本义是学生活，学生存，学人生之道。学就是生，生就是学。"你那一天生存不是学？你那一天学不是生存？"①学习以人生为始终，从出世到老皆在学习。

自动主义教育培养学生的自动力。自动力即自主活动的能力，自动就是自主活动。陶行知在谈到"自动工学团"时对"自动"和"自动教育"作了界定："自动是大众自己干，小孩自己干。自动教育是教大众自己干，教小孩自己干，不是替代大众、小孩干。"②学生的自主活动与非学生的自主活动不同之处在于，前者是有指导的自主活动，后者是无指导的自主活动。

自动主义教育是在自动上培养自动力。学生既是行动的主体，道德教育就应该重视"实行"——实际行动。这里要区分两种不同的"实行"——实际行动：杜威的实验主义的实际行动和马克思主义的实践论实际行动。在陶行知那里，其分水岭是"行是知之始"思想——马克思主义实践论的确立。此前为杜威实验主义或实用主义，此后为马克思主义。就前者言之，如陶行知《学生自治问题之研究》所认为的：修身伦理一类的学问，最应注意的，在乎实行。现今学校中所通行的修身伦理，很少实行的机会；即或有之，亦不过练习仪式而已。所以嘴里讲道德，耳朵听道德，而所行所为却不能合乎道德的标准，无形无影当中，把道德与行为分而为二。故而他强调指出，若想除去这种弊端，非给学生种种机会，练习道德的行为不可。这里的"实行"、"练习道德的行为"即是杜威的经验主义的实际行动。道德上的经验就像儿童身体发育一样，拘束太过则儿童形容枯槁，让他跑，让他跳，让他玩耍，则长得活泼有精神③。这与陶行知三年前在《中国的道德与宗教教育》英文论文中的观点——"道德……是一

---

① 陶行知.新教育[M]//华中师范学院教育科学研究所.陶行知全集：第1卷.长沙：湖南教育出版社,1984:127.

② 陶行知.普及什么教育[M]//华中师范学院教育科学研究所.陶行知全集：第2卷.长沙：湖南教育出版社,1985:636.

③ 陶行知.学生自治问题之研究[M]//华中师范学院教育科学研究所.陶行知全集：第1卷.长沙：湖南教育出版社,1984:138.

些源于经验的概念，而非基于书本"，须借助于经验得以保存①——如出一辙，它们的精神实质都是杜威经验主义的。就后者言之，如陶行知提出的育才学校之"五路探讨"：体验、看书、求师、访友、思考。此"五路"是根据"行是知之始"及自动的原则排列的。作为修养方法，它与《中庸》所倡导的修养方法——博学、审问、慎思、明辨、笃行之程序相反。陶行知说，体验相当于笃行；看书、求师、访友相当于博学；思考相当于审问、慎思、明辨。这就把传统的道理颠倒过来了。在这里，"体验"即笃行，是源泉，是根本，是第一位，"行动是思想的母亲"。如前所论，陶行知"行以求知知更行"的知行合一论是马克思主义实践论。

第二节　自动德育观

陶行知所言"德育注重自治"，意思就是德育帮助学生自治，指导学生自治，养成学生自动能力。这是自动主义教育贯彻于德育的结果。关于自动主义的德育理论，可简曰自动德育观，亦可称自治德育观。

一、自动德育观的实践基础

1919年10月，郭秉文任南京高等师范学校校长。为了因应时势，进行了校内体制改革，撤销过去的"学监处"，改变学生德育交由一两个人去做的体制，而由学生自治委员会负责指导学生自治会，帮助学生自治。为此，校长郭秉文向民国政府教育部呈文，呈报校内改革事宜：

> 惟校务日渐发达，时势亦有变迁，至去年10月，秉文蒙接任校事，集合全校职教员，开校务会议，共同讨论，觉历年经验所得，按诸实施情形，对于暂行规程似不能不稍有变通之处。查规程所载，高师全部组织分教务、学监、庶务三处。学监处掌学生之训育及管理，关系一校风纪至重，惟以数百学生之德行全赖一二人负督察辅导之

---

① 陶行知.中国的道德与宗教教育[M]//方明.陶行知全集:第12卷.成都:四川教育出版社,2005:21.

责，心劳力疲，而其效亦甚浅薄，故训育之责似宜为全校教职员人人所共负，然后接触既多，耳目亦广，随时随地均有示范之机会。需以时日潜移默化之效，庶几可期。且高师学生大都成人之年，其入校以前粗有办事经历者，亦复不少，似宜有学生自治会之设，以练习其自治之能力，又虑其轶轨也，则由校选派教职员组织委员会以辅导之。是以学监一职，既有全校教职员分其责，复有学生自治委员会代其任，则其名似未可虚设，此本校拟去学监名目之理由也①。

南京高等师范学校成立学生自治委员会，作为学校的常设机构（常设委员会），其主任是刘伯明（哲学教授，兼文史地部主任），成员有陶知行、李仲霞、柳翼谋、张子高。后增设学校办公处，校长郭秉文任主任，刘伯明任副主任，即副校长。与此同时，陶行知也由原来自治委员会副主任改为主任。1921年11月，学校曾发函，改推刘伯明为主任，罗世真为副主任，因为"学生自治委员会主任陶君知行因调查教育须时行离校"②。

二、自动德育观的基本内容

陶行知自动德育观主要体现在他1919年撰写的《学生自治问题之研究》一文中。与蔡元培将学生自治看作学生在卫生、学业、品行等方面自治的观点不同，时任南京高等师范学校学生自治委员会主任的陶行知，认为学生自治这个问题，是"自动主义贯彻德育的结果，是我们数千年来保育主义、干涉主义、严格主义的反应，是现在教育界一个极重要的问题"③。自动主义教育体现在德育上就是指导学生自治，或曰自动主义的德育，即帮助学生自治。陶行知从学生自治的含义、必要性、利弊、范围、与学校的关系以及注意事项等方面申述其灼见。

什么是学生自治？自即自身、自己、本身、自我，治即管理、处理、

---

①《南大百年实录》编辑组.南大百年实录：上卷[M].南京：南京大学出版社,2002:68.

②《南大百年实录》编辑组.南大百年实录：上卷[M].南京：南京大学出版社,2002:81.

③陶行知.学生自治问题之研究[M]//华中师范学院教育科学研究所.陶行知全集：第1卷.长沙:湖南教育出版社,1984:132.

料理、治理。自治就是自我管理，自己处理。学生自治，是指学生自我管理、自己处理。学生自治是相对于他治而言的。他治以教育者为中心，视学生为被动，以为学生无能力自己料理自己，所以，为学生照顾得一应俱全。这是一种被动的学生观。自治观则以学生为主体，相信学生有能力自己管理自己，并帮助学生管理他自身。以陶行知之见，学生自治不同于别的自治，因为学生处于求学阶段，其自治就是练习自治，不是真正的自治。所以，从性质上看，学生自治，不是自由行动，而是团体共同自治；不是取消规则，而是自行立法、执法、守法、司法；不是放任，不是和学校宣布独立，而是练习自治。总之，学生自治就是学生组成团体，学习自己管理自己，学校之于学生自治，不是放任学生，完全不管，而是给学生提供机会，帮助、引导学生自我组织，养成自我管理的能力。学生自治，实质是公民教育，或国民道德教育。

学生自治是必要的。在教育目的上，"今日的学生就是将来的公民；将来所需要的公民，即今日所应当养成的学生"①，学生自治是为了培养能自治的国民。国民不等于公民，只有具备自治能力的国民，才称得上即公民。学生养成了共同自治的能力，由学生传给国民、公民，一定可以提起国民自治的精神；民主主义思潮，即平民主义的潮流，要冲决一切的束缚，其利在充分发挥个人的精神，促进人群的进化，其害在个人不能约束自己的欲望，操纵自己的举止，这就会造成自乱，而不是自治。在这种情况下，就需要给其机会练习自治的能力，约束自己的欲望。时势的需要促成学校提倡学生自治，"时势所趋，非学校中提倡自治，不足以除自乱的病源"②；从如何养成自治的公民和自治的学生言之，在做中学，在自治上学自治，"从学习的原则看来，事怎样做，就须怎样学"③。要养成自治的学生公民，只能采用自治的方法培育出来。

---

① 陶行知.学生自治问题之研究[M]//华中师范学院教育科学研究所.陶行知全集:第1卷.长沙:湖南教育出版社,1984:133.

② 陶行知.学生自治问题之研究[M]//华中师范学院教育科学研究所.陶行知全集:第1卷.长沙:湖南教育出版社,1984:133.

③ 陶行知.学生自治问题之研究[M]//华中师范学院教育科学研究所.陶行知全集:第1卷.长沙:湖南教育出版社,1984:133-134.

学生自治有利也有弊，关键是如何办理。虽然学生自治是必要的，但是其施行可能有正效应，也可能有负效应。这就是陶行知所言的"学生自治的利弊"。陶行知充分估计到了学生自治的好坏，即办理得好，就会有正效应，反之，则有负效应。任何一件事皆有两面性，人为、人用的不同就会有不同的效果。在当时时势下，学生自治作为一种新事物，亦然。学生自治办理得好，就有利，办理得不好，就有害。就前者而言，办得好的学生自治有以下积极意义：

学生自治可以作为修身伦理的实践，可以将道德与行为结合，可以在实践中践行道德，而去除过去那种嘴上讲道德，耳朵听道德，所行所为不能合乎道德标准的现象。

学生自治可以适应学生的需要。一厢情愿地办学校、办教育会脱离学生，脱离实际。适合教育者、管理者的目标、内容、方法、策略，未必适合学生。因为为人，随便怎样精细周到，总不如人之自为，若学校实行学生自治，"划出一部分事体出来，让学生自己治理"①。这样所定的办法、所立的法，比学校所立的更加近情、更加易行，也更能深入人心。

学生自治有助于学生"大家守法"。在传统德育中，学生是被动的、被治的，养成学生对教师表面服从、背后肆行无忌的人格，对纪律又是"一人司法，大家避法"的态度。学生自治则是共同自治，它要求每一个人的行为要对大家负责，大家守法，共同自治。

学生自治可以促进学生道德发展。学生在自治的实践中增加道德经验和体验，增强践行能力。在陶行知看来，学生道德发展，全靠着遇了困难问题的时候，有自己解决的机会。所以遇了一个问题，自己能够想法解决它，就长进了一层判断的经验。

学生自治在办理不当的情况下也会滋生弊端。学生自治团体，因组织不当而驱使学生争夺权力——争权；驾驭别人做人上之人——凌人；与学校对立——对抗；甚至出现闹意气——负气现象。但陶行知又认为，这些弊端都是办理不妥当造成的，不是学生自治本体上的错误。学生自治若办理得好，则学生自然不愿争权，而愿服务，不愿凌人，而愿治己，不愿对

---

① 陶行知.学生自治问题之研究[M]//华中师范学院教育科学研究所.陶行知全集:第1卷.长沙:湖南教育出版社,1984:135.

抗，而愿协助，不愿负气，而愿说理。这样，学生在校期间练习自治，可以收现在之益，即使有小的失败，也可以免除将来更大的失败。

学校事宜并非完全由学生治理，因此，学生自治是有范围限制的。陶行知为此提出限定"学生自治范围的标准"以及"学生自治与学校的关系"。同时，他还要求学校推行学生自治时须注意若干事项、要点。

特别值得一提的是，陶行知极为重视学生自治，并对实行学生自治的学校期以高格——把学生自治"当件大事做，当个学问研究，当个美术去欣赏。……当件大事做，方才可以成功；当个学问研究，方才可以进步。这两种还不够，因为自治是一种人生的美术。凡美术都有使人欣赏爱慕的能力，那不能使人欣赏的，爱慕的，便不是真美术，也就不是真的学生自治。所以学生自治，必须办到一个地位，使凡参与和旁观的人，都觉得他宝贵，都不得不欣赏他，爱慕他。办到这个地位，才算是高尚的人生美术，才算是真正的学生自治"①。在当时中国的现实情况下，陶行知的这些想法仅仅是美好愿望，表征"五四"之际青年的热血与理想主义。学生自治理论喧嚣一时，其实践也热闹一阵，最后都归于失败。在半殖民地、半封建的旧中国，学生自治尚不具备其适宜的空气和土壤。

三、自动德育观的主要影响

陶行知在南京高等师范学校形成的自动德育观影响其在南京安徽公学、晓庄师范、育才学校及重庆社会大学的办学思想。在学术影响上，陶行知《学生自治问题之研究》一文发表后，即引起人们的关注。

陶行知的自治指导观集中体现在《学生自治问题之研究》一文中。该文于1934年入选江苏省教育厅选编的高中国文教材《高中当代国文》（第二册）（共六册，王起等注释，柳亚子等校订）。该教材"编辑大意"有言：本书依据江苏省教育厅所颁各校国文进度表，编辑而成。表中所选各文，均遵照部颁标准。但原选各篇，散见各处，不宜查阅。兹为教学便利起见，特多方搜罗，详加注释，以供各校应用，并略述选辑大意如下：

---

① 陶行知.学生自治问题之研究[M]//华中师范学院教育科学研究所.陶行知全集:第1卷.长沙:湖南教育出版社,1984:141.

1.教学目标：

（1）使学生了解固有文化，以期振起民族精神。

（2）除使自由运用语体文外，兼养成学生能以文言作文之技能。

（3）古今文学名著，有了解，欣赏，与辨正之能力。

2.选文标准（依据部颁标准）：

①含有振起民族精神，改造社会现状之意味者。

②包含国民应具之普通知识思想，而不违背时代潮流者。

③合于现实生活，及学生身心发育程序，而无浮薄淫靡，或消极厌世之色彩者。

④叙事明晰，说理透切，描写真实，抒情恳挚者。

⑤句读简明，音节谐适，而无文法上及理论上之错误者。

⑥体裁风格，堪为模范，而能促进学生写作之技能者①。

关于学生自治论题的文章，不胜枚举，如蔡元培、蒋梦麟、黄炎培等皆有此方面的文章，为什么要选择陶行知《学生自治问题之研究》一文作为范文？相比之下，此文具有时代性、精神性与文学性。被选作范文本身也体现陶行知自动德育观的影响。

四、学生自治运动的失败

民国时期的所谓学生自治，总的说来，是失败的。为什么学生自治归于失败？当时的中国社会仍然是半封建半殖民地社会。从传统文化的力量来看，习惯力量过于强大是学生自治思潮走向失败的根本原因。身为青年教师的陶行知敏感于时势，抱着理想主义的热望，对学生自治期以理想主义的高格，但是，其失败是难免的。

从学生自治本身来看，学生自治，作为新文化运动与五四运动的精神启蒙之果，作为一种新思潮，作为封建专制教育的反动，确有矫枉过正之嫌。一些激进的人主张必须扫除学生的束缚，提倡自动教育，将学校一切

---

① 王起,等.高中当代国文:第2册[M].上海:上海中学生书局,1934:1-2.

应有之规则，一任学生自己维持之。有人甚至认为，学生自治是完全出于自动的，并且学生自治就是来实行自治的，并不是学习自治的，因为自治的能力是学生自己的能力，用不了到教职员方面去学习学习："我们'学生自治'，是完全出于自动的；并且我们自治就是来实行这自治，并不是什么'学习自治'。……用不了到职教员……方面学习去。……我们学生的自治定义，简洁了当是'学生自治，是学生结起团体来大家自己管自己'；并不是陶先生下的那个'学生自治，是学生结起团体来大家学习自己管自己的手续'的定义。"①所以，在一些人的观念中学生自治是学生结起团体来大家自己管自己。如此这般进行下去，学生自治运动盲目的、偏激的兴起之日即是其衰败之时。

从学校教育自身来看，1925年杨贤江在《学生杂志》第12号第2期上发表《学生自治失败的负责者》一文，他认为：学生自治运动是失败的。其原因可以归结为学校及教师，学生自治失败的负责者，实为这般把持学校，而不懂青年心理、不明教育原则的"教育家"。

杨贤江认为，"要说学生自治已经失败——实在说来，学生自治在中国学校里并没有完全实行，说他已经失败，未免冤枉了他。——则失败的负责者终不能推到学生身上。我以为，教职员们实应负责。因为他们似乎并未懂得学生自治是一回什么事，有的以敌对的态度相待，有的则以敷衍的态度相待。他们未尝看这是学校教育上正式的课程，故没有'真心辅导'；老实说，他们并没有什么'理想'、'希望'可以实现，只真的某一部分人想藉此'贪安逸'罢了。在学生方面，因为想从专制的教育里得救，竭力希望学生自治。但因为学校惯习的关系，不免要与学校发生冲突，因而彼此成为俨然对抗的形势。在取敌对态度的教职员看来，自然把他看作眼中钉，务以拔去为快，故不惜用种种高压的手段，而学生的怨愤因之愈深。在取敷衍态度的教职员看来，则不免利用学生的弱点以自固地盘，而学生的气焰愈张。故风潮的起，实有所激而成。要希望在这种反动的、顽固的

---

① 缪金源.读陶行知先生的《学生自治问题之研究》[M]//方明.陶行知全集：第1卷.成都：四川教育出版社，2005：639.

学校教育下，实现'一个教育意义下的学生自治会'，原是很难的啊！"①这还是学生自治在五四运动影响下的初始败态，杨贤江也是就教育论教育，而没有就社会论教育。到20世纪40年代，学生自治的境况更是难以为继。

从社会原因来看，学生自治的失败，是社会、政府、国民党"一党专政"、"党化教育"的问题所致。

国民政府教育部1943年11月22日公布《学生自治会规则》，计有21条。它对于学生自治会的发展目的、名称、指挥监督权、会员人数、理事会任务、会员大会的召开等，皆有明文规定。一、发展目的：以根据三民主义培养学生法治精神，并促进其德育、智育、体育、群育之发展为目的。二、名称：学生自治会之名称冠以各校校名。中等以上学校学生，不分性别，应一律参加本校学生自治会。三、指挥监督权：学生自治会由学校校长及主管训导人员负指挥监督之责，自治会之各种活动由学校遴选教职员担任指导。四、会员大会：学生自治会之权力机关为会员大会，闭会期间为理事会；全校学生人数在五百人以上，得以代表大会代替会员大会，代表大会由各年级或院系按人数比例选出代表。理事会设理事十一人至十七人，理事会设常务理事一至三人。理事会下设服务部、学艺部、健康部、风纪部、事务部等。会员大会于每学期开始及结束时召开，理事会每两星期召开一次。

从理论上来讲，学生自治确实有一定的教育功能：（1）发展合群心性，培养自治能力：透过自治活动的推展，协助学生了解群己关系，学习与人相处、尊重别人之精神，培养守法、负责、自治、自律之能力；（2）培养服务精神，提供道德实践：从人己互动中培养遵守规范、表现适度道德修养；（3）重视学生自治，培养自治能力：培养学生民主法治观念、涵养自治能力与发挥服务精神；（4）增进学生自我认识，适应个别差异：从活动参与中发现自己的兴趣与能力，并从他人的回馈中增进自我的认知，拓展兴趣，发挥各项才能②。

但是在社会矛盾尖锐，阶级矛盾不可调和的社会转折期，行将没落的

---

① 杨贤江.学生自治失败的负责者[M]//杨贤江.杨贤江全集：第2卷.郑州：河南教育出版社,1995:251.

② 贾馥茗,等.教育大辞典:9[M].台北:台北文景书局,2000:1018-1019.

阶级阶层要竭力打压新生阶级阶层。"春江水暖鸭先知"的青年知识分子学生对于统治阶级所谓有限学生自治的专制之治势必奋起抗争,从而加速这种先天不足的学生自治之覆亡。1947年12月21日《中央大学全体学生为抗议教育部颁布〈学生自治会规则〉告全国同学书》呼吁全国同学们:

教育部在十二月九日颁布了《学生自治会规则》,那是一部彻头彻尾的"他治"而非"自治"、"他主"而非"自主"的"御用"规则,这是政府有计划的摧残教育奴役学生的毒计,也是更进一步剥夺全国学生自由权利的信号。这样产生的自治会是不可能代表同学的自由意志,也不可能为同学谋取福利的,因此我们坚决地表示反对:

在近代中国,学生一直是人民的勇敢代言人,廿余年学生运动的全部历史——从"五四"、"一二·九"到抗战结束以后的"五·二〇",都是光辉的范例。中国学生始终抱着爱国家爱人民的热忱,在紧要关头,呼喊出人民迫切的需求。正因为如此,学生就遭到不断的嫉恨与迫害,从"一二一"到浙大于子三惨案,以至最近暴徒对本校学生自治会选举的破坏,都是铁的事实。最近更颁布其集"监督、指挥、审核、指定……"之大成的"规则",以遂其全面奴役学生的企图。

我们认为这是中国学生前途的光明与黑暗的搏斗,主人与奴隶的最后的抉择,我们严正地指出:现在已面临最严重的局面,绝不容许犹豫与退缩,我们呼吁全国同学加强团结,密切注视此事实的发展,并为做人的基本权利而坚决奋斗到底,我们能够胜利,而且一定胜利!我们的口号是:

(一)誓为维护做"人"的基本权利奋斗到底!

(二)学生独立人格不容侮辱,自由意志不容剥夺!

(三)自治会属于全体同学,不容操纵!

(四)全国同学团结起来,反对钦定自治会规则!

(五)不达目的,决不休止![1]

---

① 中国第二历史档案馆,中共南京市委党史办公室.五·二〇运动资料:第2辑[M].北京:人民出版社,1987:499-500.

第三节 "互相教育"

在陶行知看来，真正的人格教育应当使得教育者和受教育者"可以对流而互相教育"，就像烧水一样，"冷水重而往下沉，热水轻而往上浮，这就叫对流。经过一些时候的对流，水就自然的沸起来了"①。师生接近，以人教人②。"学校的训育，是教人做人。教人做人，是以身作则，以人化人的。"③以学生为主体，以儿童为主体，"以儿童为行动的主体"④。在陶行知看来，儿童、学生作为主体，是对传统教育的反动，是对近代以来教师作为教育过程单一主体的教育观之反动。但这并不意味着，学生成为单一主体，教师就是当然的客体。在陶行知的教师观中，教师作为指导员或指导的角色，其实也是一种主体。这样，在教育过程中便存在两个主体。而他们之间即学生与教师之间的关系，以陶行知之见，是互相的、共同的、心心相印的关系。后文有论，在此不叙。这就有互主体或共主体之意，亦可谓互主体或共主体教育或德育。互主体，即际主体、交互主体、交往主体，它是相对于主客二分之主体性的一种主体间性或主体际性，不仅承认自己是主体，是目的，而且承认他人也是主体，是目的。互主体德育视学生、儿童为主体，将学生看作人，当作目的，而不单纯视为对象，看作物，当作客体。

一、"互相教育"意蕴

传统德育具有单一主体性或主客二分的特征。在传统德育思想下，教

① 陶行知.国难教育方案之特质[M]//华中师范学院教育科学研究所.陶行知全集:第3卷.长沙:湖南教育出版社,1985:20.

② 陶行知.南京安徽公学创学旨趣[M]//华中师范学院教育科学研究所.陶行知全集:第1卷.长沙:湖南教育出版社,1984:500.

③ 陶行知.1924年中国教育之回顾[M]//方明.陶行知全集:第11卷.成都:四川教育出版社,2005:191.

④ 陶行知.育才学校教育纲要草案[M]//华中师范学院教育科学研究所.陶行知全集:第3卷.长沙:湖南教育出版社,1985:374.

育者与受教育者之间是主客关系，教育者是主体，受教育者是客体，受教育者是教育者作用、加工的对象。赫尔巴特就曾认为学生是教师可以在其身上工作的对象。所以，学习者变成了"白板"、"容器"、"花木"，教育者则成了在"白板"上作画的"画师"，往"容器"里注水的"水桶"（教师要给学生一杯水，自己要有一桶水），在苗圃里辛勤耕耘的"园丁"。学习者作为人的特性和人性被销蚀，被吞噬。所以，教育异化了，德育异化了。在陶行知看来，传统教育，包括传统德育，是吃人的教育：它教学生自己吃自己，它消灭学生的生活力、创造力，它不让学生动手、用脑，它只许学生听教师讲，不许问，更不许在大社会、大自然里活动，总之，它教学生读死书、死读书、读书死。

在传统德育观念指导下，"平常人对于教育有一种不够正确的了解，以为只有成人教育小孩，上司教育下属，老板教育徒弟，知识分子教育文盲。其实，反过来的教育的行动影响作用不但是可能而且是普遍习见的现象，不过很少的人承认它罢了；至于承认它而又能运用它来互相教育，使学问交流起来，以丰富彼此之经验，纠正彼此之看法，推动彼此之进步，那是更少了。但是一个民主的国家实在是要看重这种互相教育之现象并扩大学问交流的效果，加速度的走向共同创造之大道"①。在这里，陶行知正式提出"互相教育"概念，这种现象也发生于学校生活之中。

德育过程中，教育者的引领与学习者的修习是一种相互作用的关系，教育者的行为影响教育学习者，而学习者的行为又会影响着教育者，这种相互作用的关系便具有了主体间性，这就是陶行知的"互相教育"理论。

人的生命存在并不是彼此孤立、互不联系的单子式存在，而是一种互相依赖、彼此依存的主体际的存在。所谓主体间性或主体际性指的是两个或两个以上主体的关系。它超出了主体与客体关系的模式，进入了主体与主体关系模式。人的生命存在的主体性和主体际是不一样的。主体性所表明的是人与客体发生关系时所表现出来的以"自我"为中心的能动性、占有性倾向，它更多是强调主体的人对客体的物的一种认识、征服与占有。在这种主体性的视野中，即使是具有主体性的另外存在的主体也被当作了

---

① 陶行知.领导者再教育[M]//华中师范学院教育科学研究所.陶行知全集:第3卷.长沙:湖南教育出版社,1985:596.

客体来认识、解读和占有。而主体际所表明的是主体与主体在积极地交往过程中所表现出来的以"交互主体"为中心、为特征的和谐一致性,它致力于各个主体之间的互相理解、对话、沟通,以实现认同,达成共识,形成视界融合。所以,主体间性或主体际性主张人与人之间是一种两个或两个以上主体之间的关系而非主体与客体的关系①。这种关系是主体与主体之间的互相关系,而非主客二分的关系。陶行知所谓"互相关系"中的主体形成间性主体,亦可称(交)互主体或共主体。

有学者提出,教育是一种人之自我建构的实践活动。教育的过程,不仅仅是,甚至主要不是对受教育者施加外部影响的过程,而是一个受教育者在教育者的指引下不断建构他自身心智结构(自我建构)的过程。因为人的心智(包括品德心理)有一个形成发展的过程,这个过程就是人自身建构的过程。这是人通过他的自我意识,既将自己作为主体,又将自己作为客体,通过这种主客体交互作用而形成的。受教育者自身即有主客体相互作用的矛盾运动,在他身上存在一种内在的主客体关系——主体的我与客体的我。个体改造自己主观世界的活动即是一种内在的实践活动,只有使内在主客体充分展开,使主体的我与客体的我按照预期的需要与目的发生交互作用,在这种内在的实践活动中,使主体的心智结构不断完善、改建、提高,才能实现主体的发展。受教育者主体所面对的除了自身的内在客体外,还有一种包括教师在内的外在客体。这样就存在着两种主客体的关系和相互作用——主体与内在客体的关系和相互作用及主体与外在客体的关系和相互作用。这是两个不同的过程。后一种相互作用过程与前一种相互作用过程既相联系又相区别,它是"自己构成自己"的运动。具体说来,首先就是其动力源在主体自身。外部(包括教育者)的要求,只有转化为主体自我建构、再构的需要时,才能成为主体自建构的现实动力。其次,在外部影响(教育影响)"不在场"的情况下,主体也能进行自我反思,激发建构和重构客体自我的需要和动力,这就是人的能动性的表现。再次,这两个过程有不同的规律,即主体的内在实践过程的规律——自我心智结构的改建、提升以及主体的外部规律——主体关注作为客体的外部事物及其变化并在主观世界中形成对外部事物的认识。最后,外在实践过

---

① 刘济良.论走向主体间性的生命教育[J].现代教育论丛,2004(4):6-10.

程会影响内在实践活动，但后者不能还原为前者①。按此双客体论，受教育者不是单纯的教育对象，不是被动接受的客体，而是主动学习的主体。学习者成为唯一的教育主体，教育者成为学习者同化、内化的对象，变成了教育客体，学习者自身的客体之我成为学习者另一教育客体——学习者建构、重构、再构的对象。学习者作为主体，面对两个客体，如此所形成的关系，仍是主客二分的。然而，作为狭义的教育者，教师却是主体，且与作为学习者、主体的学生形成互相关系。这就是前述陶行知所谓"共同生活"、"共学共事共修养"和"互相教育"。海德格尔曾云，由于有共同性的在世之故，"世界向来已经总是我和他人共同分有的世界。此在的世界是共同世界。'在之中'就是与他人共同存在。他人的在世界之内的自在存在就是共同此在"②。此在是生成的，而不是预成的、完成的。"共同此在"，即是共同成长之中的此在，类似于陶行知所言师生"共学共事共成长"。主体与主体间的共同存在即共在，互主体间所形构的此在的世界，作为共同世界，也是生活世界。哈贝马斯认为，人的目的性行为以一个客观世界为前提，规范调节的行为涉及客观的物质世界和规范关系的社会世界，戏剧行为关联着主观世界和客观世界包括社会世界。这三种行为之主体间的关系，都不是哈贝马斯所谓的相互关系。在哈贝马斯看来，人的交往行为发生于生活世界，生活世界是上述客观世界、社会世界和主观世界的统一体。只有在生活世界，主体之间的关系才能算得上相互关系。因为主体间的关系是互动的、双向的，因此才能称为相互关系，而主体与客体的关系是分主动和被动的，是单向的，因此不能称为相互关系③。陶行知所谓"共同生活"、"共学共事共修养"和"互相教育"之中的主体类似于哈贝马斯之生活世界的交往主体和海德格尔之共同此在，虽然前者未能在理论上充分论述其互主体论或共主体论。

互主体性的德育就是活的教育，活的德育，即用活性的人去教活性的人以及活性的人相互学习、相互影响。陶行知说，我们要想草木长得茂

---

① 鲁洁.教育：人的自我建构的实践活动[J].教育研究.1998(9)：13-18.

② 海德格尔.存在与时间[M].陈嘉映，王庆节，译.北京：生活·读书·新知三联书店，1987.146.

③ 余灵灵.哈贝马斯传[M].石家庄：河北人民出版社，1998：180-181.

盛，就要我们天天去培植、灌溉；我们要想交结个很活泼的朋友，就要我们自己也是活泼的。我的影响，要使能感到他的身上；他的影响，也要在我身上，这才可以的。比如，我俩人起先是不相识的，后来遇到了好几回，在一块儿谈了一次，于是两下脑筋里都受了很深的影响，两下的交情，也就日渐浓厚了。当教员的对于学生也要这样，也要两下都是活的，总要两下都能发生密切的关系。教员的一切，要影响到学生身上去；学生的一切，要影响到教员身上去[①]。在活教育的视野里，师生是交互的关系，而不是师为主体，生为客体的主客关系。可见，活的教育就是师生为交互关系的教育，活教育中的德育，也是师生为交互主体的德育，而不是主客二分的德育。

道德是一种基本的人与人之间的关系，只有通过你来我往的互动，道德关系才内化为人的某种品质。《礼记·曲礼上》云：大上贵德，其次务施报。礼尚往来，往而不来，非礼也；来而不往，亦非礼也。人类社会实践的运动形式皆包含交互主体的矛盾斗争。在德育的运动形式之中，存在着特殊的交互主体的矛盾运动，即教育者与学习者共同形成交互主体或互主体，即德育主体。德育资料（包括德育环境、德育内容、德育方法等）就是德育对象。这样，德育的进行是在交互主体的矛盾运动中展开的。教育者与学习者相互作用，教育者和学习者所同构的德育主体与德育对象之间也是相互作用的。

二、"互相感化"特性

感化之感，金文𢤦，篆文𢡆。上𢦦，咸字，全部、都之义，下𢖶，心字。《说文解字》云：感，动人心也。按照《说文》，感，就是触动人心的意思。这种触动，既含有知的触动，又有情的触动。教师与学生之间的互动就有互感的效应，即互相感化。

《周易·蒙》作者即具有教化的互动、互感思想。教者之启蒙教育和教化，包括"发蒙"、"包蒙"、"困蒙"、"击蒙"。"蒙"有两层意思，一是指

①陶行知.活的教育[M]//华中师范学院教育科学研究所.陶行知全集:第1卷.长沙:湖南教育出版社,1984:180.

愚昧无知，蒙昧而不明事理，一是指童蒙未开，单纯，纯朴。前者需要教化，体现教化的必要性，如因无知而犯错需要"发蒙"，后者反映"童蒙"的可教化性，即教化的可能性，即心灵的启蒙教育。

　　蒙：亨。匪我求童蒙，童蒙求我。初筮告，再三渎，渎则不告。利贞。

　　《彖》曰：《蒙》，山下有险，险而止，《蒙》。《蒙》"亨"，以亨行时中也。"匪我求童蒙，童蒙求我"，志应也。"初筮告"，以刚中也。"再三渎，渎则不告"，渎蒙也。蒙以养正，圣功也。

　　《象》曰：山下出泉，《蒙》。君子以果行育德①。

　　匪，非也。利，意为有益。贞，正也。《蒙》的意思是说，蒙昧意味着亨通、顺通。并不是我求蒙昧的孩童（学习），而是蒙昧的孩童求我（教导）。初始请教（态度端正），就告诉他，以后若态度轻慢，则不教他。坚守正道有教益。《彖传》说："'匪我求童蒙，童蒙求我'，志应也。"心之所之之谓志，"志"即心志、志趣、意向，"应"即应和，《周易·乾·文言》曰：同声相应。这里的"志应"即教育者与受教育者心心相应，愿学与愿教两相应和。"育德"的教育使儿童"蒙以养正"。这取决于师生双方的互动作用，舍此无"圣功"。教育，尤其德育，乃"童蒙"之求与"我"之告示、教导之间的互动、相互作用，以达于"养正"。

　　这种思想由孔子发扬并衍生为启发式德育。孔子的启发式德育思想与实践证明，教育者与学习者同构交互主体。孔子说："不愤不启，不悱不发。举一隅，不以三隅反，则不复。"（《论语·述而篇》）"愤"与"悱"是学生活动的心理状态，反映学习者心求通、质疑问难的心理需要，这是学习者方面"动"的表征。教育者根据学习者的"动"回应以"启"与"发"，做出"志应"的开导、诱导活动。师生之间一来一往的互动式特征昭然。这种教育就像磁铁一样牢牢地吸引着师生。所以，孔子最得意的门生颜渊说："仰之弥高，钻之弥坚。瞻之在前，忽焉在后，夫子循循然善诱人，博我以文，约我以礼，欲罢不能。既竭吾才，如有所立卓尔。虽欲从

---

　　① 周振甫.周易译注[M].北京:中华书局,1991:25.

之，末由也已。"（《论语·子罕篇》）"仰之"、"钻之"、"瞻之"、"竭吾才"、"欲从之"等皆为学习者的心动与行动；"诱人"、"博我"、"约我"等则为教育者的教导活动。教育、德育的师生互动特征明显。

互相教育的互动性，除了在本土教育文化中有所阐发、践行之外，异域文化教育的思想家们亦有实践和理论。苏格拉底的产婆术就是一种心灵教育之术。产婆术既是一种智育方法，又是道德教育方法。苏氏认为神为人安排了灵魂，真理就存在于人的心灵里。人生来就有理性，人的道德概念就隐藏在人性中，即神—人→灵魂、真理、理性、道德概念—心灵→睡眠状态。这种道德概念的素质是以睡眠状态存在于人的灵魂之中，并有赖于教育来唤醒。教育的作用就是唤醒灵魂中的道德概念，暴露先天的素质，而不能外加人自身以外的东西。这就是人的"自我认识"。人们要寻求真理，就必须从自己内心去探索。所以教育者的任务不是施与，而是导引人们把心灵中固有的道德概念产生出来，就像助产士一样；学习者的任务不是认识自身以外的现实世界，而是认识自己，一如产妇。苏格拉底说他自己虽无知，却能帮助别人获得知识，正如他母亲是一个助产婆，自己因为年老不能生育，但能为别人接生一样。他还说：我不以知识授予别人，而是使知识自己产生的产婆。从此可见，教育者与学习者的关系就像接生婆与产妇的关系一样，教育者之功在于助引、唤醒、暴露，而学习者之功在于认识自己，自我反省，在自己身上下功夫，是内求，而不是外索。苏氏思想是唯心主义，所以在他看来，品德来自主观，但他看到学习者不是教育者工作的对象，不是教育者灌输的"容器"。教育者与学习者是两个互动的同构主体，他们共同活动的对象、客体是"道德概念"、思想产儿。

陶行知有着深厚的传统文化素养，又受到美欧文化熏陶，上述中外思想和实践自然了然于陶行知的心灵，其对于师生之间淳朴互动、互感效应，自当蕴蓄于心。所以，这种交互性的人际互动，作为教育的契机，是陶行知十分看重的：

> 人不但是物质环境中之一人，也是人中之一人。人有团体，有个人，在这团体和个人中，便发生相对的关系。此种关系，应互相联络，以发展人性之美感。在此阶级制度破产时，我们绝不承认社会上

还有什么"人上人","人下人",但是"人中人"我们是逃不掉的。我
们既然都是人中之一人,那么,人与人自然会有相互的关系了。这种
关系,能否高尚优美,尚属疑问。且就现在的选举说吧,被选人手里
执着些洋钱,选举人手里执着一张票,他们所发生的关系,是洋钱的
关系,选举的关系罢了!这种关系,能合乎高尚的条件吗?[①]

陶行知虽然带有旧民主主义的思想,抱持阶级制度破产的幻想,但人
与人之间确实存在着淳朴的毫无功利之心这一事实是毋庸置疑的,否则怎
么会有"人性的美感"!于是陶行知对于教育有莫大的期许。陶行知曾冲破
重重阻力,将单纯强调教的传统方法——教授法改为教学法,注重学与
教,提出教学做合一的思想:事怎么做就怎么学,怎么学就怎么教,教的
法子根据学的法子,学的法子根据做的法子。陶行知在举办安徽公学的实
践中已形成教者与学者双向互动的德育思想——师生共同生活:学校以生
活为中心,学校是师生共同生活的处所。师生必须共甘苦。甘苦共尝才能
得到精神的沟通,感情的融洽。国家大事,世界大势,亦必须师生共同关
心。师生共同生活到什么程度,学校生气也发扬到什么地步。学校生活是
社会生活的起点,又是社会生活的一部分。学校须与社会生活息息相通。
他在举办晓庄师范的实践中坚持并发展了这一思想,提出形式的共同生活
和真正的共同生活,后文有述,在此不赘。陶行知在晓庄师范开学典礼上
说:本校只有指导员而无教师,我们相信没有专能教的老师,只有比较经
验稍深或学识稍好的指导。这体现了师生校工团结、平等、民主的关系。
早在1918年,陶行知应邀前来安徽省府安庆讲学,他就提出教师要与学生
有"同情":"教师与学生,焉可无同情耶?同情谓何?即以学生之乐为
乐,以学生之忧为忧;学生之休戚即我之休戚,学生之苦恼即我之苦恼是
也。鄙人曾参观一校,终日仅一见教师之笑,不可谓不威严矣!吾人若设
身处地为其学生,必也视之为判官、为阎罗,若芒刺之在背矣。此教师不

---

① 陶行知.教育者的机会与责任[M]//华中师范学院教育科学研究所.陶行知全集:第
1卷.长沙:湖南教育出版社,1984:259-260.

能与学生同情之故也。"①这是教师之于学生的一种共情，亦即同情。陶行知对于这种师爱情操终生悬格于心，萦绕于怀。后来他在《我之学校观》一文中说："学校里师生应当相依为命，不能生隔阂，更不能分阶级。人格要互相感化，习惯要互相锻炼。人只晓得先生感化学生，锻炼学生，而不知学生彼此感化锻炼和感化锻炼先生力量之大。先生与青年相处，不知不觉的，精神要年轻几岁，这是先生受学生的感化。学生质疑问难，先生学业片刻不能懈怠，是先生受学生的锻炼。这是不可避免的，也是好现象。总之，师生共同生活到什么程度，学校生气也发扬到什么地步，这是丝毫不可以假借的。"②所以，这位人民教育家奉劝办学同志"待学生如亲子弟"。经晓庄初步试验，他将这种师生情上升到理性高度："教育是教人化人。化人者也为人所化。教育总是互相感化。互相感化，便是互相改造"③，"真教育是心心相印的活动。唯独从心里发出来的，才能打到心的深处"④。他的"晓庄与爱"宏论发自肺腑也感人肺腑：晓庄的每个同志都有"一颗血红的心"；"晓庄是从爱里产生出来的。没有爱便没有晓庄。……晓庄可毁，爱不可灭。晓庄一天有这爱，则晓庄一天不可毁。……晓庄生于爱，亦惟有凭着爱的力量才能生生不已"⑤。陶行知是这样说的，也是这样做的。他爱有才能但有生理缺陷的学生，并将这些特殊生收进育才学校，精心培养。他爱难童，多方动员校内和社会各界力量为难童服务。他的一生是与儿童工作、教育工作联系在一起的，真正体现了"捧着一颗心来，不带半根草去"的精神。

---

① 陶行知.师范生应有之观念[M]//方明.陶行知全集：第1卷.成都：四川教育出版社，2005：221.

② 陶行知.我的学校观[M]//方明.陶行知全集：第2卷.成都：四川教育出版社，2005：251-252.

③ 陶行知.地方教育与乡村改造[M]//华中师范学院教育科学研究所.陶行知全集：第2卷.长沙：湖南教育出版社，1985：128.

④ 陶行知.第二年的晓庄[M]//华中师范学院教育科学研究所.陶行知全集：第2卷.长沙：湖南教育出版社，1985：134.

⑤ 陶行知.晓庄三岁敬告同志书[M]//华中师范学院教育科学研究所.陶行知全集：第2卷.长沙：湖南教育出版社，1985：207-208.

陶行知先生真是爱人如己

有一天，我同陶先生看见他们音乐班里有个小学生叫陈贻鑫，弹琴、唱歌都非常好，就是头上没有头发，是个光亮的秃子。我对陶先生说："我们要解除民众的痛苦，说是容易，做则很不容易。看陈贻鑫没有头发，觉得多么痛苦。若真能帮助他长出头发来，那可是真的帮了他的忙。"后来看见黄次咸先生说，在荣昌有个朋友是由法国学医回来的，能治头上没有头发的病，就托黄先生去问，可不可以给治一治？那位先生回信说："既是陶先生的学生，我愿意捐药和工夫，只要有人捐路费和住的地方，那就可以。"我说："为了陶先生的学生，我愿意负责来回路费。"黄次咸先生说："为了陶先生的学生，我愿意捐宿食费。"果然把医生请来了。小学生吃了药，两个星期没起床，脚都是肿的，吃了多少药呢？只有半个大米粒那样的大。经过两个月的治疗，乌黑的头发长得满满的，半年以后，那头发长得好极了。陶先生说："这个光亮的秃学生长出好头发，比我自己是个秃子长出头发来还要高兴呢。"由此可以看出陶行知先生真是爱人如己[1]。

三、"共同生活"方式

师生"共同生活"即互主体生活。陶行知与其老师杜威相反，提出生活教育论——生活即教育，社会即学校，教学做合一。陶行知将单纯强调教的传统方法——教授法改为教学法，注重学与教，提出教学合一的思想，后来发展为教学做合一：事怎么做就怎么学，怎么学就怎么教，教的法子根据学的法子，学的法子根据做的法子。

陶行知在举办安徽公学的实践中已形成教者与学者双向互动即互相教育的德育思想——师生共同生活：学校以生活为中心，学校是师生共同生活的处所。师生必须共甘苦。甘苦共尝才能得到精神的沟通，感情的融洽。国家大事，世界大势，亦必须师生共同关心。师生共同生活到什么程

①冯玉祥.蒋介石与陶行知[M]//方明.陶行知全集:第12卷.成都:四川教育出版社，2005:637.

度，学校生气也发扬到什么地步。学校生活是社会生活的起点，又是社会生活的一部分。学校须与社会生活息息相通。按照生活即教育之理论，共同生活即共同教育，而共同生活实质上是大家肯以灵魂相见，把人格拿出来磨擦。所以共同教育即是互相教育。陶行知在举办晓庄师范的实践中坚持并发展了这一思想。在《晓庄试验乡村师范的第一年》一文中，他说："共同生活在安徽公学已经实行了几年，再经晓庄这一年的试验，我们对于这个原则的信念便益加坚固了。本校（指晓庄师范——著者注）不但是师生共生活，连校工也是和大家共生活的。……我们大家共生活，自无阶级之可言，那因阶级隔阂而发生的问题也就消灭于无形了。……积极方面，与学生共生活，日久便成为校工的朋友。大家由相亲而达到相知相爱，自然可以造成和乐的境界。但是有形式的共同生活，有真正的共同生活。形式的共同生活难免同床异梦。真正的共同生活必须大家把人格拿出来互相磨擦。各人肯以灵魂相见才算是真正的共同生活。否则虽是日出共作，日入共息，中间却是隔了一个太平洋。我们共同生活之有无价值，全看这种意义之存在与否以为断。"①在真正的共同生活中，晓庄师范的教师不叫教师而称为"指导员"。真正的共同生活即共同教育，即是真正的教育。这种教育是互相教育，也是互主体教育，共主体教育，体现教学做合一的生活法，也是教育法。

晓庄师范各科教师都称为指导员，不称为教员。他们指导学生教学做，他们与学生共教、共学、共做、共生活。不但如此，高级程度学生对于低级程度学生也要负指导之责②。陶行知在晓庄师范开学典礼上说："本校只有指导员而无教师，我们相信没有专能教的老师，只有比较经验稍深或学识稍好的指导"③。这体现了师生员工团结、平等、民主的关系，即互主体、共主体的关系。

---

① 陶行知.晓庄试验乡村师范的第一年[M]//华中师范学院教育科学研究所.陶行知全集:第2卷.长沙:湖南教育出版社,1985:59.

② 陶行知.再论中国乡村教育之根本改造[M]//华中师范学院教育科学研究所.陶行知全集:第2卷.长沙:湖南教育出版社,1985:4.

③ 陶行知.在试验乡村师范学校开学典礼上的讲话[M]//华中师范学院教育科学研究所.陶行知全集:第2卷.长沙:湖南教育出版社,1985:10.

第四节　教育者与德育

　　作为教育、德育的重要主体，教育者①在"互相教育"中的位与功是不能忽视的，否则便不能称为教育、德育。教育者于教育、德育中的位与功，取决于教师之师德和德育方式。

一、教师德性

　　教师德性，亦可称教师师德，是教师内在的道德品质。2007年9月10日胡锦涛同志在会见全国优秀教师代表时指出："高尚的师德，是对学生最生动的、最具体的、最深远的教育。"②2014年9月9日，习近平总书记在北京师范大学师生座谈会上发表了"做党和人民满意的好教师"重要讲话，指出："教师重要，就在于教师的工作是塑造灵魂、塑造生命、塑造人的工作。一个人遇到好老师是人生的幸运，一个学校拥有好老师是学校的光荣，一个民族源源不断涌现出一批又一批好老师则是民族的希望"③，并提出了好教师的四有标准，即要有理想信念，要有道德情操，要有扎实学识，要有仁爱之心。教师之多才多艺固然是好教师不可或缺的必要条件，但是教师之德，虽亦为必要条件，然而根据"才者德之资也，德者才之帅也"之才艺与德行关系原理，其地位与作用更甚于教师之才艺。因为教师师德事关教育之成败，系教育之命脉。教师德性、教师师德是个体教师的为人之德与执业之德。师德是教师的灵魂。陶行知对于教师，期以高格，并用高标规约教师质的规定性，"教师的服务精神，系教育的命脉。金钱主

---

　　① 教育者,狭义上指教师,广义上包括教师、学生同伴、父母、社会人士等。本书取其广义。

　　② 胡锦涛.在全国优秀教师代表座谈会上的讲话[M]//顾明远.中国教育大系 21世纪初中国教育.武汉:湖北教育出版社,2015:366.

　　③ 习近平.做党和人民满意的好老师[M]//人民日报社评论部.政论中国 人民日报评说党和国家重大举措(2014).北京:人民日报出版社,2015:872.

义，最足破坏教师职业的尊贵"①。

（一）教师之爱心

陶行知的教师爱心观起于其"爱满天下"的大爱观。此大爱是一种纯洁之爱，是一种"捧着一颗心来，不带半根草去"的无私之爱。陶行知吁求教师"待学生如亲子弟"。作为教育者，教师要重生为小孩，不失其赤子之心，才能了解儿童的需要和能力，唯其如此，方能为儿童谋福利②。陶行知如此言说，也如此实行，真正是"知行合一"。

"比亲生父母还亲"

有一次，陶先生从重庆回来，他顾不得休息就跑到厨房去看，发现已滤去米汤在烧箕内的饭坯子内小砂粒很多，他立刻关照工友停止蒸饭，马上跑到校内礼堂打紧急集合钟。当当当，当当当……我们闻声都赶去集合。此刻，陶先生已站到讲台上，他大声的对我们说："我们培养的人才幼苗，是要一个个茁壮成长，是要去追求真理、反抗侵略、建设新中国……这饭中砂粒谷稗太多，会妨碍你们的成长，不但不会成人才，甚至可能进棺材。"散会后，大家分拣米饭中之砂粒，拣净后再去蒸，那天的饭迟开了半个多小时。从此，我们每天下午课余时间都要拣米中的砂粒、谷稗等杂物。就是这样的生活琐事，把它拿来同反动派所办的学校对比，就有天壤之别。记得一九四四年春我在反动派办的国立中央工专读书，学生吃饭虽是公费，但吃的是已经霉烂了的平价米，米里有数不清的小石粒、砂子、老鼠屎……我们称这种米煮的饭为"八宝饭"。就是这种"八宝饭"，由于遭到学校总务长及以下办事人员层层克扣，我们每天只能吃个半饱。再加上学校和厨房不讲卫生，学生身体都很虚弱。就在这时，学校就发生了一场可怕的流行病——伤寒。从发病起不到一星期便有二百多学生送进了医

---

① 陶行知.孟禄博士与各省代表讨论教育之大要[M]//华中师范学院教育科学研究所.陶行知全集:第1卷.长沙:湖南教育出版社,1984:233.

② 陶行知.敲碎儿童的地狱,创造儿童的乐园[M]//华中师范学院教育科学研究所.陶行知全集:第3卷.长沙:湖南教育出版社,1985:530.

院，学校被迫停课放假。送进医院的学生，有11人丧失了生命。我当时也不幸染上了伤寒病，被送进重庆覃家岗的伪中央医院，病势非常严重。陶先生知道了这消息，立刻派人送药来，并写信给医院院长，请他想尽一切办法把我医治好，不要让我这个刚成长起来的幼苗夭折。我病愈出院，到管家巷28号去见陶先生，他笑着说："你想去领文凭找工作，在反动派办的学校里，你差点领了文凭进棺材。你现在很需要休养，就回育才来吧！"我走出老夫子（我们常常这样尊称陶先生）的房门，深深的体会到老夫子对我们这些穷苦孩子的爱，真比我们的亲生父母还亲[①]。

爱是真情的流露，不是为了什么而做作出来的。这是陶行知的一种期冀，也是其人生实践。爱情是一种独特之爱，是人类最崇高、最美好的情感。他对于此种爱，有独特的认识与信念。1939年12月31日，陶行知与吴树琴在重庆结婚。陶行知特地在结婚证书上题写了一首别致的小诗：

天也欢喜，地也欢喜，人也欢喜。欢喜我遇到了你，你也遇到了我。

当时你心里有了一个我，我心里有了一个你，从今后是朝朝暮暮在一起。

地久天长，同心比翼，相敬相爱相扶持。偶然发点脾气，也要规劝勉励。

在工作中学习，在服务上努力，追求真理，抗战到底。

为着大我，忘却小己，直等到最后胜利。

再生一两个孩子，一半儿像我，一半儿像你[②]。

1945年3月，在汤成沅、陈一聪婚礼上，陶行知以此诗书赠以志贺，诗末署：陶行知与吴树琴拜贺。

据吴树琴老人回忆：自那以后，每逢育才学校老师结婚，陶先生都要书写那首诗赠贺。那张结婚证书，现在已保存在陶行知纪念馆。

陶行知最早在晓庄时（1929年12月28日）即曾将此诗书赠陈志潜和王

---

① 甘烈君.育才好比一盏灯［M］//重庆北碚区政协文史委员会.北碚文史资料(第1辑：陶行知的北碚专辑),1984:37-38.

② 陶行知.结婚证书上的题诗［M］//方明.陶行知全集：第11卷.成都：四川教育出版社,2005:611.

文瑾结婚志喜：

天也欢喜，地也欢喜，人也欢喜。欢喜您心里只有一个他；他心里只有一个您。

更欢喜他和您，多福多寿多儿子，儿子又生孙，孙又生儿子，

子子孙孙生到无穷期：一半儿像他，一半儿像你。

诗的附注：儿有男儿女儿；子有男子女子；故儿子系包含男女均衡之义；与古人多福多寿多儿子之祝，实不相同了[①]。

两首诗歌的语言有差异，但是其中的浓情蜜意跃然纸上，诗情无异，陶行知希望借此在校园里营造浓浓的爱意，发出爱之光和热。陶行知不愧为"有爱心的校长"。

有爱心的校长

有一天，我到草街子里去看陶先生。也是午后两三点钟，正是杨耿光（杨杰）先生的女儿，约有十一二岁，拿着耿光先生一封信到陶先生这里来上学，走路有点跛。陶先生问"你的脚怎么啦？"女孩子说："皮鞋里有个钉子把我的脚扎了。"陶先生叫她快把鞋脱下来，看看脚后跟被钉子扎的洞，直流血。陶先生的夫人先用酒精，又用棉花浸上碘酒，把孩子的脚擦了，放上膏药条；行知先生就用个小锤子丁丁当当地把鞋子的钉子给碰进去，用手摸了又摸，真正平了，然后交给孩子说："今天不要穿了。"拿这件事来看，杨耿光先生又没有去，他的女儿只拿一封信来，而陶行知对着孩子是这样的爱护！这样有爱心的校长，我还是头一次看见这样好的热心的教育家[②]。

（二）教师之信仰心和责任心

教师认不认教育是一项事业，可以区别教师的精神境界。以陶行知之

① 陶行知.贺陈志潜、王文瑾两同志结婚[M]//方明.陶行知全集：第12卷.成都：四川教育出版社,2005：188.

② 冯玉祥.蒋介石与陶行知[M]//方明.陶行知全集：第12卷.成都：四川教育出版社,2005：636-637.

见，教师对于教育当树立信仰心，也就是职业信念，"认定教育是大有可为的事，而且不是一时的，是永久有益于世的。不但大学校高等学校如此，即使小学校也是大有可为的"。陶行知还举出像福禄培尔、裴斯泰洛齐、蒙台梭利、杜威这些大教育家，因为研究小学教育而声名远扬，取得成功。陶行知也语重心长地劝告：那些不信仰小学教育事业的人，可以不必在这儿做小学教员，"一国之中，并非个个人要做这事的，有的做兵，有的做工，有的做官吏，……各人依了他的信仰，去做他的事。一定要看教育是大事业，有大快乐，那无论做小学教员，做中学教员，或做大学教员，都是一样的"①。

教师的职业信念即教师的信仰心还不等于责任心，虽然它们有一定的关联性，所以陶行知对于教师又提出责任心，即"不但是自己家中的小孩和课堂中的小孩，我应当负责任；无论这里那里的小孩，要是国中有一个人不受教育，他就不能算为共和国民"②。陶行知这种高悬一格的之于教师责任心的期冀，更多的是对于教师职业精神的期许和热望，这是教师的一种"尽其在我"之职业精神，即尽心竭力、鞠躬尽瘁。教师有了这样的责任心，相反的情况就不会出现，即陶行知所告诫的："切不可当教育事业是住旅馆的样子，住了一夜或几夜之后，不管怎么样，就听他去了。那教育事业，还有发达的希望吗？"③这里不仅有教师个体的职业使命感，也包含教师全体的职业操守。陶行知的诚语和警言对于21世纪的教师职业道德建设仍不失启迪和教育意义！

（三）教师之好学精神

教师，作为一个有学问的人，应该是一个学习者。陶行知的老师杜威就强调教师作为学习者的重要性："教师不应注意教材本身，而应注意教材

---

① 陶行知.新教育[M]//华中师范学院教育科学研究所.陶行知全集:第1卷.长沙:湖南教育出版社,1984:127-128.

② 陶行知.新教育[M]//华中师范学院教育科学研究所.陶行知全集:第1卷.长沙:湖南教育出版社,1984:128.

③ 陶行知.新教育[M]//华中师范学院教育科学研究所.陶行知全集:第1卷.长沙:湖南教育出版社,1984:128.

和学生当前的需要和能力之间的相互作用。所以，教师仅有学问还是不够的。……一个有学问的人也还应该是一个学习者。"[1]

陶行知发扬其师之教师作为学习者思想和孔子"学而不厌，诲人不倦"的精神，期待教师的好学精神。陶行知曾撰文盛赞上海小学教师好学精神，鼓励教师要像孔子那样"学而不厌，诲人不倦"，这样教师才能长青不老，越教越要学，越学越快乐："近来上海小学教师有一个极重要的运动，这运动是自动求学、自动进修、自动追求进步。有些人一做了教师，便专门教人而忘记自己也是一个永久不会毕业的学生，因此很容易停止长进，甚而至于未老先衰。只有好学，才是终身进步之保险，也就是长青不老之保证。孔子说：'学而不厌；诲人不倦。'有些人做了几年教师便有倦意，原因固然很多，但主要的还是因为不好学，天天开留声机，唱旧片子，所以难免觉得疲倦起来。唯独学而不厌的人，才可以诲人不倦。要想做教师的人把岗位站得长久，必须使他们有机会一面教、一面学，教到老、学到老。当然，一位进步的教师，一定是越教越要学，越学越快乐。"[2]孔子"学而不厌，诲人不倦"精神，被《礼记·学记》作者演绎为"教学相长"——学然后知不足，教然后知困；知不足然后能自反，知困然后能自强。《兑命》曰：学学半。故曰：教学相长也[3]。陶行知以孔子"学而不厌，诲人不倦"理念和精神勉励教师不断精进，终身学习。

陶行知深刻地认识到，教师好学是传染的，教师学而不厌精神会感染学生。他正确地提出：如果教师们以集体力量鼓励彼此进修，影响所及，决不会让上海专美，将见全国闻风兴起，各地教师自动组织起来，学习再学习。其结果不但是能造成好学之教师，好学之学生，而且一人传十，十人染百，将会造成一个好学之民族，那么中华民族亿万年之进步，亦于此得到有力的保证[4]。好学精神成为一种风气，就会形成一种文化，潜移默化

① 杜威.民主主义与教育[M].北京：人民教育出版社,2001:200.

② 陶行知.教师自动进修[M]//方明.陶行知全集：第4卷.成都：四川教育出版社，2005:545.

③ 孟宪承.中国古代教育文选[M].北京：人民教育出版社,1979:95.

④ 陶行知.教师自动进修[M]//方明.陶行知全集：第4卷.成都：四川教育出版社，2005:546.

地影响着其中的每一个人。

（四）教师之创造精神

陶行知以为，教师有创造精神和开辟精神，这样的教师就是创造的教育家。以陶行知之见，举凡教育中人大体有三种教育家，第一种是政客的教育家，他只会运动，把持，说官话；第二种是书生的教育家，他只会读书，教书，做文章；第三种是经验的教育家，他只会盲行，盲动，闷起头来办事。教育界的这三种人都不是最高尚的。只有敢探未发明的新理的人或者敢入未开化的边疆的人，才可算作第一流的人物。因为"敢探未发明的新理，即是创造精神；敢入未开化的边疆，即是开辟精神。创造时，目光要深；开辟时，目光要远。总起来说，创造、开辟都要有胆量。在教育界有胆量创造的人，即是创造的教育家，有胆量开辟的人，即是开辟的教育家，都是第一流的人物"[①]。陶行知所言的教师创造精神和开辟精神，其实都是创造精神。前述创造精神，自不待言，开辟精神也是一种创造精神。按照"开辟"的词义，①打开通路，如开辟航线。②开拓扩展，如开辟市场，开辟边疆。③开天辟地的略语，指宇宙开始[②]。陶行知所言的教师开辟精神，在于开辟边疆的精神，而就打开通路义言之，教师的教育对象是不同的儿童、学生，每一个儿童、学生的身心亦有别，"一把钥匙开一把锁"，所以教师每一天的对象不同，其所采用的方法也有别，教师要打开学生的思路、心结，使蒙童成长、成人、成才，必得采用新方法，做出新成绩。故按广义的创造是建立新理论，想出新方法，发明新技术，做出新成绩或东西，教师的这种开辟精神也是一种创造精神，更何况《易经》有言"蒙以养正，圣功也"，这是一种何等的创造！陶行知认为，教师应了解儿童的能力、需要。儿童有许多痛苦是由于父兄师长之不了解。不了解则有力无处用，有苦无处说。我们要知道儿童的能力、需要，必须走进小孩的

---

① 陶行知.第一流的教育家[M]//华中师范学院教育科学研究所.陶行知全集:第1卷.长沙:湖南教育出版社,1984:113-114.

② 现代汉语词典[M].5版.北京:商务印书馆,2005:758.

队伍里去体验而后才能为小孩除苦造福①。教师为儿童造福，自然是一种创造精神之效应。

（五）教师之乐观精神

1918年5月，陶行知应邀来安徽省会安庆市，在省立第一师范学校和省立第一女子师范学校做题为"师范生应有之观念"的演讲，其中讲到"教育乃一种快乐之事业。孔子一生诲人不倦，至于发愤忘食，乐以忘忧，不知老之将至。现任教育者，无不视当教员为苦途，以其无名无利也"②，但是教育可以使愚昧的人变聪明，使幼小的人快快长大，使落后的人快快进步，因此教育是快乐的事业。两千五百年前的孔子自感"有朋自远方来，不亦乐乎？"这是孔子言教育之快乐。孟子也有"得天下英才而教育之"的快乐。为师之乐，乐在过程中，乐在手续上，而不在结果之代价即物质利益之获取上。真正的教师有"无限之乐"："愚蒙者，我得而智慧之；幼小者，我得而长大之；目视后进骎骎日上，皆我所造就者。其乐为何如耶！故办教育者之快乐，当在手续上，而不在其结果之代价。"③在陶行知看来，这是一种视教育为游戏的作业、作业的游戏之精神。只有具备这种精神的人，才适宜于从事教育工作，否则"至于劳碌动作，以求结果之代价者，则宜摈弃于教育界外"④。

二、德育方式

教育者的德育方式，包括以教育者为主的方式和以学习者为主的德育方式。以教育者为主的德育方式，如启发诱导、以情育德、以美育人、长

---

① 陶行知.敲碎儿童的地狱,创造儿童的乐园[M]//华中师范学院教育科学研究所.陶行知全集:第3卷.长沙:湖南教育出版社,1985:530.

② 陶行知.师范生应有之观念[M]//方明.陶行知全集:第1卷.成都:四川教育出版社,2005:220.

③ 陶行知.师范生应有之观念[M]//方明.陶行知全集:第1卷.成都:四川教育出版社,2005:220.

④ 陶行知.师范生应有之观念[M]//方明.陶行知全集:第1卷.成都:四川教育出版社,2005:220.

善救失、以身作则等；以学习者为主的方式，如行动体验、自我教育。不论是前者，抑或后者，都属于教学做合一的生活法又是教育法这一总的指导思想的贯彻方式，只是分析的需要，将它们分而论之。既是生活法又是教育法的教学做合一，是德育的方法论。

（一）以教育者为主的方式

1.启发诱导

教育之启发式或曰启发式教育，根本区别于注入式教育和填鸭式教育。陶行知批判教育的注入式和填鸭式，为此特撰《填鸭教育》一文形象地斥责学校中的注入式教育。正像孟子用揠苗助长隐喻教育的凌节而施，陶行知以"填鸭"隐喻教育的注入式和灌输式。他还以诗言其启发式教育之志，斥责与启发式教育相左的失当教育方式。

糊涂的先生

一

你这糊涂的先生！

你的学堂成了害人坑！

你的墨水笔下有冤魂！

你说瓦特庸。

你说牛顿笨。

你说象个鸡蛋坏了的爱迪生。

若信你的话，

那儿来火轮？

那儿来电灯？

那儿来微积分？

二

你这糊涂的先生！

你的教鞭下有瓦特。

你的冷眼里有牛顿。

你的讥笑中有爱迪生。

　　　　　你别忙着把他们赶跑。

　　　　你可要等到：

　　　　坐火轮，

　　　　点电灯，

　　　　学微积分，

才认他们是你当年的小学生？①

　　德育的启发式，与灌输式德育、注入式德育（填鸭教育）相反，启发式德育注重因势利导、因人施教。陶行知认为，教育的方法首重启发思想②。启发即引出之意，《说文》云：启，开也。从户，从口。《说文》又云：啟，教也。从攴，启声。《说文》释：发，射发也。从弓，癹声。发的本义是发射箭矢，引申为开启、发端。按陶行知之意，教育注重启发就是启发学生觉悟，启发其自觉性。在《美国活动教授之一段》文中，陶行知提出启发式教育方法，其中包含了顺性利导、随事寓教、说理等方式。

　　（1）顺性利导③。陶行知德育方法的基本原则是"顺性利导"。在给中国科学社的信中，陶行知说："儿童本身实一生物，教师必须明了生物原则，方能尽其天职。"④教师明了生物原则，即是要求教师对于儿童之循循善诱，亦即顺性利导。顺性，是因循儿童的成长规律，在此基础上讲究方式方法，善于诱导，助力、帮助儿童成长。顺性利导之法，后来嬗变为"依性之所近，展其所长"。在儿童教育上，"儿童各有所好"，儿童学园"多方设备，可依性之所近，展其所长"⑤。儿童各有所好意味儿童之兴

　　① 陶行知.师范生的第二变——变个小孩子[M]//华中师范学院教育科学研究所.陶行知全集:第2卷.长沙:湖南教育出版社,1985:242-243.

　　② 陶行知.美国活动教授之一段[M]//华中师范学院教育科学研究所.陶行知全集:第1卷.长沙:湖南教育出版社,1984:98.

　　③ 陶行知.美国活动教授之一段[M]//华中师范学院教育科学研究所.陶行知全集:第1卷.长沙:湖南教育出版社,1984:97.

　　④ 陶行知.重视生物学[M]//华中师范学院教育科学研究所.陶行知全集:第5卷.长沙:湖南教育出版社,1985:217.

　　⑤ 陶行知.设立中央儿童学园以倡导幼年社会教育案[M]//华中师范学院教育科学研究所.陶行知全集:第3卷.长沙:湖南教育出版社,1985:457.

趣、爱好等各异，因此教育因性利导，发挥所长，取得进步。

（2）随事寓教①。陶行知提出的"随事寓教"方法与传统教育中"遇物则诲"方法有相似之处，然而前者更有必然性，后者多少带有偶然性。唐太宗李世民重视对太子李治的教育，在方式方法上注重遇物则诲："朕自立太子，遇物则诲之，见其饭则曰：'汝知稼穑之艰难，则常有斯饭矣。'见其乘马，则曰：'汝知其劳逸，不竭其力，则常得乘之矣。'见其乘舟，则曰：'水所以载舟，亦所以覆舟，民犹水也，君犹舟也。'见其息于木下，则曰'木从绳则正，后从谏则圣。'"②意思是，吃饭时教他晓得种田艰难，则常有饭吃；骑马时教他知道马该劳逸，则常有马骑；坐船时教他水可载舟亦可覆舟、民犹水君犹舟；树下休息时教他木经绳墨得到校正，君主纳谏言成为明君。陶行知的随事寓教之法汲取了传统教育法之遇物则诲教育法中的合理成分。只不过，陶行知之随事寓教法，在其后来的教育理论和实践中得到发展和升华。后来陶行知将"随事寓教"之"事"扩展为"实际生活"，是教学做合一之中心：教学做有一个公共的中心，这"中心"就是事，就是实际生活③。

（3）说理。言语教育，即言教，陶行知反对空谈，主张唯实，要言之有据。他在一首《我要证据》小诗的注释中说道："一位初下乡的大学生对小先生说：'你若信上帝，石头可以变面包。'小先生说：'请你变给我看。'我听这话有感，故写此诗。"④

我 要 证 据

我要证据

多谢您指点我的出路。

如果您是对的，

---

① 陶行知.美国活动教授之一段[M]//华中师范学院教育科学研究所.陶行知全集:第1卷.长沙:湖南教育出版社,1984:98.

② 王惠敏.李世民全传[M].武汉:华中科技大学出版社,2013:211.

③ 陶行知.谈教学做合一[M]//华中师范学院教育科学研究所.陶行知全集:第5卷.长沙:湖南教育出版社,1985:206.

④ 陶行知.我要证据[M]//华中师范学院教育科学研究所.陶行知全集:第4卷.长沙:湖南教育出版社,1985:292.

> 我愿意跟您去，
>
> 书上说的靠不住，
>
> 我要证据①。

这位大学生面对小先生即小学生所进行的教育，是按照书上所说的书云亦云之方式进行说理。书上说的靠不住，按照靠不住的书仅仅空口无凭地嘴上说，更是靠不住，只有言之成理，持之有据，才能令人信服。这里的证据十分重要，它用事实或材料，表明其可证明性和真实性。摆事实、讲道理，是陶行知教育之至法、大法、善法，其谓"我所要追求的是充分的事实，等到事实汇齐之后，我便让它们引导我去下断语。如果我有错误，只是因为事实有错误。这个我随时愿意领教，并重新考虑订正。事实是我唯一的指针，我只愿听它的启示"②。即是明证。

陶行知善用事实或真实性材料来进行说理教育，让人心中悦而诚服之，从而转变思想。"人生无处不数学"就是一则说理教育的典型案例。

"人生无处不数学"

杨秉荪在育才学校读书时，原是社会组的学生。陶行知了解到他对社会科学不感兴趣，便带领他到各组去走走，让他自由选择喜欢的专业。

在音乐组门口，杨秉荪停下了脚步。贺绿汀正在弹钢琴，叮叮咚咚的琴声似一泓清泉，小杨忍不住大喊起来："太美了，太美了！我要学音乐。"陶行知含笑同意。

不久，陶先生聘请马思聪担任客席教授，指导小杨学习钢琴。小杨聪明，乐感好，深为马先生赏识，被认为是一颗很有希望的音乐小星。不久，杨秉荪就能在音乐会上独奏。

对音乐有独特天赋的小杨，学琴非常用功，却有个很大的毛病。

---

① 陶行知.我要证据[M]//华中师范学院教育科学研究所.陶行知全集:第4卷.长沙:湖南教育出版社,1985:291-292.

② 陶行知.中华民族之出路与中国教育之出路[M]//华中师范学院教育科学研究所.陶行知全集:第2卷.长沙:湖南教育出版社,1985:246.

他对数学深感头疼，不肯下工夫好好学。有一次，他在壁报上发表了一首打油诗，公开阐明自己的观点："人生在世有几何，何必苦苦学几何？学习几何苦恼多，不如咪索拉西多！"育才学校的学生大多学习艺术，看了这首诗以后，引起了共鸣，认为将来当艺术家的人，学了代数几何没有什么用，于是，数学课秩序大乱。

诗发表的第二天午后，陶行知将杨秉荪找到宿舍里，若无其事问了他几个问题："你今天中午吃了几碗饭？下午还要上几节课？"又问："你还记得你家里有几口人？（因小杨是个孤儿）你知道现在大米多少钱一斤？比三年前涨了多少倍？"小杨非常机灵，一听这几个问题都与数学有关，他不回答陶先生的问题赶快认错："陶先生，我的诗写错了！"

陶行知爽声大笑说："从文学角度看，你的诗押韵押得好，很有水平呢！"小杨不好意思地笑了。陶先生亲切地对他说："刚才这些问题都和数学有关系，人生无处不数学，离开数学寸步难行啊！数学有严谨的逻辑，丰富的想象，能培养人有科学的头脑、敏捷正确的判断力和对事物的一丝不苟的精神。学好数学，将会帮助你学好其他课程，学好音乐。你说'不如咪索啦西多'，这'35671'也是数学呀！"

一席话说得杨秉荪豁然开朗，回到宿舍他又写了一首诗："人生在世有几何，定要苦苦学几何。学习几何好处多，更加咪索拉西多！"

杨秉荪现任中央乐团第一副团长，是蜚声中外的音乐家[1]。

教育的启发式与注入式形成鲜明的对比，其间的分水岭在于学生的自觉程度，能调动、激起人的自觉性和主动性，是陶行知生活教育之要旨，也是其启发式教育的目标。而注入式的填鸭教育根本疏于这种自觉性和主动性，这也是陶行知所痛批的教育、德育理念和方式。和陶行知一样，夏丏尊亦曾思考启发式与注入式之别："无论如何种类的教育方法，说它有益固然可以，说它有害也可以。严师固然可以出高徒，自由教育也未尝不可收教育上的效果。循循善诱，详尽指导，固然不失为好教育，像宗教家师弟间的一字不说，专用棒喝去促他的自悟，也何尝不对。只要肠胃健全

---

① 叶良骏.陶行知的故事[M].上海:上海教育出版社,2013:217-218.

的，什么食物都可使之变为血肉，变为养料，而在垂死的病人，却连参苓都没有用处，他是他，参苓是参苓。人是可以牵牛到水边去，但除了牛肚渴要饮水的时候，人无法使牛饮水，强灌下去，牛虽不反抗，实际上在牛也决不受实益。所以，替牛掘井造河，预备饮料，无论怎样地周到，在不觉得渴的牛是不会觉得感谢的。'不愤不启，不悱不发'，足见即使我们个个都是孔老先生，对于无自觉的学生也是无法的了！"[1]教育如牵牛，牛饮水不饮水，完全取决于牛自己，牵牛人只负责牵，强行灌注是不能让牛饮水的。唯有"善喻"："道而弗牵，强而弗抑，开而弗达。道而弗牵则和，强而弗抑则易，开而弗达则思"[2]，达到和易以思，才真正启人觉悟，发人深省，收启发之效。

陶行知的启发法旨在启发儿童自知之明，启发自觉性，引发独立思想。他的"四块糖果"教育故事就是运用启发法，启发学生的自知之明，从而收到德育之效。

"四块糖果"故事

一天，陶行知在校园看到学生王友用泥块砸自己班上的同学，当即便喝止了他，并让他放学后到校长办公室来一趟。大家都以为陶行知是要好好"教育"一下这个学生。

放学后，陶行知回到校长室，发现王友已经等在门口准备接受"惩罚"了。陶行知却掏出一块糖果送给王友，并说："这是奖给你的，因为你按时来到这里，而我却迟到了。"王友惊疑地接过糖果。随后，陶行知又掏出一块糖果放到他手里，说："这第二块糖果也是奖给你的，因为我不让你再打人时，你立即就住手了，这说明你很尊重我，我应该奖你。"王友更惊疑了，他眼睛睁得大大的。

陶行知又掏出第三块糖果塞到王友手里，说："我调查过了，你用泥块砸那些男生，是因为他们不守游戏规则，欺负女生；你砸他们，说明你很正直善良，且有批评不良行为的勇气，应该奖励你啊！"王友感动极了，他流着眼泪后悔地喊道："陶……陶校长你打我两下吧！我

---

① 杜草甬,商金林.夏丏尊论语文教育[M].郑州:河南教育出版社,1987:13.
② 孟宪承.中国古代教育文选[M].北京:人民教育出版社,1979:96—97.

砸的不是坏人，而是自己的同学啊……"

陶行知满意地笑了，他随即掏出第四块糖果递给王友，说："为你正确地认识错误，我再奖给你一块糖果，只可惜我只有这一块糖果了。我的糖果没有了，我看我们的谈话也该结束了吧！"说完，他就走出了校长室，而那个叫王友的学生以后再也没用泥块砸学生了[①]。

这则教育故事体现了陶行知教育方式的辩证法，错中有对之处，消极的行为含有积极的因素，用奖励积极因素的办法促使学生领悟到错误之处，给学生以巨大的促动，从而收到好的教育效果。《礼记·学记》云："教也者，长其善而救其失者也。"[②]任何事情都有正反两方面，以正制反，便是扬善止恶，起到长善救失之效。所以，坏事也能变成好事，关键是把握善恶分寸，掌握教育艺术，善于激发一个人的上进心和主体能量。

2.以情育德

陶行知在育才学校时期提出"感情教育"和"情育"，这是教育目标意义上说的。此处的以情育德，侧重于教师的教育方式，也可以名之曰感化教育。古人云：感人心者莫先乎情。以情感人，以情动人，不失为一种有效的方法。这也是一种感化。陶行知深知感化之于人格影响之大，也善用感化。感化，类似于熏染、浸润、涵泳等，有潜移默化之效。陶行知认为，教育是教人化人，化人者也为人所化。教育总是互相感化的。可见，教育的感化性是其重要特征。感化也是教育的重要方式，以情感人、以情动人、以情动情，所以陶行知将真正的教育看作心心相印的活动，也是看重真情的作用。所谓真情，并非单一的情感，而是融合知和意亦即知情意合一的情感或感化。如前所述，在陶行知看来，感情教育、情育不是培养儿童脆弱的感情，而是调节并启发儿童应有的感情，主要是追求真理的感情；在感情之调节与启发中使儿童了解其意义与方法，便同时是知的教育；使养成追求真理的感情并能努力与奉行，便同时是意志教育。所以，以情为肇始、发端的教育实际是知情意合一的教育。单一的感情教育非陶行知所言的"情育"，因为在前者中神经质的教师可以使儿童迅速地获得丰

① 唐澜波.平民教育家——陶行知[M].武汉:武汉大学出版社,2012:68.

② 孟宪承.中国古代教育文选[M].北京:人民教育出版社,1979:97.

富的感情①。

以情感温暖、感化人之情感，即爱的感染。陶行知有着深厚的传统文化修养和西学素养，深谙感化和潜移默化之道。这体现在他的德育思想和德育实践中就是爱的感化教育。

爱的感染即是对学生的感化教育。陶行知认为人格要互相感化，习惯要互相锻炼。先生应感化学生，锻炼学生。他奉劝办学同志"待学生如亲子弟"。在他看来，师爱与教育是二而一、一而二的关系："教育是教人化人。化人者也为人所化。教育总是互相感化。互相感化，便是互相改造"②，"真教育是心心相印的活动。唯独从心里发出来的，才能打到心的深处"③。陶行知的一生就是与儿童工作联系在一起的，真正体现了"捧着一颗心来，不带半根草去"的爱心精神和爱心教育。

爱 的 大 衣

现在你庄严和蔼的面颜又在我面前出现，校长：你还在我们面前呀，你永远在我们面前，永远感召着我们上进。

冬天啦，校长常关心同学们不要受凉，一天下午北风吹得人发抖，我刚从童老太婆家里回来，就遇见史军在找我，他说："找你好久了，校长给你一件大衣穿"，说着他就去拿了件青呢大衣出来。

"这是为什么？"我奇怪得很；后来，他向我解释说，校长说恐怕你借不到大衣，他就到箱子里去翻，可怜得很，翻不到一件适合你穿的，后来他把身上的大衣脱下来，叫我拿给你先穿着。

我感动出泪来啦，是从身上脱下来呀！我怎么能接受呢："这怎么行，我拿去还给他"，这伟大的慈爱已经给我驱走了寒冷。

我去的时候，校长正在和一个朋友谈话，我捧着大衣："谢谢校

① 陶行知.育才学校教育纲要草案[M]//华中师范学院教育科学研究所.陶行知全集：第3卷.长沙：湖南教育出版社，1985：367.

② 陶行知.地方教育与乡村改造[M]//华中师范学院教育科学研究所.陶行知全集：第2卷.长沙：湖南教育出版社，1985：128.

③ 陶行知.第二年的晓庄[M]//华中师范学院教育科学研究所.陶行知全集：第2卷.长沙：湖南教育出版社，1985：134.

长，我不冷"。

"怎么会不冷！你放心的穿，我用不到这件衣服"。他这么一说，我更不敢接受：

"我们跑跑跳跳的根本就不冷，这是你身上脱下来的呢，你还是穿上罢"。

"那么你拿去放着，留到早晚冷的时候穿"。他说得比妈妈还亲切。

"不，我早晚也用不着。就挂在这里好不好？"我急着想推掉，又看不到适当的地方挂，就挂在书架的角子上了，他无可奈何的说：

"好罢，冷的时候你自己来拿好了"。

这件事，使我感动得坐着想了半天。

校长：这些我永远也不会忘记。现在你庄严和蔼的面颜又在我面前浮现。校长：你还在我们面前呀！你永远在我们面前！你永远感召着我们上进[①]。

这则案例所显现的师爱，是师对生的爱，是师对生之的关心、关怀与关爱，是无私之爱，是伟大的师爱，伟大的慈爱。这也是一种知情意合一的爱，昭示着校长对学生的了解和理解——陶校长知道该学生借不到大衣，又找不到一件合适的，所以就将自己身上的大衣脱下来给学生。在这里，在校长对学生的相知中渗入浓浓情意。这也是一种真善美合一的爱，情真意切心美的爱，纯洁的毫无勉强的爱。下面这则案例所映现的是另一种真善美合一之爱。

一堂深刻的国际主义教育课

一九四二年秋，那是育才学校艰难困苦的年代。物价涨了五十倍，学校困难已极，师生每日两餐稀饭。就在这样艰苦的岁月里，师生仍然朝气蓬勃地工作着学习着。

有一天，朝会时陶校长来到了同学们中间。只要他从重庆回到古圣寺，我们都会在朝会上听到他那深刻而又鼓舞人心的讲演，这一次亲切和蔼的声音又响在我们的耳边。我们从他的话语中还感受到一种

---

① 雨原.爱的大衣[M]//陶行知先生纪念委员会.陶行知先生纪念集.457–459.

无限深沉的痛苦心情。他说："孩子们，我们的学校正处在最困难的时候，但是，我们还应该时刻想着全世界千千万万受苦受难的劳苦大众。"他讲到这里停了一下，问同学们："你们看报没有？"同学们回答："看了！""你们知道在印度发生了什么事吗？""印度发生了特大水灾，无数的灾民正在饥饿线上挣扎！""是呀，你们住在凤凰山上，可你们的心儿已经飞到了印度灾民的身边，那我们应该怎么办呢？"

"尽我们的力量去救济他们，帮助他们，只要我们还有一碗稀饭，就应该分一半给他们吃！"

"对，为了世界上的穷朋友，今后我们应该永远有这种精神，可是，亲爱的孩子们，你们要长身体，要学习，要掌握为劳苦大众服务的本领。现在我设法募捐得来的这一点点钱买来的米，也只能维持你们起码的生活。但是印度灾民的痛苦也就是我们的痛苦，救灾如救火！我现在想到一个法子，我们要用自己的力量支援印度朋友。前些日子，有一位朋友把澄江镇马家沱光铁坡的荒山捐给了我们，它需要去开垦。我们可以用自己的力量把它开垦出来，再把我们劳动所得折合成钱，寄给印度灾民，你们赞成不赞成？"

"赞成！"同学们齐声响亮的回答，整个凤凰山上高大挺拔的松树林也应和着我们。

于是我们在大哥大姐们的带领下，扛起锄头，拿着镰刀，雄赳赳气昂昂地下了凤凰山，向着我们的目的地光铁坡进军了。

一场具有深刻意义的国际主义的劳动开荒运动热火朝天地展开了。

"为印度灾民挖呀！"

口号声，劳动号子声与我们的欢笑声和歌声组成了一曲美妙的劳动交响乐，震撼着这沉睡的荒山野岭。同学们干劲冲天，割草的同学手被茅草划破了。"枯黄的茅草叶边上装点了美丽的红霞！"有人逗趣的说。一点也不觉得痛，照样飞快的割去。挖土的同学手上打出了血泡，用手巾包着再干。就这样，荒山坡在我们的身后翻了一个身，黑油油地一大片，看了真是逗人喜爱。它好象在望着我们笑，它也准备与我们一同要为印度灾民作贡献呢！

伴着夕阳我们兴致勃勃地回到了古圣寺，"快乐的人们"的歌声撒满了美丽的嘉陵江边和凤凰山坡上，今天是多么有意义的一天啊！

后来，一封热情洋溢的慰问信连同我们的一点点劳动所得的报酬飞向了印度的灾区人民，这真是礼轻仁义重。过了不久，果然从印度寄来一封十分感人的回信，刊登在我们喜爱的壁报上。同学们围在那儿久久不愿离去，好象印度灾民就在我们身边。

陶校长对我们进行的这一堂极其深刻的国际主义教育课，至今仍在鼓舞着我们[①]。

陶行知曾将孔子两千多年前说的"仁者，己欲立而立人，己欲达而达人"之"夫子之道"简约为"自立立人，自达达人"。孔子此"仁"，即是爱。在人、己之间，人要像对待自己一样对待他人，特别是在他人有困难之时。这种国际主义的大爱，是人间最美的情感，是真善美合一的大爱。"真"是出于难，印度灾民挣扎在饥饿线上，一方有难，八方支援；"善"是出于诚，动于中而形诸外；"美"出于实，"充实之谓美"[②]，用自己的劳动报酬支援异国的灾民，这是一种丰富之美，也是一种高尚之美。

3.以美育人

美是什么？古往今来人们不停息地思考和探索之以使生活更美，人本身更美，尤其是人的心灵更美。作为伟大的人民教育家，陶行知以"真善美合一"理念贯穿美育于人格、心灵、精神的培育与改造之中。

（1）艺术陶冶。陶行知提出"小巧之美"与"大量之美"或"集体之美"的分别。1936年6月陶行知发表《大众歌曲与大众唱歌团》一文，希望大众歌咏团更名为大众唱歌团，因为歌咏的咏字不够通俗，并希望唱歌团的团员和大众越多越好："少则要做到一千人唱，一万人学；多也不妨一万人唱，十万人学。旧世界只有小巧之美。那大量之美是一个新的观念。我希望大众唱歌能给这'大量之美'或'集体之美'一个深刻而具体的印

---

① 赵义熙，苏永进.三点回忆[M]//北碚区政协文史委员会.北碚文史资料（第1辑：陶行知的北碚专辑）.1984：86-88.

② 杨伯峻.孟子译注：下册[M].北京：商务印书馆，1984：334.

象。"① "小巧之美"乃旧世界的贵族审美观，是小众的审美标准，大众亦有大众的审美观和审美标准。大众生活需要大众艺术，产生大众所需要的"大量之美"或"集体之美"。小巧对应于庞大、粗壮、壮硕，因此对应于"小巧之美"的"大量之美"或"集体之美"近似于庞大之美或壮硕之美。这种美与大众生活有关，陶行知谓："大众歌曲是要唱出大众的心中事，从大众的心里唱出来再唱进大众的心里去。它来，是从大众的心里来；它去，是到大众的心里去。"②它可能源于人性之美，后者即陶行知所谓的"人性之美感"："人有团体，有个人，在这团体和个人中，便发生相对的关系。此种关系，应互相联络，以发展人性之美感。"③这种美感是在团体和个人之中发生相对关系之际人与人之间的交往过程中自然产生的一种美感。

关于"大量之美"或"集体之美"，陶行知尚有独到的视界，这就是不同而和的格局美："我们试到一个花园里面去看一看：万紫千红，各有他的美丽；那构成花园的伟观的成分正是各种花草的大不同处。将这些大不同的花草分别栽种，使他们各得其所，及时发荣滋长，现出一种和谐的气象，令人一进门便感觉到生命的节奏：这便是大同之效。"④晓庄学校作为一个大集体，怎么显现"大量之美"、"集体之美"？集体之个人，各得其所，各美其美："我们愿意在这里面的人都能各得其所，现出各人本来之美，以构成晓庄之美。如果要找一个人中模范教一切人都学成和他一样，无异于教桃花、榴花拜荷花做模范。我们当教师的实在需要园丁的智慧。晓庄不但是不要把个个学生造成一模一样，并且不愿他们出去照样画葫芦。"⑤这种"大量之美"、"集体之美"亦为不同和大不同所构建的和谐美。

①陶行知.大众歌曲与大众唱歌团［M］//华中师范学院教育科学研究所.陶行知全集：第3卷.长沙：湖南教育出版社，1985：97.

②陶行知.大众歌曲与大众唱歌团［M］//华中师范学院教育科学研究所.陶行知全集：第3卷.长沙：湖南教育出版社，1985：93.

③陶行知.教育者的机会与责任［M］//华中师范学院教育科学研究所.陶行知全集：第1卷.长沙：湖南教育出版社，1984：259.

④陶行知.晓庄三岁敬告同志书［M］//华中师范学院教育科学研究所.陶行知全集：第2卷.长沙：湖南教育出版社，1985：214.

⑤陶行知.晓庄三岁敬告同志书［M］//华中师范学院教育科学研究所.陶行知全集：第2卷.长沙：湖南教育出版社，1985：214.

基于大众"大量之美"或"集体之美"和"人性之美感",陶行知十分重视艺术的陶冶作用。在晓庄时,陶行知成立了"晓庄剧社",他"深信戏剧有唤醒农民的力量。从心头滴下来的眼泪是能感动人的"[①]。育才学校更是重视艺术感化作用,专门设置了音乐、戏剧、文学、社会、自然、绘画等兴趣组和特修课。这固然是为培养有特殊才能之幼苗而专设,同时也是对全校学生进行的陶冶教育。育才师生经常为当地群众和到重庆举办画展、音乐会、戏剧演出。这些活动既使育才儿童的艺术才能得到了锻炼和表现的机会,又使他们在艺术实践中受到了教育,增长了社会阅历。艺术源于生活,又高于生活,有自慰慰人之效,也就是艺术教学做合一。艺术本身是实践、是做,艺术之自慰是学,慰人也是一种教育,三面合体成为教学做合一。1928年11月,陶行知与湘湖师范学生座谈时提出,烧饭是一种艺术的生活。做一桩事情,画幅图画,写一张字,如能自慰慰人,就叫作美。一餐饭烧得好,能使自家吃得愉快舒服,也能够使人家愉快舒服,岂不是一种艺术?[②]这既是一种艺术,也是艺术教学做合一。

(2)诗教。诗何以教?在于诗歌之真善美。陶行知在给中学生吴立邦的信中与之讨论诗及其功用:"你说随地随时都可以做诗,这句话是很对的。我只想补充两句:随时随地都是诗,随时随地都可以做诗,随时随地都不可以勉强做诗。诗贵自然,充天地间都是诗的材料,诗人随意拈来都成好诗。你问诗的功用,我先拿诗对于诗人的功用回答你。你试站在河西桥上,望着十寺或别的好风景:尽量呼一口气出来,忍住,忍到不能再忍了,那时你就明白诗人读诗的功用,尽量吸一口气进去,忍住,忍到不能忍了,那时你就明白诗人做诗功用。至于诗的普通功用,孔子说得好:'诗可以兴,可以观,可以群,可以怨。'"[③]诗贵自然,而自然是真,亦是美和善,自然的才是好诗。诗的功用,在普通功用上,即是孔子所言"兴、

① 陶行知.第二年的晓庄[M]//华中师范学院教育科学研究所.陶行知全集:第2卷.长沙:湖南教育出版社,1985:133.

② 陶行知.在湘湖师范教学做讨论会上的答问[M]//华中师范学院教育科学研究所.陶行知全集:第2卷.长沙:湖南教育出版社,1985:167.

③ 陶行知.徽州土货[M]//华中师范学院教育科学研究所.陶行知全集:第5卷.长沙:湖南教育出版社,1985:89.

观、群、怨"。诗之于诗人的功用，表现为诗人读诗的功用和做诗的功用。诗人读诗和做诗，犹如欣赏好风景时呼气和吸气的极致——忍住，忍到不能再忍，就是"极其突然"，犹如"猛烈的火焰"让诗人看到一个新世界。这似是诗本身之隐喻。聂鲁达①《诗歌》：就是在那个年月……诗歌跑来找我。/我不知道，/我不知道它来自何方，来自冬天还是来自河流。/我不知道它是怎样、它是何时到来的。/不，它们不是声音，/它们不是词语，也不是寂静，/但是，从一条街道上传来对我的召唤，/从夜晚的枝条上，/极其突然地从他人身上，/在猛烈的火焰或返程的孤独之中，/它触到了我，而我/没有面孔②。这是聂鲁达对诗歌本质的理解。诗人做诗，是"诗歌跑来找我"，不知何来，不知怎样，不知何时，"它触到了我"。这与陶行知将做诗比作看好风景时吸气到忍而不能再忍所生发的灵感或天启如出一辙。

诗歌之美在于其节奏感，所以诗歌给人以美感。陶行知给学生李楚材《破晓》一书作序："充满晓庄的只是诗——诗的神，诗的人，诗的事，诗的物。晓庄是一部永远不会完稿的诗集。……只有诗能说明晓庄生活的一切。"③诗意的人生对于人间的一切皆焕发出意义：李楚材在《破晓》一书中写养羊的故事时说："在一个冬天，小羊从母羊肚里诞生，一共是两个，软绵绵的非常可爱，引动了同学的好奇，聚着围观。但是这个可喜的消息，却造成了悲哀的结局，不知怎的引动了豺狼的胃口，在另一个晚上，只听得惨痛的号叫，把两个白嫩的小羊劫去了；第二个晚上，连母羊也夺了去，只剩下那可怜的幼羊，在夕阳西坠的时候，号着鼓盆之歌，动那西河之痛，非常凄惨的。"④陶行知有感于这个动人的故事，认为"这是人对物的同情，也只有诗意可以说明。我们觉得自己煮的生饭是有特别香味。我们以为土匪来了便是土匪自动上学。晓庄的粪也似乎失去了本来的真味

---

① 聂鲁达(1904—1973年)，智利著名诗人，1971年获得诺贝尔文学奖，代表作有《二十首情诗和一首绝望的歌》《一百首爱的十四行诗》等。

② 聂鲁达.诗歌[M]//蔡天新.现代诗歌110首：蓝卷.北京：生活·读书·新知三联书店，2014：148.

③ 陶行知.《破晓》序[M]//华中师范学院教育科学研究所.陶行知全集：第2卷.长沙：湖南教育出版社，1985：589.

④ 陶行知.《破晓》序[M]//华中师范学院教育科学研究所.陶行知全集：第2卷.长沙：湖南教育出版社，1985：590-591.

而许人亲近。这些除了诗的态度以外，又有什么可以说明呢？"①晓庄的诗性化乃办学者的诗意理念与诗性精神及浪漫情怀。诗性人生，方能诗意地生活着，生活在质朴而瑰丽的艺术世界里。从容淡定的诗化之人，虽充满劳绩，亦能诗意地安居。

德国诗人荷尔德林云："如果人生纯属辛劳，人就会仰天而问：难道我所求太多以至无法生存？是的。只要善良和纯真尚与人心为伴，他就会欣喜地拿神性来度测自己。神莫测而不可知？神湛若青天？我宁愿相信后者。这是人的尺规。人充满劳绩，但还诗意地安居于这块大地之上。我真想证明，就连璀璨的星空也不比人纯洁，人被称做神明的形象。大地之上可有尺规？绝无。"②人虽辛劳，但不失诗意，这取决于人的达观主义与乐天主义。所以，晓庄虽不完美，还有缺憾，但"晓庄毕竟还是个诗境，不是别的东西。在晓庄一切诗化：困难诗化，所以有趣；痛苦诗化，所以可乐；危险诗化，所以心安；生死关头诗化，所以无畏。这是建设的达观主义，也可以说是创造的乐天主义。"③作为一名学生，李楚材有这样的诗情与诗思，与晓庄的审美教育和诗性之教不无关系。

（3）乐教。音乐对于人的心灵具有教化之功，这便是乐教。1941年1月1日于育才学校音乐组在重庆对美国播音之前，陶行知写字送给音乐组学生，希望他们发展人民的音乐、革命的音乐、战斗的音乐、创造的音乐："（一）音乐是世界语，学会之后，便能与人类谈心。（二）留心不要把艺术当嫁妆。（三）有赔笑之音乐，有哭丧之音乐，有助消化之音乐；我们的音乐是战斗之音乐，创造之音乐。（四）什么是革命的音乐？阔佬的跟班变成大众的号兵。（五）把音乐之神从大出丧、大结婚、大宴会中引出来，送到巷头，送下乡村，送上战场去。"④音乐要从小众的艺术走向大众的艺术，走向革命性，富于人民性，富于生活性。恩格斯在《莱茵省的节日》

---

① 陶行知.《破晓》序[M]//华中师范学院教育科学研究所.陶行知全集：第2卷.长沙：湖南教育出版社,1985:591.

② 海德格尔.人,诗意地安居[M].郜元宝,译.桂林：广西师范大学出版社,2000:75.

③ 陶行知.《破晓》序[M]//华中师范学院教育科学研究所.陶行知全集：第2卷.长沙：湖南教育出版社,1985:591.

④ 陶行知.写字送音乐组学生[M]//方明.陶行知全集：第12卷.成都：四川教育出版社,2005:403.

一文中说："只有音乐才允许为数众多的人进行协作，从而使音乐获得相当强的表现力；音乐是唯一使享受和生动的演奏一致起来的艺术。……圆心没有圆周就不成其为圆，同样没有愉快友好的生活，音乐也就不成其为音乐了，因为愉快友好的生活构成音乐这一中心的圆周。"[1]音乐，作为一种艺术，亦是源于生活，服务生活，音乐富于生活色彩。

故而陶行知重视音乐之调剂人生活的功能。特别是在人休息的时候，音乐本身的魅力能抓住人的心，使得人心有所属，心有所用。陶行知以为"人不能没有休息，但休息是人最险之时。人无论怎样忙，都没有损害，倘若休息，则魔怪立至。我们可以看出社会上许多恶事，都是在休息时候做的。所以学校里有音乐，便是给学生以正当的娱乐，使学生不致在休息时间里做出恶事。可是学生回到家里，既无教员和他盘桓，又没有经济设置音乐去助他的娱乐，难免不发生其他的事来。所以学校应当使学生在休息时有正当的愉快。"[2]学校里有音乐，自然离不开教师指导，需要教员和学生盘桓。在教师指导和盘桓下，音乐课或音乐活动方能开展得好。也是在教师指导和盘桓下，音乐课或音乐活动才能有条不紊地开展，并养成学生守秩序、遵纪律等品质。

一堂生动的艺术教育课

当！当！当！紧急集合的钟声响了！同学们赶紧披上衣服迅速地急步跑到操场整齐地站好了队形，大家心里嘀咕着，今天有什么紧急的事，要我们从梦中起来集合呢？在报数清点人数之后，同学们正在焦急地等待着。这时大家看见我们慈祥的方老夫子（方与严）健步走到讲台，精神抖擞地向大家宣布：

"刚才收到陶校长从重庆派专人送来的信件，现在念给你们听：
'全体先生、同学、工友大监：

莫扎特的《安魂曲》，我于昨晚看过了，眼泪泉水一样的涌出来，

---

① 恩格斯.莱茵省的节日[M]//中共中央马克思恩格斯列宁斯大林著作编译局.马克思恩格斯全集:第41卷.北京:人民出版社,1956:306.

② 陶行知.教育者的机会与责任[M]//华中师范学院教育科学研究所.陶行知全集:第1卷.长沙:湖南教育出版社,1984:261.

随泪而来的是浑身发出尼加拉瀑布①才可比喻的力量。

你们，如果愿意，进城来看《安魂曲》吧！看这出戏可以抵得上新春之课，科学年之课，甚至于终身之课……在这出戏里，我们重新发现自己，会看见自己的苦难，自己的快乐，自己的创造，自己的命运——我看了《安魂曲》而魂不安；……老者、弱者、小者坐船带铺盖来，壮丁半夜动身走路来，无论到得怎么晚，管家巷是预备着热的晚餐迎接你们。……我们二十九颗心和莫扎特的永远活着的精神，欢迎你们来看这万戏之戏。莫扎特万岁！育才集体创造万岁！

陶行知 一九四三年一月二十一日
看《安魂曲》之次日'

同志们你们愿不愿意到重庆去看话剧《安魂曲》?"当方老夫子念完陶校长的信后接着问。大家异口同声响亮地回答："愿意！"这声音回荡在凤凰山寂静的松林上空。"那好，你们身体健康的大些的男同学就算是'壮丁'吧！站到前面来分成小组由大哥们带领，立即步行，向120里外的重庆出发！体弱的、女同学、小同学天一亮就坐船到重庆！"这时突然响起了清脆的女同学的声音，原来是戏剧组的章恒同学，她打断了方老夫子的讲话："为什么男同学可以走路，女同学就不能？男同学能做到的，我们女同学也同样能做到，可不要小看我们女同学！"她的发言引起了大家议论纷纷，有的说，女同学半夜走路怕在路上遇到坏人不方便。她说，"我可以把头发盘在帽子里面，女扮男装，走在你们男同学中间，一路上如遇上人我就不讲话，不会有人发现的"。有人说，不行，你才开了刀，还没有完全好，又体弱，为了你的健康，还是坐船走好！她坚持说，身体已经复原了，已经强壮了，一定要闹着和男同学一同出发。最后老师终于决定要我们男同学在路上仔细照顾好她。于是我们"壮丁"们，外加一个具有男孩子个性的活泼的姑娘就踏着星光沿着乡间的石板大路出发了。一路上翻山越岭，经过江北县的两路口、鸳鸯桥等不少大小乡场，我们静悄悄地轻轻穿过乡场的街道。以免惊醒熟睡的人们。只听见沙沙的脚步声，偶尔远远传来几声狗吠，好象是在欢迎，又好象是在欢送。最后，当我们经唐家沱到

---

① 即加拿大尼亚加拉瀑布。

达重庆时已经是第二天的黄昏了。一百多里路连夜赶过来虽然十分疲倦，可是当晚上坐在国泰大戏院观看"怒吼剧社"的精采演出时大家十分兴奋。渐渐地被伟大音乐家莫扎特的事绩所感动。我们和陶校长都感到这是有生以来最有意义的一课，是有益于终身的一课。四十年后的今天，每当我们听到莫扎特那充满欢乐而优美的乐曲时，我们少年时代，陶校长给我们上的这一堂生动的艺术课的情景就浮现在眼前，它始终鼓舞着我们。要从苦难中振奋起来，以革命乐观主义的精神去创造新的生活，去迎接更加美好的明天[①]。

4.长善救失

有教师认为，小孩子根本不会有错误。无疑，这位教师"没有染上那些老于教书者的习气"[②]，但是，这种看法和意见仍值得推敲。陶行知1940年7月7日在《儿童教育的任务》一文中指出，"小孩子根本不会有错误"[③]的断语若只是企图得出一个结论——孩子们的错误根本上是由于环境造成的，这倒没有什么不对。但是，若依此作为训导儿童的一个重要的指导原则，那就有问题。因为"儿童不但有错误，而且常常有着许多错误。由于儿童年龄上的限制，缺乏经验，因而本身便包含着错误的可能性，这是一；环境不良，养成了许多错误的习惯，从这些错误出发，必然再造错误，这是二。因此教育的任务除了积极发扬每个儿童固有的优点而外，正是要根据事实，肯定他们的错误，从而改正他们的错误"[④]。教育者肯定儿童错误，就是在"错误"中找到积极因素，这样才会取得儿童之共情心和同理心。陶行知的这番灼见，已经为无数事实所证明，是科学的。这就是经典的"长善救失"的德育原则，也是一种德育方式。

---

① 赵义熙,苏永进.三点回忆[M]//北碚区政协文史委员会编.北碚文史资料(第1辑:陶行知的北碚专辑).1984:84-86.

② 陶行知.儿童教育的任务[M]//方明.陶行知全集:第8卷.成都:四川教育出版社,2005:718.

③ 陶行知.儿童教育的任务[M]//方明.陶行知全集:第8卷.成都:四川教育出版社,2005:718.

④ 陶行知.儿童教育的任务[M]//方明.陶行知全集:第8卷.成都:四川教育出版社,2005:718.

5.以身作则

以身作则，作为一成语，其意思是，以自己的实际行动作为别人效法的榜样。教师的以身作则即示范，就是学生效法的榜样。所以孔子曾经提出这一教育原则："其身正，不令而行；其身不正，虽令不从。"（《论语·子路篇》）陶行知将"我们深信教师应当以身作则"作为乡村教育运动18条信条之一。陶行知本着以身作则原则，对于教师身教格外重视，他要求教师施行"以身作则的实践教育"①。

（二）以学习者为主的方式

就学习者言之，行动体验和自我教育是两种重要的修养方式、德育方式。在陶行知修养哲学中，这两种方式是其教学做合一方法论的表征和显现。

1.行动体验

行动体验即实际行动以及知情意的心理体验。真正的训育是品格修养上的指导。我们要在"事"上去指导学生修养他们的品格。事应当怎样做，学生就应当怎样修养，先生就应当怎样指导②。他说："做事即修养，修养即做事。余之修养为动的，修养为事务的修养，即以从事为修养的机会。……做事的时间越发修养；修养的机会，也同等的增加。事与事相接而来，修养的机会，也就没有间断，兴味更是无穷的了。故我以为做事即修养，修养即做事。"③做事即个人实践、社会实践，亦即行动，简曰做；修养，即是学道、修道，修道之谓教。故修养与做事是合一的，亦可谓教学做合一。

学生是道德行动的主体，道德教育须重视"实行"，即道德实践行动。早在1916年，陶行知以英文撰写的《中国的道德与宗教教育》一文就批评

① 陶行知.全面抗战与全面教育[M]//华中师范学院教育科学研究所.陶行知全集：第3卷.长沙：湖南教育出版社,1985:330.

② 陶行知.南京中等学校训育研究会[M]//华中师范学院教育科学研究所.陶行知全集：第1卷.长沙：湖南教育出版社,1984:622.

③ 陶行知.与贵州教育团的谈话[M]//华中师范学院教育科学研究所.陶行知全集：第1卷.长沙：湖南教育出版社,1984:120.

了单纯知识德育："当一个六岁小孩开始学习《孟子》或圣保罗时，他看似明白了一些知识，实则只是皮毛而已。荀子在批判形式化教育时说：'小人之学也，入乎耳，出乎口；口耳之间，则四寸耳。'我们可以放心大胆地说，关于道德的观念①不能确保落实于行为实践，而且任何以意动理论为基础的教育，其结果必然令人失望。在教会学校中，基督教教育和儒家伦理教育很少或几乎没有冲突的原因在于，没有真正参与实践的宗教与伦理道德形式化教育对于行为没有太大的影响。"②在1919年《学生自治问题之研究》一文中，陶行知又指出：现行学行并重，不独讲究知识，而且要求所以实验知识的方法。……他的目的，无非要由实验实习以求理想与实际的联络，使所做的学问，可以深造。修身伦理一类的学问，最应注意的，在乎实行；但是现今学校中所通行的修身伦理很少实行的机会；即或有之，亦不过练习仪式而已。所以嘴里讲道德，耳朵听道德，而所行所为却不能合乎道德的标准，无形无影当中，把道德和行为分而为二。若想除去这种弊端，非给学生种种机会，练习道德的行为不可③。这些都表明陶行知强调道德教育的实践行动性。晓庄时期，陶行知明确教学做合一，有时甚至提做学教合一，将"做"放在首位，突出"做"的地位。育才学校有"五路探讨"：体验、看书、求师、访友、思考。此"五路"是根据"行是知之始"④及自动的原则安排的。作为修养方法，它与《中庸》所倡导的修养方法——博学、审问、慎思、明辨、笃行之程序相反。陶行知说，体验相当于笃行；看书、求师、访友相当于博学；思考相当于审问、慎思、明辨。这就把传统的道理颠倒过来。"体验"即笃行，是根本，是第一位，"行是

---

① 关于 ideas about morality，四川教育出版社版本的《陶行知全集：第12卷》第25页译为"道德理想"，不确；储朝晖《为生活而教育》译为"关于道德准则的想法"，近之。此术语源于杜威，意思是对于行为不起作用和无效的观念。杜威将之与 moral ideas（道德观念，意思是使行为更好的观念）对应。故此处翻译为：关于道德的观念。

② 陶行知.中国的道德与宗教教育[M]//为生活而教育.储朝晖，编译.北京：外语教学与研究出版社,2012:31.

③ 陶行知.学生自治问题之研究[M]//华中师范学院教育科学研究所.陶行知全集：第1卷.长沙：湖南教育出版社,1984:134.

④ 陶行知.行是知之始[M]//华中师范学院教育科学研究所.陶行知全集：第2卷.长沙：湖南教育出版社,1985:152.

知之始”，“行动是思想的母亲”①。

解 放 双 手

一个朋友的太太，因为小孩子把她的一个新买来的金表拆坏了，在大怒之下，把小孩子结结实实打了一顿。后来她到我家里来说：“今天我做了一件极痛快的事，我小孩子把金表拆坏了，我给了他一顿打。”我对她说恐怕中国的爱迪生被你枪毙掉了。我和她仔细一谈，她方恍然大悟，她的小孩子这种行动原是有出息的可能，就向我们请教补救的办法。我说：“你可以把孩子和金表一块送到钟表铺，请钟表师傅修理，他要多少钱，你就给多少钱，但附带的条件是要你的小孩子在旁边看他如何修理。这样修表铺成了课堂，修表匠成了先生，令郎成了速成学生，修理费成了学费，你的孩子好奇心就可得到满足，或者他还可以学会修理咧”②。

2.自我教育

陶行知在《中国的道德教育与宗教教育》文中曾引用古希腊箴言“人必自知”③，这是古希腊德尔斐神庙上“认识你自己”神谕。“认识你自己”，其实即是人的自知之明，亦即自我教育。在陶行知自我教育话语中，又称为“问自己”、“自觉”、“每天四问”，等等。

自我教育法

思想品德教育方法之一。教育学生依据一定的道德原则和规范，把自己作为教育的对象进行学习和涵养锻炼。个人道德品质方面的自我教育，就是道德修养。培养学生自我教育的能力，需要指导学生学

---

① 陶行知.思想的母亲[M]//华中师范学院教育科学研究所.陶行知全集:第2卷.长沙:湖南教育出版社,1985:404.

② 陶行知.创造的儿童教育[M]//华中师范学院教育科学研究所.陶行知全集:第3卷.长沙:湖南教育出版社,1985:525-526.

③ 陶行知.中国的道德与宗教教育[M]//方明.陶行知全集:第12卷.成都:四川教育出版社,2005:18.

会自我教育的方法：（1）激发学生自我教育的愿望；（2）培养学生进行自我道德评价的能力；（3）培养学生自我训练、自我监督、自我检查、自我体验的方法[①]。

自我教育即教育者引导儿童认识自我、体验自我、调节自我、锻炼自我，即通常所说的儿童自己教育自己。自我教育包含了自己教育自己，就是教育者引导学生学会研究自己本身，努力认识自己的内心世界，就是教育者指导学生通过实践和行动去考验和尝试自己的力量，去锻炼自己，并引导学生自我认知、自我体验、自我控制。

自我教育关涉人生之幸福。苏霍姆林斯基说："在我们的社会里，个人的幸福（这是他的生命的真正意义所在，他的生活的真正欢乐所在）取决于教育和自我教育，更确切地说，取决于人怎样看人，人怎样对人：把人看作最可宝贵的，还是仅仅把人当作获取个人幸福的源泉。"[②]自我教育事关儿童的自我形成、个性形成，乃至"真正的人"的形成。苏霍姆林斯基说："一个少年，只有当他学会了不仅仔细地研究周围世界，而且仔细地研究自己本身的时候；只有当他不仅努力认识周围的事物和现象，而且努力认识自己的内心世界的时候；只有当他的精神力量用来使自己变得更好、更完善的时候，他才能成为一个真正的人。"[③]一个人达到自我教育水平，就是一个真诚无妄的人，即是一个真正的人。

自我教育是道德教育的起点和终点。道德教育蕴涵着道德美、教育美。循着美的足迹和规律，学生就找到了模范和榜样，并发生道德兴趣，产生自我愉悦。只有自我教育才能达于此效。所以陶行知尝试引导育才学校师生"每天四问"，坚持自我批评和自我教育，这与苏霍姆林斯基所言——"只有能够激发学生去进行自我教育的教育，才是真正的教育"[④]——有异曲同工之妙。自我教育是在教师指导下学生激发和调动自己

[①] 顾明远.教育大辞典[M].简编本.上海:上海教育出版社,1999:649.

[②] 苏霍姆林斯基.少年的教育和自我教育[M].姜励群,译.北京:北京出版社,1984:209.

[③] 苏霍姆林斯基.给教师的建议[M].杜殿坤,编译.北京:教育科学出版社,1984:205.

[④] 苏霍姆林斯基.给教师的建议[M].杜殿坤,编译.北京:教育科学出版社,1984:341.

的精神力量，对自己提出要求，进而促进自身的发展、完善与成熟。学生既是道德学习的主体，又是道德实践的主体。故学生在接受教师的道德指导与教育的同时，更要通过自身的精神力量，获得道德发展。有人认为，最有效的教育是依靠受教育者自身的力量，不是使外部的影响对他起作用，而可以说是借助他自己内部的作用——一个教育者只有使疲疲沓沓的儿童振作起精神来，使他获得真正的有机发展的力量，才是一个真正的教育者①。教师的教育与指导，作为学生的外部影响，终究要通过学生的自我力量起作用。自我力量是学生道德发展的动力，因而只有充分发挥学生的自我能动性，道德教育才能取得实效。从这一意义上讲，真正的教育就是自我教育。

在消极意义上，如果道德教育没有激发学生自我教育，没有调动学生的精神力量，没有触及学生灵魂深处，那么，道德教育就是无效的，甚至是负效的。陶行知反对道德教育满足于死记硬背和灌输，认为死记硬背导致学生之苦楚，忧虑小学"头三年，正是学生最需要体育运动的时候，他们也被迫正儿八经地背诵名著"②。陶行知正确地指出：记忆本身并不坏，如果学问大有用处，我们必须知道如何记忆它，道德是一些来源于经验的概念，而非书本③。诚如苏霍姆林斯基所指出的，单纯知识教育视学生为被教育的对象，其全部注意力集中地用在怎样把更多的关于周围世界的知识、更多的科学真理和道德准则灌输到学生的头脑里去。过多的不适宜的客观知识的灌输，影响了学生对于自我精神世界的认识，只重视客观知识教育，却忽视学生对于自我认识的教育。学生认识了许多事物和了解了许多知识，但是他并不认识和了解自己。要知道，道德规则，只有当它们变成学生自己去追求、获得和亲身体验过的时候，只有当它们变成学生独立的个人信念的时候，才能成为学生的精神财富④。当然，陶行知与苏霍姆林

---

① 哈尔拉莫夫.教育学教程[M].北京：教育科学出版社，1983：353.

② 陶行知.中国的道德与宗教教育[M]//方明.陶行知全集：第12卷.成都：四川教育出版社，2005：21.

③ 陶行知.中国的道德与宗教教育[M]//方明.陶行知全集：第12卷.成都：四川教育出版社，2005：21.

④ 苏霍姆林斯基.给教师的建议[M].杜殿坤，编译.北京：教育科学出版社，1984：339.

斯基一样并不是全盘否定知识德育，他们理想的教育是把客观知识教育与主观精神教育结合起来，使学生既认识了客观世界，又了解了自我本身，陶行知所说"知情意合一"、"智仁勇合一"，其用意即在此。

关于教育者指导下受教育者的自我教育，按照陶行知的教育理想，"育才学校要养成儿童之自我教育精神"①，着重自我批评。因为自我批评是发展民主的有效手段，是促进儿童自觉性的利器。所以，陶行知要求学生除跟教师学外，还跟伙伴学，跟民众学，走向图书馆去学，走向社会与自然界去学，一面要积极参加集体生活，一面又要冷静地思考问题。以陶行知之见，要培养儿童自我教育精神，学校应给予儿童充足的自由支配的时间，以便儿童自由活动和独立思考一些问题。陶行知还要求学生"每天四问"，作为进德修业的参考。陶行知弟子方与严盛赞这种"每天四问"之法，认为"'每天四问'，是我们每天做人做事的警钟，也是一切有血性有志气有正义感的人，做人做事的宝筏，能把我们的人生渡上更高境界的宝筏"②。

这种自我批评、自我教育精神，根植于人格的自我建构性。品德形成的内在根据是人的主体作用，即通常所说的人的主观能动性。个体品德的自主发展、自我生成，体现道德的实践特征——在关心他人中学会关心、在与人为善中学会善良。品德的自我建构性，已为一些教育家所证实。意大利幼儿教育家蒙台梭利认为，"品格的形成是儿童自己的成就。儿童建筑起自己的品格，培养起我们所羡慕的品质，这些都不是由于我们的榜样或劝诫而形成的，而是仅仅由于儿童自己在3岁至6岁间所进行的一系列长期而缓慢的活动的结果。在此期间没有人能'教'他们如何形成其品格中所包含的各种品质。我们唯一能做的就是将教育建筑在科学的基础之上，以便儿童能够有效地工作，不受干扰和阻碍"③。陶行知的自问教育即自我教

---

① 陶行知.育才学校教育纲要草案[M]//华中师范学院教育科学研究所.陶行知全集：第3卷.长沙：湖南教育出版社,1985：374.

② 陶行知.每天四问[M]//华中师范学院教育科学研究所.陶行知全集：第3卷.长沙：湖南教育出版社,1985：473.

③ 蒙台梭利幼儿教育科学方法[M].任钟印,主译校.北京：人民教育出版社,2001：532.

育可以促进学生"身体健康上有着大的进步，学问进修上有着大的进步，工作效能上有着大的进步，道德品格上有着大的进步，显出'水到渠成'的进步，而有着大大的进步"①。

---

① 陶行知.每天四问[M]//华中师范学院教育科学研究所.陶行知全集:第3卷.长沙：湖南教育出版社,1985:472.

第五章 德育与生命观

第一节 陶行知的生命本质观

虽然陶行知不是生命哲学家，但不能说他没有关于生命的哲思。我们可以在他对于"生活"与"生活教育"的理论中寻觅到他关于生命的哲理之见。陶行知生活教育理论的每一个领域都散发生命的气息，每一个部分都发出生命之异彩。所谓德育的生命观，即是从生命的观点、视角"观"德育。杜威未曾提出而为其门生陶行知所独创的"life education"理论术语，可以译作生活教育（以生活为中心的教育），也可译为生命的教育。由是观之，生命的教育是生活教育题中应有之义，故生活教育亦可释为以生命为中心的教育。生命如何才有意义，是这位"伟大的人民教育家"寻思的题中之义，从乡村教育为农人服务，到工学团为农工服务、国难教育为民族服务、育才中学为难童服务，直至"为人民服务"，无不体现其生命观点的教育哲思与行动。

一、生命内涵

陶行知没有专门论及生命的内涵，但我们可以在他对于生活含义的界定里看到生命的蕴涵，他说："有生命的东西，在一个环境里生生不已的就是生活。譬如一粒种子一样，他能在不见不闻的地方而发芽开花。从动的方面看起来，好象晓庄剧社在舞台演戏一样。"①有生命的东西即生物，生

---

① 陶行知.生活即教育[M]//华中师范学院教育科学研究所.陶行知全集：第2卷.长沙:湖南教育出版社,1985:180.

活是生命现象，是生物的生生不已，如一粒种子的发芽、抽条、开花，是生命活动；舞台上的表演，是生命活动。生命的生生不已产生生命世界的新陈代谢和自我更新现象。这是天地间的大德。《周易·系辞下》云：天地之大德曰生。与前文引述"生生之谓易"一样皆是强调"生"之伟大，"生"之重要，"生"是世界、宇宙之大德、大道。天地间的大德是生命的存在与赓续，"天下之德，莫大于生生"①。所以，对于孙中山的一副对联"养天地正气，法古今完人"②，陶行知认为天地之正气就是"好生之德"，古今完人皆有好生之德③。由这个天地间的好生之德，衍生出陶行知对于生命、人、人生的态度和观点。生命，在陶行知的思想中，是专指人的生命的，而不是一般的泛泛而谈。即使陶行知也曾言及植物、动物的生命，那也是就人而言之，因为人的生命中也有物质、生理上的成分。

英文 life，兼有"生活"和"生命"两层含义，既可翻译为生活，又可译为生命。陶行知将生活教育是生活所原有的教育，生活所自营的教育，生活所必需的教育，译为英文 life education means an education of life, by life, for life。生活与生命难以分割，生活是生命的生活，生命总要生活，无生即谓无活。

生命，指自然生命，物质意义上的生命，意指存在、生存。生死存亡即存在与消亡，生与存即生与活，死与亡是不在与不活。不在、不活，即生命的终止，亦即常言所谓的丢了性命。一个人或团体皆有存亡。如陶行知所言"人命贵于一切"之"人命"即是此意义上的生命；而他所谈的民族的生命亦然。他在《国难教育方案之特质》一文中提出国难教育"是要教人救民族之命，则教育之命自然而然的得救了"④。民族之命与教育之命就是团体生死存亡的问题。

---

① 陶行知.杀机之天然淘汰[M]//华中师范学院教育科学研究所.陶行知全集:第1卷.长沙:湖南教育出版社,1984:32.

② 陶行知.新年三问三答[M]//华中师范学院教育科学研究所.陶行知全集:第2卷.长沙:湖南教育出版社,1985:445.

③ 陶行知.新年三问三答[M]//华中师范学院教育科学研究所.陶行知全集:第2卷.长沙:湖南教育出版社,1985:445.

④ 陶行知.国难教育方案之特质[M]//华中师范学院教育科学研究所.陶行知全集:第3卷.长沙:湖南教育出版社,1985:19.

生命，也指意义生命、价值生命、精神生命。生命不仅仅是生存与活着，它还须有意义，即有意义的生命。这就是陶行知曾说的："没有意义的生命，要它干什么？"①这是一种价值生命、精神生命。人是精神的活体，精神寓于身体。无精神的身体就是行尸走肉。

人的生命有自然、肉体上的生命，有精神、灵性上的生命。诗人臧克家说鲁迅，有的人活着，他已经死了；有的人死了，他还活着。这里就有生命的躯体与精神之分。陶行知区分了人的肉体与心灵两种生命："一个人死了，他的机能死了，他的躯干倒了，他的精神是没有死，还存在空中，能使我们还受到他的影响。……例如：孔子是死了，他的精神还没有死，其影响存在我们大家身上。我们大家的脑袋中都还印象了有个孔子。历来许多大英雄、大豪杰，他的身子虽已腐化了，但他的勇气、毅气，还是横贯着，在我们大家的脑海中。这也就是精神上还没有死。他的精神可以一代一代的向下传，可以传许多人，不只传一人。"②这种精神生命历千万世而不朽。

生命的躯体与性灵两种存在建构了一部瑰丽的生命乐章，丰富了人的世界，使生活诡谲多变又色彩斑斓。人生要诗意地栖居大地，离不开生命的灵与肉，离不开有意义的生命。

二、生命的特质

19世纪末20世纪初，哲学由理性哲学转变为生命哲学、生活哲学，尼采、狄尔泰、柏格森等是这一哲学学派的代表。生命哲学的基本思想和核心思想是竞争。竞争是生命发生和发展的动力。生命过程也是竞争过程。生命具有竞争性。生命哲学主张人生的生命体认，单一的知性、理性并非人生、生活的全部，意志、情感、行动、活动或"实践"与经验、知识、理性相协调，才是生命的整体、全部，才是生命的本质。生命是体验的，

---

① 陶行知.战斗[M]//华中师范学院教育科学研究所.陶行知全集：第3卷.长沙：湖南教育出版社,1985:12.

② 陶行知.活的教育[M]//华中师范学院教育科学研究所.陶行知全集：第1卷.长沙：湖南教育出版社,1984:186.

完整的生命是身心合一，德智体合一。陶行知生命思想认为，生命具备抵抗力，战斗即生命，生命为了求自由而与环境做斗争。这些都包含着生命的竞争力。物竞天择，适者生存。适者就是有竞争力的人或物。而生命的竞争力，即生命力，就是生命的形与神、内与外、肉与灵的功能释放。这种生命力在人身上就是人的精神力量，精神生命的智力、勇力与魅力。真善美、智仁勇、知情意合一，这是陶行知一贯的思想。陶行知对于哲学家尼采著作似有接触，他对后者"弱是罪孽"的观点有所去取："他的学说的坏处是鼓励弱肉强食；好处就在唤醒弱者改弦更张，发奋为雄。"①陶行知的竞争概念含有积极的东西，这就是积极竞争，而扬弃消极竞争，弱肉强食式竞争即消极竞争。

在生命哲学家看来，生命是通过时间的演进和空间的错综表现出来的。从时间方面来考虑，生命是不断趋于衰老的一个生物的连续发展，也就是说生命永远也不回头，永远也不重复。从空间方面来看，生命在我们面前所展示的那些同时并存的各个成分是如此紧密地相互关联着，每一个成分又都是为别的成分而存在，以至这些成分当中没有哪一个能够同时属于两个不同的机体。也就是说，每一个生物都是一个单独的现象体系，它不能干涉别的体系②。生命具有不断变化性，不可逆转性，不可分割性，无限创造性。陶行知的生命变化观源自其世界变化观。"世界环境和物质的变化是没有一定的。"③"以不变应万变"表征陶行知的世界变化也就是生命变化的观点。整个宇宙，亦即整个世界，就是力的表现，力的变化的过程。"地球看起来，好象是个不动的东西，其实他每天每时都在旋转不已"④。生命如春花，如夏雨，如秋月，如冬雪，富于变幻，显现奇妙，展其律动，示其韵致。陶夫子赞美生命的神韵，有其诗为证：

　　① 陶行知.徽州人的新使命[M]//华中师范学院教育科学研究所.陶行知全集:第5卷.长沙:湖南教育出版社,1985:149.

　　② 柏格森.笑[M].北京:北京十月文艺出版社,2005:60.

　　③ 陶行知.活的教育[M]//华中师范学院教育科学研究所.陶行知全集:第1卷.长沙:湖南教育出版社,1984:181.

　　④ 陶行知.活的教育[M]//华中师范学院教育科学研究所.陶行知全集:第1卷.长沙:湖南教育出版社,1984:179.

一

生命之美如春花，

千紫万红开落忙。

开时只为春来看，

春去何必再开花。

二

生命之泉如夏雨，

风雪雷电皆为汝。

农家得雨庆丰年，

江河横流亦是雨。

三

生命之花如秋月，

月魄婵娟复清绝。

生来带有盈亏命！

何事团圆照离别。

四

生命之洁如冬雪，

梨花散尽天女别。

只合乘风归太虚，

不愿亲遭骄阳劫①。

"美"、"洁"是物之于人所呈现的一种品质，也是生命的一种品质；"泉"、"花"是自然物，生命之泉的汩汩涌动，生命之花的开落有致，显出生命的流动与节律。生命之美，姹紫嫣红；生命之泉（即水），自利利他；生命之花，如月圆缺；生命之品，高洁无暇。春之花，夏之雨，秋之月，冬之雪，春夏秋冬，四季更迭，雨花雪月，自然景致。陶行知绘就了一幅美妙的生命图景，谱写了一曲动听的生命乐章！

生命处于变化之中，人总是要死的，如陶行知所言，有的二三十岁就

_____

① 陶行知.生命[M]//华中师范学院教育科学研究所.陶行知全集：第4卷.长沙：湖南教育出版社,1985:11-12.

死的，有七八十岁才死的，有十几岁就死的，也有八九十岁才死的。中国传统文化中有一种"宿命论"，它相信死生有命、生辰八字，早死者是因命不好。其实，这并非命中注定，而是生命的必然，人固有一死，生命有尽头。"生死有定"的宿命论，不足为凭。人的生命的长短，缘起于人的操作与卫生不当。陶行知根本否定宿命论。生命总的趋势是衰减，以至老死。陶行知提出"全生命的期限"这一概念①，当然不是死生有命的那种定命，而是生命的大限。由于遗传、环境、生活条件的不同，以及生命的自我操持与卫生状况不同，因此生命存活期限在不同的人身上是不同的。

生命如矢，一发不可收，一去不复返。子（孔子）在川上，何取乎水？逝者如斯，不舍昼夜。青春易逝，韶华难留。这就是生命，这就是人生。陶夫子在其《自勉并勉同志》一诗中说："人生天地间，各自有秉赋：为一大事来；做一大事去。多少白发翁，蹉跎悔歧路。寄语少年人，莫将少年误。"②人生是为了做大事的，为一大事而来，做一大事而去。生命之来与去，是一往无前的，虽不是命中注定，但也有其内在的逻辑。人生的生命内在逻辑，也是时间逻辑、价值逻辑："盛年不重来，一日难再晨。及时当勉励，岁月不待人。"（陶渊明《杂诗（其一）》）③；"明日复明日，明日何其多，我生待明日，万事成蹉跎。世人若被明日累，春去秋来老将至。朝看水东流，暮看日西坠。百年明日能几何，请君听我《明日歌》。"（文嘉《明日歌》）④；"今日复今日，今日何其少！今日又不为，此事何时了！人生百年几今日，今日不为真可惜！若言姑待明朝至，明朝又有明朝事。为君聊赋今日诗，努力请从今日始。"（文嘉《今日诗》）⑤。这就是生命的内在逻辑，它不以人的意志为转移，不因人的美丑而亲疏。生命的时间秩序不通人情世故，不会因人而取长补短，时快时慢，或快或慢，其长

---

① 陶行知.每天四问[M]//华中师范学院教育科学研究所.陶行知全集:第3卷.长沙:湖南教育出版社,1985:466.

② 陶行知.徽州土货[M]//华中师范学院教育科学研究所.陶行知全集:第5卷.长沙:湖南教育出版社,1985:89-91.

③ 陶渊明.杂诗(其一)[M]//常用古诗.姜葆夫,韦良成,选注.桂林:漓江出版社,1982:29.

④ 文嘉.明日歌[M]//常用古诗.姜葆夫,韦良成,选注.桂林:漓江出版社,1982:306.

⑤ 文嘉.今日歌[M]//常用古诗.姜葆夫,韦良成,选注.桂林:漓江出版社,1982:308.

短、快慢亘古不变。

生命的内在逻辑决定了生命的全面与整体。陶行知所言"知情意合一"、"智仁勇合一"、"真善美合一",以及教学做合一、在劳力上劳心等,皆显示生命的复合性、生命的整体性与不可分割性。身与心、灵与肉,是统一的、耦合的。人的生命中的自然部分与精神部分,是密不可分的,是一而二、二而一的关系。杀身成仁,舍生取义,身与生是人的躯体与活动,仁与义是人的精神生命。身体乃精神之宅,精神寓于身体,精神又调控身体。

陶行知所谓的生命是指人的生命。他不是从一般意义上抽象谈论生命,而是就人的生命而谈论人生的意义与价值。陶行知不是生命哲学家,他没有也不必对生命做抽象的思、辩与探讨。作为教育家,陶行知既关注人作为生命体的总体的类特征,又倾心人生命的个体特征。生命是一种自然现象,也是一种社会现象。在陶行知思想里,生命是整个的整体的,也是个体的个人的。他所说的"整个的人",也就是整个的生命。生命也是通透的,澄明的,"真人"如是,"赤子之心"亦如是。

从人生命的总体的类特征言之,陶行知所关注的"民族的生命"、"教育的生命"、"人命贵于一切"中的"人命"即是类生命。陶行知运用诸多隐喻手法来揭示人生命的特质。如笼中鸟与林中鸟之喻,其意并非如生物学家、动物学家对鸟的结构构造、生活习性等的关注,而是形象地揭示教育主体——学生在不同情境下的生命体征。生活一词的界定也是把人当作生命的生生不已,如一粒种子发芽开花,类比人的生命的生机勃勃、生意盎然。人生三境界中如种子的潜伏境界,鲸鱼、仙鹤、狮子的奋斗境界与自由境界。动植物的潜伏、奋斗,乃至自由之境,在陶行知笔下,都是作为人生之境,虽然它们或他们皆为生命现象。

就生命的个体而言,教育的主体(学生、教师、小先生等)总是活生生的现实,是有血有肉的存在,是鲜活的生命,是富于个性、生动活泼的世界。在陶行知那里,生命也是个体的存在,是个人现象。世界上没有两片完全一样的树叶。人也没有完全相同的人,无论外表还是内心皆然。陶行知讲生命的大同与大不同,其实就是生命的个体性、差异性以及不同而和的格局:"我们试到一个花园里面去看一看:万紫千红,各有他的美丽;

那构成花园的伟观的成分正是各种花草的大不同处。将这些大不同的花草分别栽种，使他们各得其所，及时发荣滋长，现出一种和谐的气象，令人一进门便感觉到生命的节奏：这便是大同之效。"①晓庄学校是一个"人园"，和花园相类似。"我们愿意在这里面的人都能各得其所，现出各人本来之美，以构成晓庄之美。如果要找一个人中模范教一切人都学成和他一样，无异于教桃花、榴花拜荷花做模范。我们当教师的实在需要园丁的智慧。晓庄不但是不要把个个学生造成一模一样，并且不愿他们出去照样画葫芦。"②生命的千姿百态，异彩纷呈，便有一个和谐的格局与气象，反之，便是一潭死水，死气沉沉。"生命的节奏"不是整齐划一，不是单一，而是不同之和。只有大不同，才能产生和谐气象。

《论语·子路篇》录有孔子言：君子和而不同，小人同而不和③。《国语·郑语》载史伯答郑桓公之问：夫和实生物，同则不继。以他平他谓之和，故能丰长，而物归之。若以同裨同，尽乃弃矣。……声一无听，物一无文，味一无果，物一不讲④。只有不同，才有和的局面，只有"大不同"，才能达到"大同"。而单一、划一、千篇一律，即"同"，则会使事物僵化，失去和谐气象。"大同"不是同一之同，而是杂多的统一，和谐之大同。

第二节　德育与生命价值

生命价值亦即生命意义，它不是生命之存在还是不存在或生存还是毁灭的问题，而是人的安身立命，即自然生命的新陈代谢与精神生命的生生不息。古人就有德、德育之于人的生命价值之观点。《诗经·鄘风·相鼠》作者以诗明志：相鼠有皮，人而无仪，人而无仪，不死何为？相鼠有齿，

---

①陶行知.晓庄三岁敬告同志书[M]//华中师范学院教育科学研究所.陶行知全集：第2卷.长沙：湖南教育出版社,1985:214.

②陶行知.晓庄三岁敬告同志书[M]//华中师范学院教育科学研究所.陶行知全集：第2卷.长沙：湖南教育出版社,1985:214.

③杨伯峻.论语译注[M].北京：中华书局,2006:159.

④左丘明.国语[M].上海：上海书店出版社,1987:186.

人而无止，人而无止，不死何俟？相鼠有体，人而无礼，人而无礼，何不遄死？此诗生动地表现了古人对德、德育之于生命价值的认识。陶行知在其不算长的教育生涯中，对于人之德、育德之于生命价值有深刻的思想和践履。

一、"把青春留住"之卓见

修养，修德，修身，皆属于德育，其对于身心健康，善莫大焉。品德、品格可影响人之生命。陶行知1942年11月28日所做的诗，名曰《长青不老歌》。

长青不老歌

博爱存心，和光映面。

不惑不忧，不惧不恋。

偶萌烦恼，念梅百遍。

不急不息，法天行健。

学而不厌，诲人不倦。

服务最乐，手不释卷。

思想青春，何可不变。

愿师少年，立在前线。

这首诗，全篇只有一个意思，如何把青春留住。从反面说，更为清楚。恨则易老，怒则易老，惑则易老，忧则易老，惧则易老，恋则易老，厌学则易老，教倦则易老，没有工作称心则易老，不看有益之书则易老，不跟少年学则易老，不站在前线而自甘落伍则更易老[①]。

两天后，即11月30日，陶行知写信给其妻吴树琴，信中提及此诗：今早开口了，在青年会讲了一小时，他们新会所将落成。我写了一首《长青不老歌》送他们，他们似乎很欢喜。现在写给你，愿你也长青不老：

---

① 陶行知.长青不老歌[M]//华中师范学院教育科学研究所.陶行知全集：第4卷.长沙：湖南教育出版社，1985：579–580.

博爱存心，和光映面。

不惑不忧，不惧不恋。

学而不厌，诲人不倦。

服务最乐，手不释卷。

思想青春，何可不变。

愿师少年，立在前线。

信中所缺只是诗中"偶萌烦恼，念梅百遍。不急不息，法天行健"[①]四句。陶行知祝愿妻子吴树琴长青不老，故在信中再次附上诗中的注释。诗有意境，附的注释更有意义。博爱易青春，其反面是恨，恨则易老；和（气）易青春，其反面是怒，怒则易老；不惑易青春，其反面是惑，惑则易老；不忧易青春，其反面是忧，忧则易老；不惧易青春，其反面是惧，惧则易老；不恋易青春，恋则易老；不厌学易青春，其反面是厌学，厌学则易老；教不倦易青春，其反面是教倦，教倦则易老；服务最乐易青春，没有工作称心则易老；手不释卷易青春，不看有益之书则易老，跟少年学易青春，不跟少年学则易老；立在前线易青春，不站在前线而自甘落伍则更易老[②]。

陶行知所说把青春留住，说的是修养、修德、修身可使生命永葆青春。其实，这一思想自古有之。《礼记·大学》上说，"富润屋，德润身，心广体胖，故君子诚其意"。朱熹《四书集注》释义："胖，安舒也。言富则能润屋矣，德则能润身矣。故心无愧怍，则广大宽平，而体常舒泰，德之润身者然也。盖善之实于中而形于外者如此。"[③]诚意之德可使身体舒泰，善之存于心则身体形于外，这就是所谓的德润身体，用现代语言来说，亦即德育所育之德可以健体。《孟子·尽心上》云：君子所性，仁义礼

① 陶行知.长青不老歌[M]//华中师范学院教育科学研究所.陶行知全集:第4卷.长沙:湖南教育出版社,1985:579–580.

② 陶行知.如何把青春留住[M]//华中师范学院教育科学研究所.陶行知全集:第5卷.长沙:湖南教育出版社,1985:782–783.

③ 朱熹.四书章句集注[M].上海:上海书店出版社,1987:7.

智根于心，其生色也睟然，见于面，盎于背，施于四体，四体不言而喻[①]。君子的本性，仁义礼智根源于心，其外表神色温和润泽，体现在脸面，充盈于肩背，流布于手足四肢，四肢动作，不言而喻。这也是人的德性之于生命之青春的劲功。《黄帝内经·素问·上古天真论》亦云："夫上古圣人之教下也，皆谓之虚邪贼风，避之有时，恬惔虚无，真气从之，精神内守，病安从来？是以志闲而少欲，心安而不惧，形劳而不倦，气从以顺，各从其欲，皆得所愿。故美其食，任其服，乐其俗，高下不相慕，其民故曰朴。是以嗜欲不能劳其目，淫邪不能惑其心。愚智贤不肖不惧于物，故合于道。所以能年皆度百岁而动作不衰者，以其德全不危也。"[②]陶行知继承发扬这些思想，并将其在晓庄办学基础上提出的"心的力"、"心灵里的力量"思想在《长青不老歌》中又一次发挥。教育、德育激发、发挥这种心灵的力量，改造社会、改造人生、改造生命，把青春留住。

二、"人生超过一切"的思想

社会是由人、个人组成。没有一个个活生生的人，也就无所谓社会。陶行知所谓的人是具体的人，而不是抽象的人，所以，陶子的一切社会活动只是以人生为大前提，在他的心目中，人生超过一切。也就是说，人是终极目的，一切皆以人为中心。死读书的学校只有蛀书虫，而忽略人生，只顾赚钱的工厂里"黄金贵于一切"，比人命还贵重。总之，一般的学校与工厂乃至社会运动皆忽视人生："一般办学校的是抱着书本而忘了人生；一般办工厂的是抱着黄金而忘了人生；一般社会运动者是抱着标语而忘了人生。从这样改到那样，从那样改到这样，若忽略了人生的大前提，都会使你失望。我们的工学团只是以人生为大前提，在我们心目中，人生是超过一切。因为要培养合理的人生，所以反对学校、工厂及一切忽略人生之组织，而要创造出一种富有人生意义的工学团。"[③]陶行知的理想之境是以人

---

① 杨伯峻.孟子译注:下册[M].北京:商务印书馆,1984:334.

② 田代华.黄帝内经素问校注[M].北京:人民军医出版社,2011:2.

③ 陶行知.古庙敲钟录[M]//华中师范学院教育科学研究所.陶行知全集:第2卷.长沙:湖南教育出版社,1985:568.

生为大前提，因为人生超过一切。

陶行知还基于人命的重视程度与国家的兴旺发达之内在联系性，提出人命贵于一切的思想。这是人生超过一切思想的另一种表达形式。古往今来无数哲人无不倾心关注、思索人的生存与存在。一个民族，一个国家将人的生命提高到无以复加的地位，也就是视人最为天下贵，其凝聚力将无出其右，其国力将无比强盛。中国民谚里有"人命关天"之说，但是在中国封建社会和半封建半殖民地的旧社会，草菅人命现象比比皆是，人不如畜生。社会越落后，人命就越被贱视而遭践踏。在人类历史上，什么时候尊重人命，社会就会出现繁荣、人和的局面与气象，什么时候践踏人命，历史就会倒退。因此，社会要发达，就必得高举人道、人本大旗，尊崇人的生命。陶行知富有远见地提出"人命贵于一切"的思想："中国要到什么时候才能翻身？要等到人命贵于财富，人命贵于机器，人命贵于安乐，人命贵于名誉，人命贵于权位，人命贵于一切。只有等到那时，中国才能站得起来。"[①]生命第一的理念，跃然纸上，昭然示人。虽然荀子曾提出人最为天下贵的思想："水火有气而无生，草木有生而无知，禽兽有知而无义；人有气、有生、有知，亦且有义，故最为天下贵"[②]，但那是就"灵魂之梯"而言：从水火到草木，至禽兽，最后才是人，人处于最高位置，因为人集气、生、知、义于一身[③]。显然，荀子用的是一种纵向比较法。然而，在人命与财富、机器、享乐、名誉、权位、金钱等横向比较时，人们的思想认识未必视人为天下贵。陶行知的"人命贵于一切"思想充分显示了生命高于一切、生命第一的理念。从纵向比较看，人的生命在草木、禽兽之上，人异于草木、禽兽，自然也高于草木、禽兽；从横向比较看，财富、机器、享乐、名誉、权位、金钱等皆为人的物质或精神产品，人是所有这些产品的创造者，是它们的主体，没有人也就无所谓这些产品。

马克思曾说："在我们这个时代，每一种事物好像都包含有自己的反面。我们看到，机器具有减少人类劳动和使劳动更有成效的神奇力量，然

① 陶行知.中国的人命[M]//华中师范学院教育科学研究所.陶行知全集:第2卷.长沙:湖南教育出版社,1985:401.

② 张觉撰.荀子译注[M].上海:上海古籍出版社,1995:162.

③ 李约瑟.中国古代科学思想史[M].南昌:江西人民出版社,1999:25.

而却引起了饥饿和过度的疲劳。新发现的财富的源泉，由于某种奇怪的、不可思议的魔力而变成贫困的根源。技术的胜利，似乎是以道德的败坏为代价换来的。随着人类越益控制自然，个人却似乎越益成为别人的奴隶或自身的卑劣行为的奴隶。甚至科学的纯洁光辉仿佛也只能在愚昧无知的黑暗背景上闪耀。我们的一切发现和进步，似乎结果是使物质力量成为有智慧的生命，而人的生命则化为愚钝的物质力量。现代工业和科学为一方与现代贫困和衰颓为另一方的这种对抗，……是显而易见的、不可避免的和毋庸争辩的事实。"①生命的结晶、智慧的产品成为生命的统治力量。诗意的生命异化了。生命沦落为工具，丧失其本体。生命的本体（内在）价值与工具（外在）价值倒置。见物不见人、要钱不要命、见利而忘义的唯物质主义甚嚣尘上，人成为物质、别人甚至自身的奴隶，人的生命异化为物质力量，而物质力量却成为有智慧的生命。有人说19世纪"上帝死了"，20世纪"人死了"，这话一点也不为过。人没有了信仰，就如同水中的浮萍随波逐流，人也就成为各种工具。两次世界大战葬送多少无辜生命，使无辜人们成为政治牺牲品。作为双刃剑的科技，其负面效应彰显，而正面效应隐遁。人道的辉光黯然失色，人性的徽帜悄然退落，人文的理蕴呈现式微。然而，历史的车轮滚滚向前，时代的车轮一往无前。人间自有正道，人类总要前行。这是因为有像陶行知这些代表社会良知的哲人感悟人们的心声，为社会把脉，为时代问诊，为生民立命。"人命贵于一切"就是一声发自社会良知和人性的呐喊！

21世纪，我们倡导以人为本的理念，就是以实现人的全面发展为目标，从人民的根本利益出发谋发展、促发展，不断满足人民日益增长的物质文化需要，切实保障人们的经济、政治和文化权益，让发展的成果惠及全体人民。以人为本，这个"人"就是广大人民，这个"本"就是人民的根本利益。只有以人为本才是发展的根本目的。以人为本，其所体现的正是人贵于一切，人生高于一切，以人为大前提的精神。

---

① 马克思.在《人民报》创刊纪念会上的演说[M]//中共中央马克思恩格斯列宁斯大林著作编译局.马克思恩格斯选集:第2卷.北京:人民出版社,1972:78-79.

三、"身体不属于自己"的观点

陶行知曾要求育才学校师生"建立起健康之堡垒"，并说："身体不属于自己，我们的生活是为整个民族乃至新人类所有，我们要以卫生教育与环境卫生来代替医生，造成健康的堡垒，使得一点一滴的生活力与创造力都不致浪费。尤其是每一个人自己要爱惜他的身体。这身体要留着、锻炼着，与民族和新人类的敌人拼。浪费自己的精力以至于夭折，便等于敌人之帮凶而成为民族与新人类之罪人。"[①]陶行知的身体观有三个要点：一是健康第一；二是一个人要爱惜身体，一个人的身体不属于自己而属于全民族、全人类；三是一个人要保存好身体，锻炼好身体，以便为民族、人类服务。

（一）健康第一

身体是革命的本钱。没有了身体或身体垮了，一切都是枉然。人的寿命、精力、智力、理想、信念、欢乐、幸福、心理健康等都取决于身体健康状况。幸福生活，来自健康的身体，身体健康是幸福的保障，智力的发展取决于身体的健康，旺盛的精力来自健康的身体。古人云："立身行道"，只有身立，才能行道。蔡元培倡军国民教育，讲体育，都是重视身体的健康。陶行知提出"体育注重自强"，力倡智仁勇三达德，其中"勇"既有勇敢精神之意，也有赳赳武夫之体。故而陶行知举办晓庄试验乡村师范，要培养未来乡村教师具有"农夫的身手"，将其作为晓庄师范"第一个教育目标"，并在试验乡村师范学校幼稚师范院将"看护的身手"作为第一目标，在小学教育目标中"康健的体力"和"劳动的身手"置于"科学的头脑"、"艺术的兴趣"、"团体自治的精神"之先。所以陶行知说，健康第一，没有了身体，一切都完了，并且他深信，健康是生活的出发点，也是教育的出发点。这种健康教育在婴幼儿教育阶段就应当抓紧，把儿童健康当作幼儿园里面第一重要的事情，幼儿园教师应当做健康之神。作为育才

---

① 陶行知.从五周年看五十周年[M]//华中师范学院教育科学研究所.陶行知全集：第3卷.长沙：湖南教育出版社，1985：512.

学校的校长，陶夫子在要求育才师生"每天四问"时，把"我的身体有没有进步"作为"第一问"放在首位。在身、心（与动物同有的心理）、灵（人所独有的精神）三者的关系上，身是本源，是基础，是起步。万丈高楼平地起，身体就是这平地。

陶行知期望"健康之神""把国民的康健立一个稳固的基础，叫个个国民都有血色，有生气，有精神，都能抵抗疾病，扫除障碍，战胜困难"[1]。这个"健康之神"就是教育之神，她为中国教育找生路，为中华民族找生路，"培养康健的儿童，造成康健的民族"[2]。这个健康之神也包括民族精神教育于其中。

（二）爱惜身体，珍爱生命

个人的身体不属于自己而属于全民族、全人类。身体、生命不为个人私有，而为民族、国家、人类所有。现在有一种观点，认为身体为我所独有，身体是属于我的一己之私，我可以任意支使自己的身体。因此，"浪费自己的精力"者，大有人在。吞云吐雾的瘾君子嗜烟如命，伤害身体，污染环境，害己又损人；嗜酒成性者饮酒无度，酗酒殉命，不幸事故，屡屡发生。沉溺物欲之中，耽于声色犬马。跟着感觉走，过把瘾就死。以陶行知之见，一个人的身体不属于他自己，浪费精力者是民族、人类的罪人。既然身体不属于一个人所有，任何人也就没有任何理由、没有权利任意挥霍之。天生我材必有用，必有社会之用。善待自己的身体，并使之健康、强壮、富有活力，是每一公民应尽的义务与职责。社会委托个人照顾好其身体，可眼下不少年轻人虐待、残害、毁坏身体的现象屡见媒体，轻生现象屡见不鲜。从陶行知的话，我们可以推断，轻生者也是民族、人类的罪人。轻生者的一个观点认为，身体是个人的，是自己的，自己当然可以任意处置，包括放弃生命，结束生命。其实，这是错误观点。陶行知讲一个人身体不属于他自己，已被证实为一条公理。孔子就说过，身体发肤受之

---

[1] 陶行知.山穷水尽[M]//华中师范学院教育科学研究所.陶行知全集:第5卷.长沙:湖南教育出版社,1985:146.

[2] 陶行知.山穷水尽[M]//华中师范学院教育科学研究所.陶行知全集:第5卷.长沙:湖南教育出版社,1985:145.

父母，不敢毁伤，孝之始也；立身行道，扬名于后世，以显父母，孝之终也（《孝经·开宗明义章》）。作为子女，其身体是父母给予的，子女不仅要保管好身体，照顾好身体，而且要做好人，做好事，以给父母长脸增光，并光宗耀祖。徐特立更是将个人身体看作社会财富："一个人的身体，决不是个人的，要把它看作是社会宝贵的财富。凡是有志为社会出力，为国家成大事的青年，一定要十分珍视自己的身体健康。而这必须从年轻时期就打好基础，随时随地去锻炼身体。假如年轻时不爱护身体，不注意锻炼，见识广了，学问多了，正是到了大有可为的时期，正是人民需要你尽义务的时候，你身体却未老先衰，不能胜任工作了，多么可惜。这样你不仅不能替社会服务，还给社会背包袱，严格说，这是对人民不负责任。"①陶夫子的身体不属于个人的观点与其人命贵于一切的思想，是息息相通的，核心精神是爱惜身体，珍爱生命。这里就存在着身体、生命的伦理意义。个人之于身体，只是意味着托管、使用，无权挥霍、损害、放弃；个人生命之珍贵在于其性质上的属于社会、民族、国家、人类之属性。损害身体、放弃生命的人即是人民、民族、国家、人类的罪人。在陶行知那里，身体不单意味自然生命，更具精神生命和伦理生命意蕴。

我们应怀着感恩的心，感谢生命，怀着敬畏的心，虔敬身体，我们应感恩生命，敬畏身体。陶行知说一个人要珍惜身体，也就是珍爱生命。现代社会是一个高扬人的主体性的社会，人体验到了他从未有过的享乐，可物质欲望也在巨大科技成就的刺激下汹涌澎湃，遮蔽甚至置换了人对自己生命本真价值和意义的体会与思考。有的人成了物欲的奴隶、金钱的仆从。人的前途与命运也交给任由其驱使、激荡而成却不为个人操控的生命运势来掌管。不少人或不由自主或心甘情愿地受它驱使而前往，然则他们在途中的某个地方却毫不留恋地放弃了对生命的责任，单把痛苦交由生者或后来者去品尝。面对一个个鲜活生命如萤火虫般的消失，生者除却无奈，更有一份教育的责任。

中国社会科学院2006年3月2日发布的《教育蓝皮书》对大学生自杀现象进行了详细分析。蓝皮书以2001—2005年在媒体上披露的281名大学生自杀案例为基础，对中国大学生自杀现象进行了分析。分析认为，近年

---

① 戴永增,等.徐特立教育论语[M].北京:人民教育出版社,1999:288-289.

来，大学生自杀的人数呈明显增长的趋势，死亡人数也随之增长。其中，女生自杀的比例高于男生，文科生自杀的比例高于理科生，而计算机专业的学生自杀人数明显多于其他学科。蓝皮书称，大学生自杀的主要原因是由于学业困难和恋爱问题。因为恋爱问题而自杀的，占总数的21.7%；因为学业问题而自杀的，占总数的18.9%。男女生自杀原因有明显区别。男生自杀多因学业，占自杀男生的27.4%，高于女生近11个百分点；恋爱因素排在其次。而女生自杀多因恋爱问题，占34.6%，高于男生16个百分点；学业因素排在其次。另据调查，每年3—4月和9—10月是大学生容易发生自杀的高危季节。大一新生刚进学校，往往现实和理想容易发生冲突，是最容易发生自杀的危险年级，自杀率占了总数33%以上。在自杀中被救活的女生占多数。调查还发现，自杀者在平时都有流露出活着没意思、想死等情绪，与人沟通少，思想偏激，容易走极端[1]。

创立了敬畏生命伦理学的法国哲学家阿尔贝特·史怀泽曾说："敬畏生命的伦理否认高级和低级的、富有价值和缺少价值的生命之间的区分"，敬畏生命的伦理也是一种爱的伦理[2]。爱是不分等级、贵贱的。这与陶行知"爱满天下"思想是一致的。爱惜身体，珍爱生命。珍爱生命，要认识到生命的意义和价值，认识到生命的珍贵和脆弱。每个生命都有特定的价值，生命属于每个人，只有一次，它不仅属于个体，而且还属于一切关心爱护它的人，所以要善待它、感恩它、热爱它；同时，人是自然生命和精神生命的综合体，作为个体应珍爱自己的生命，重视自身的身心健康，只有身心健康的人才能幸福、快乐地生活，而社会是由无数个体所组成，倘若每个个体都幸福、健康，自然社会就会和谐、融洽；此外，还要爱所有的生命，包括自己、他人，还有自然界的一切生灵，既要热爱自我，又要超越自我，才能活得有意义，有价值[3]。这些理念和行为，在陶行知的生命思想和实践中都有很生动的体现和表征。

珍爱生命是立身的根本，教育学生珍爱生命是亲切而自然的事，教育者要首先懂得生命价值的内在规定性，理解与体会生命的真实，在此基础

　①秦云峰,朱秀珍.与同学们谈谈性[M].呼和浩特:内蒙古人民出版社,2006:144-145.

　②史怀泽.敬畏生命[M].陈泽环,译.上海:上海社会科学院出版社,1995:131.

　③王萍.和谐社会理念下的恩德教育研究[D].芜湖:安徽师范大学,2007:23.

上方能思考生命的价值是什么。没有前者，后者在实践中必会迷途，因而也就不可能通过真正把握生命的价值、尊严与责任，享受生命。不知何以生，岂知为何生？要使生命价值不在道德教育中继续失落，就得教人从珍爱生命做起①。

陶行知在南京燕子矶头立的劝诫牌是起死回生牌，也是生命教育牌。据资料记载，过去数百年间，燕子矶常发生跳崖自杀的悲剧。1927年，陶行知在此附近办了晓庄师范。一天，一名女学生又于矶下自杀，结束了年轻的生命。陶行知听说后很是不安，立即到学校木工厂找来两块木牌，写上劝诫轻生者的话。一牌上写着"想一想"三字，下面又写着几行小字：人生为一大事来，当作一大事去。你年富力强，有国当救，有民当爱，岂可轻生？另一牌上写着"死不得"三字，下写：死有重于泰山，死有轻于鸿毛，与其投江而死，何如从事乡村教育，为中国三万万四千万同胞努力而死！②陶行知将两个木牌竖立于燕子矶头，又委托一位在附近开茶馆的朋友多留心，看见有人在矶头徘徊要赶快上前劝说。自此之后，不少来此自杀者，看了牌子，听了劝说，打消了轻生念头。两块木牌，今已不见，后来人们于此竖了石碑，即劝诫碑，上书"想一想死不得"六个大字，落款为"陶行知"。劝诫碑挽救了许多生命，其中包括复旦大学的陈子展教授。他在《生命赋予我力量》一文中说："我在南京上大学时，得了胃溃疡，一天我正读书，一阵阵剧痛袭来，简直使我要发疯了。我无可奈何地来到燕子矶，想跳江了却一生。抬头望去，只见木牌楼上写着：'自杀的赶快回头！'低首一看，脚下两尺高的石碑上写着：'死不得！'我猛然醒了，终于打消了轻生的念头。"③据说，"文革"期间，两位被打成"臭老九"的知识分子不堪凌辱，结伴来到燕子矶，准备结束生命，但陶行知先生的劝诫碑拦阻了他们，他们咬牙坚持活了过来，终于盼到了云开日出。另据南京燕子矶公园管理处王经理介绍，有一位约60岁的上海企业家近些年常来燕子矶，拜谒劝诫碑。每次他都脱帽拜礼，神情肃穆。然后站在矶头扶栏俯

① 田海洋.我国学校道德教育中基础德目研究[D].芜湖:安徽师范大学,2006:34.

② 陶行知.想一想,死不得[M]//方明.陶行知全集:第11卷.成都:四川教育出版社,1985:236.

③ 新民晚报副刊部.夜光杯文粹(1982—1986)[M].上海:上海远东出版社,1999:375.

眺，沉思半晌。据说，这位企业家20世纪80年代初曾在南京开办公司，但是生意不景气，公司破产倒闭，正值壮年的他倾家荡产，负债累累。一天，落日余晖中，他来到燕子矶徘徊，曾打算一跳了之。陶行知所立的这块碑深深触动了他，他终于放弃了轻生念头。后来，这位企业家回到上海重新创业，终于东山再起①。

（三）保存、锻炼好身体，以服务社会

人的身体本身是有意义的，它是个人革命的本钱，是社会宝贵的财富。保存好身体，是要留得青山在，不怕没柴烧。当然，身体不如一件物品，可以放置而不增不减。身体只有历经锻炼，才能保存好。陶行知曾寄语育才师生工友"每天四问"，首问：我们每天应该要问的，是"自己的身体有没有进步？有，进步了多少？"为什么要这样问？因为"健康第一"。没有了身体，一切都完了！②生命在于运动，身体需要锻炼。古希腊人铭刻于奥林匹亚山上的铭文：如果你想强壮，跑步吧！如果你想健美，跑步吧！如果你想聪明，跑步吧！只有强壮、健美、聪明的人，才能为社会发光发热。跑步自然是锻炼身体的一项运动。跑步影响人的强壮、健美、聪明，从而间接影响人为社会做贡献。以陶行知之见，保存好身体，锻炼好身体，便会造成健康的堡垒，从而使得一点一滴的生活力与创造力都不致浪费。有了生活力和创造力，便能为社会发光发热。

我们的生命是天赋的，我们唯有强身健体，才能增值生命。少年强则国强，年轻人体格强健，国家自然强盛。只有锻炼好了身体，才能服务于民族、国家、人类。增值生命，就是要让生命更精彩。人生一世，草木一春，天既生我，便赋我才，自有其用，以造人我幸福。如此说来，我们绝不是白来一场，白走一遭，白过一世。个人是身体、生命的保管员和增值员，应该发挥增光剂的作用，使生命、身体为民族、国家、人类发光发热。

---

① 钱久钢,姜天蔚.劝诫碑,留住生命脚步[M]//王东胜,黄明豪.民国时期健康教育文集.南京:江苏人民出版社,2008:452.

② 陶行知.每天四问[M]//华中师范学院教育科学研究所.陶行知全集:第3卷.长沙:湖南教育出版社,1985:464.

四、"人生做大事"的理想

人生之快乐、幸福在于人生的意义，而人生的意义在于做事，做大事。毕竟，人人为我，我为人人。我因人人才有我，所以我须做大事。我没有做事，做大事，怎能为人人，只有做事，做好事，做大事，才能为人人。诚如伟大的科学家爱因斯坦所言，我们的衣食住行都是同胞们辛勤劳动所创造的，我们应该诚实地回报他们的劳动。我们不仅应该从事一些能使自己满意的工作，而且还应从事公认为能为他们服务的工作。不然的话，不管一个人的要求多么微不足道，他也只能是一个寄生虫①。这是人之为人的基本要求，也是起码要求。

陶行知认为，"我们要把自己的生命，放在大众的生命里，个人的生命才有意义。唯有把自己的生命放在大众的生命里，个人才不会死！"②他对于学生的界定即体现小我与大我生命的一致性："所谓学生即是学习人生之道。现在人生之道是什么？即是中华民族生存之道。若是国家灭亡了，我们也就无法生存。"③没有国哪有家，没有家哪有我？个人与国家息息相关。苟利国家生死以，岂因祸福避趋之（林则徐诗）。和平建设时期，个人的责任就是各尽其能，奉献社会，振兴民族、国家，使小我与民族国家之大我相调和。

陶夫子对人之做人提出了基本的要求：人生为一大事来，做一大事去。本来事业并无大小：大事小做，大事变成小事；小事大做，则小事变成大事④。大小事之分，没有明确的界限，凡是服务他人，服务社会的事都是大事，小事也是大事。"人生为一大事来，丈夫志在探新地"⑤。

①海伦·杜卡斯，巴纳希·霍夫曼.爱因斯坦谈人生[M].北京：世界知识出版社,1984：57.

②陶行知.在广东省新文字研究会成立大会上的演词[M]//方明.陶行知全集：第4卷.成都：四川教育出版社,2005：127.

③陶行知.中国的出路[M]//方明.陶行知全集：第4卷.成都：四川教育出版社,2005：71.

④陶行知.介绍一件大事[M]//华中师范学院教育科学研究所.陶行知全集：第5卷.长沙：湖南教育出版社,1985：219.

⑤陶行知.题黄山游记[M]//方明.陶行知全集：第4卷.成都：四川教育出版社,2005：54.

然而，世事如云，人生如梦；时光如矢，生命短暂。人的一生，面临诸多干扰、诱惑与两难，不为着"做大事"，则浑浑噩噩空度终生。古往今来，多少人碌碌无为在歧路，等到白了少年头，乃至于空悲切。人生就是做大事的，蹉跎岁月，浪费光阴，庸庸碌碌，就是枉此一生，白来人世。

自勉并勉同志

人生天地间，

各有所禀赋：

为一大事来，

做一大事去。

多少白发翁，

蹉跎悔歧路。

寄语少年人，

莫将少年误①。

故陶行知又在《人生》这首诗里，劝勉人们，要走"明明白白一条路"。这条路是什么？就是"做大事"之路。

人　　生

一

有有无无且烦劳，

劳劳碌碌几时闲。

人心曲曲弯弯水，

世事重重叠叠山。

古古今今多改变，

贫贫富富有循环。

将将就就随时过，

苦苦甜甜总一般。

---

① 陶行知.徽州土货［M］//华中师范学院教育科学研究所.陶行知全集:第5卷.长沙:湖南教育出版社,1985:89-91.

二

急急忙忙苦追求，

寒寒暖暖度春秋。

朝朝暮暮营家计，

昧昧昏昏白了头。

是是非非何时了？

烦烦恼恼几时休？

明明白白一条路，

万万千千不肯修①。

人确立"做大事"之志，还要有自主、自强、自负之力以保证其实现。人生"须有决心，有坚志，则成事何难。惟此尚是第二。我等第一要知：人是人，我是我。天既生我，则必与我们一种为人所乐能为之能力，不然既有他何必有我。天既生孔子万事皆孔子所能为，则又何必生我而为古人之一附属物？由此观之，则我等当自立，当自强，为我之所能办，不随人学步，庶不负天生我之意"②。在此，陶行知道出了"我辈岂是蓬蒿人"、"天生我材必有用"之生命成长之道。

第三节　德育与生命境界

一、生命境界

生命是陶行知生活教育论的内在意蕴。陶行知所谓的生活即生命活动。在他看来，生命就是生物体的生生不已，这就是生活。只有有生命的物体（生物）才有生活，无生命的物体无生活。所以作为动词的生命与生

---

① 陶行知.人生[M]//方明.陶行知全集:第12卷.成都:四川教育出版社,2005:410-411.

② 陶行知.师范生应有之观念[M]//方明.陶行知全集:第1卷.成都:四川教育出版社,2005:219.

活是同一过程。生活是生命的展开，是生命的跃动。生活就是生命活力的展示，即时间上的递进和空间上的跃动，是静与动、时与空的辩证统一。生活是生命体与其生存环境互动的过程，即生命有机体利用环境并把它们变为保存自己的手段，生活就是生命有机体通过对环境的行动的自我更新过程①。生活是人类代代赓续的过程，生命个体不能无限期地继续下去，会有死亡之日，但是，人类生活会以越来越复杂的形式继续下去，不断创造新事物，不断创造新生活。生命即生物生生不已。

《现代汉语词典》（第5版）将境界界定为：事物所达到的程度或表现的情况②。陶行知的人生三境界是人生的三种表现情况。人生的三种境界就是生命的三种境界。生命的三种境界，有自由的境界、奋斗的境界和潜伏的境界。生命的自由境界，如海里的鲸鱼、空中的仙鹤、森林中的狮子是自由的，人生得到自由是一种幸福。这是第一种境界。人若要像鸟被捉进笼里、鱼被捉进盆里、野兽被捉进栅栏成为不幸的鸟、不幸的鱼、不幸的野兽，就要啄破鸟笼、冲破鱼盆、咬破栅栏，向那海阔天空投奔而去。这是生命的第二种境界，生命的奋斗境界。生命的第三种境界就是生命的潜伏境界。人要像一粒种子一样，利用环境的物质、能量和信息而开花结果。植物的种子要想发芽、抽条、开花、结果，就得有一些时间深藏在谷里，潜伏在地中慢慢去吸收水分、肥料、空气、阳光以发挥它的生命③。

陶行知的人生三境界似与王国维的事业、学问三境界有着某种相似之处。王国维在《人间词话》一书中说："古今之成大事业、大学问者，必经过三种之境界：'昨夜西风凋碧树。独上高楼，望尽天涯路。'此第一境也。'衣带渐宽终不悔，为伊消得人憔悴。'此第二境也。'众里寻他千百度，蓦然回首，那人却在，灯火阑珊处。'此第三境也。"④陶行知1926年3月读到《人间词话》，直接导致其创办晓庄试验乡村师范，陶子视其为晓庄的"催生娘娘"、"送子观音"。陶行知当时将三境界分别理解为："第一境

---

① 杜威.民主主义与教育[M].北京：人民教育出版社.2001:6.

② 现代汉语词典[M].5版.北京：商务印书馆,2005:728.

③ 陶行知.古庙敲钟录[M]//华中师范学院教育科学研究所.陶行知全集：第2卷.长沙：湖南教育出版社,1985:509.

④ 彭玉平.人间词话[M].北京：中华书局,2010:40.

界”是“为大事者，先天下之忧而忧，要从高远处去望他”；“第二境界”是“看清了人民的隐痛之后，要时时刻刻纪念他，就是为他牺牲一切，终不懊悔”；“第三境界”是“从各处各地要寻个解决，只有百折不回的去找他，终有一天出人不意的遇着”①。陶行知后来在《古庙敲钟录》中提出人生的三境界似与王国维的三境界有关联。修业治学有此三境界，推而广之，人生、生命亦有此三境界：潜心（潜伏）、奋斗、自由——在古庙学校“有生命的潜伏，有生命的自由，而且是有生命的奋斗”②。

“昨夜西风凋碧树。独上高楼，望尽天涯路”③，出自晏殊的《蝶恋花》。寻觅路径，认准目标，是立志，是情感积淀，是精神酝酿，也是陶行知所说的人生潜伏境界。

“衣带渐宽终不悔，为伊消得人憔悴”④，出自柳永的《蝶恋花》，原意是要表现一种锲而不舍的坚毅性格和执着态度。这就是一种意志的奋斗过程，是矢志不渝的执着精神与英勇奋斗的品质。可以视为陶行知的人生奋斗境界。

“众里寻他千百度，蓦然回首，那人却在，灯火阑珊处。”⑤人的精神生命须有专注的精神，功到自然成，风雨之后见彩虹，就会有澄明之境，就能够从必然王国进入自由王国。这是豁然开朗，是欣喜，是自由之境。

陶行知深刻认识到生命力的奇伟：“有生命的东西都有抵抗的细胞或是抵抗力以维持它的生命。这抵抗的细胞是负有保障生命之责任。……人是一个有生命的东西，人的卫队就是白血球，白血球的天职就是保护人的生命。如果有危害人的生命的微生物跑进血管里来，白血球一遇到它们便是拼命的杀，或是被微生物杀掉。”⑥生命的抵抗力也就是生命的奋斗力、战

---

① 陶行知.本校产生时的催生娘娘[M]//华中师范学院教育科学研究所.陶行知全集：第2卷.长沙：湖南教育出版社，1985：49.

② 陶行知.古庙敲钟录[M]//华中师范学院教育科学研究所.陶行知全集：第2卷.长沙：湖南教育出版社，1985：510.

③ 彭玉平.人间词话[M].北京：中华书局，2010：37.

④ 彭玉平.人间词话[M].北京：中华书局，2010：40-41.

⑤ 彭玉平.人间词话[M].北京：中华书局，2010：41.

⑥ 陶行知.抵抗论[M]//华中师范学院教育科学研究所.陶行知全集：第3卷.长沙：湖南教育出版社，1985：90.

斗力。这种力量来源于生命体自身的积蓄、孕育。在此之上，它为了追求自由，就须历经奋斗才能达成。奋斗即生命。"战斗即生命。在战斗中我们取得生命的力量，在战斗中我们取得生命的意义。没有力量，没有意义的生命，要它干什么？"①这种力量对于赢得抗日战争的胜利具有重要意义。奴役中国人民的日本法西斯剥夺中国人民的自由，中华民族的生命力量表现出英勇顽强的抵抗力。

在压制状态下，生命体表面上失去了自由。其实不然，生命力会追求生命的自由。压而不垮，制而不屈，摧而不毁，这就是人的意志力量、精神力量。中华民族尤其具有这种力量，所以中华文明才历久不衰。"天行健，君子以自强不息。"这是一种争自由而表现出的顽强生命力。

在陶行知看来，人生须"于出头处求自由"，"如树木有长五尺长的，一丈长的，十丈长的；树的出头处是要自由的。如果我们现在只许树可以长五尺，不许他长一丈与十丈，那世界上不是无成材了吗？因此我们要使他尽的力量自由长上去。我们人类的智、愚、贤、不肖，也如树木有能长十丈长的，有能长五尺长的，这是天生成。如果你把五尺长的，拔到一丈，因为他的力量不足，是要死的；如果你把一丈的压到五尺，因为他受了过分的压制，也是要死的。倘若不死，必是他的内力胜过压力，那压力必定是要被撞穿了的。"②生命的发展只有在自由的情境中才能终抵于成，达到自由的、充分的发展。人的全面发展的前提条件是人的充分的自由，即陶行知所言的"于出头处求自由"。当然，真正的人的全面、充分、自由发展是在一定的生产力与生产关系之基础上才能实现。陶行知的自由发展只不过是其伟大的教育理想。

马克思主义对于生命的自由和奋斗，也是高度重视的。马克思反复强调自由是精神存在的类的本质，自由是人所固有的东西，并认为"威胁每一生物的生命的危险就是该生物的自我亏损。因此，没有自由对人说来就

---

① 陶行知.战斗[M]//华中师范学院教育科学研究所.陶行知全集:第3卷.长沙:湖南教育出版社,1985:12.

② 陶行知.平等与自由[M]//华中师范学院教育科学研究所.陶行知全集:第2卷.长沙:湖南教育出版社,1985:23.

是一种真正的致命的危险"①。恩格斯说："我们要走出去，跨入自由的天地，冲决谨小慎微的束缚，为夺取生活的桂冠，为有所作为而奋斗。"②毛泽东也认为："人民的言论、出版、集会、结社、思想、信仰和身体这几项自由，是最重要的自由。"③

二、德育的生命境界

陶行知将人生的三境界视为教育的三境界，照此类推，德育也有这个三境界。我们这里提出德育的生命境界，指的是德育的生命视角，亦即德育的生命视界或生命境界。因为德育有不同视角，如知识视角、社会视角、文化视角、国家民族视角、宗教视角等等。具体地说，在陶行知思想中，德育的生命境界即德育可以升华人的生命境界，包括德育的生命旨归和生命取向。

（一）德育的生命旨归

旨归，亦称指归、旨趣，亦可理解为指趣。旨为意，归为趣、为趋。《现代汉语词典》（第5版）将旨趣解释为：主要目的和意图；宗旨④。《同止观二》云："旨归者，文旨所归也，如水流趣海，火灾向空。"德育的生命旨归，即德育以生命为根本趣旨、终极趋向。

陶行知"于出头处求自由"之理念，反映其道德、德育的生命旨归观念。这种观念蕴含于其德育的生命境界观之中。人作为生命之载体，自由是其本质属性，陶行知生命的三种境界中，自由是最高境界。生命之自由是陶行知教育、德育的最高境界。陶行知所讲的"德育注重自治"、人生的自由境界、做自由人等，皆是其德育之生命（自由）境界观的体现。在

---

① 马克思.第六届莱茵省议会的辩论[M]//中共中央马克思恩格斯列宁斯大林著作编译局.马克思恩格斯全集:第1卷.北京:人民出版社,1956:74.

② 恩格斯.齐格弗里特的故乡[M]//中共中央马克思恩格斯列宁斯大林著作编译局.马克思恩格斯全集:第41卷.北京:人民出版社,1956:142.

③ 毛泽东.论联合政府[M]//毛泽东.毛泽东选集:第3卷.北京:人民出版社,1991:1070.

④ 现代汉语词典[M].5版.北京:商务印书馆,2005:1752.

《一个教师与家长的答复》一文中，陶行知虽然讲的是教育，但表征的其实是他的德育之生命（自由）境界观。该文的由头乃是戴传贤（戴季陶）的封建道统教育观。戴季陶（1891—1949年），作为民国时期国民党右派理论家、国民党政府的宣传部部长、中山大学校长、考试院院长，其发明的戴季陶主义在教育上的核心观点认为，"三民主义之国民教育"的宗旨在"求如何将数万万人民结合为一人，以达共同生活之目的，且如何使一切个人身心，皆得健全，以各遂其生之目的"①。戴季陶的这一教育宗旨观，体现在德育上，就是禁锢式、束缚式德育，即禁锢生命、束缚生命。1931年12月7日戴季陶给全国教育家及学生家长一封公开信，其中有这样的文字："培植出一根树苗，要他长成端正的大树，要费几根大木头，四面撑住他。培植一个好青年，要牺牲几个成年人，四面去扶植他。树苗自由，不能成长；青年自由，不能成人。全国的教育家醒来，全国学生的父母兄弟姐妹醒来！救国先救国家命根的青年！救国先救教导青年的学校。"②陶行知借以挞伐和批判这种反动思想，提出"出头处要自由"、"失掉自由，不能成人"这一与戴季陶相反的断语。"自由"是陶夫子的理想之境，是其人生三境界论中的目的之境，也是德育最后、最高的旨归。1927年9月陶行知在给其胞妹陶文渼的信中说到"出头处要自由"："比如树木能长到百尺的，便让他长到百尺；只能长到十尺的，便让他长到十尺。出头处有自由，才能进步，才能生存。不许人出头，或是把人家的头压下去，使得我的头看见似乎比他高些，便是侵犯人家的自由。"③

匈牙利著名诗人裴多菲赞自由：生命诚可贵，爱情价更高。若为自由故，二者皆可抛④。当然，陶行知对于自由有着清醒的意识与观念。于出头处求自由，就是德育所给予人发展的充分自由。就像生物的生长不能人为地随意地设限，人的成长、成才、成人也是如此。陶子所谓的自由，不是

---

① 刘文丽.激变时代的选择 戴季陶政治思想研究[M].北京:首都师范大学出版社,2015:141-142.

② 陶行知.一个教师和家长的答复[M]//华中师范学院教育科学研究所.陶行知全集:第2卷.长沙:湖南教育出版社,1985:428.

③ 陶行知.平等与自由[M]//华中师范学院教育科学研究所.陶行知全集:第5卷.长沙:湖南教育出版社,1985:186.

④ 郑克鲁.外国文学作品选:上卷[M].上海:复旦大学出版社,2004:169.

想干什么就干什么，想怎么样就怎么样的自由，也不是各人乐意怎样做就怎样做，高兴怎样生活就怎样生活，而不受任何法律束缚的那种自由。

　　自由是什么？陶行知自认为"我既主张出头处要自由，那么'自由'的含义是什么也得说说。自由是以自己的意志指挥自己的行动。个人自由是以个人的意志指挥个人自己的行动。团体自由是以团体自己的意志指挥团体自己的行动。自由这个名词是含有自主、自决、自动、自得种种意义，扩而大之，是要各得其所。自由人是奉头脑做总司令。他的反面是奴隶。他自己不愿做奴隶，也不要人做他的奴隶。放荡不是自由，因为放荡的人是做了私欲嗜好的奴隶而不能自拔。一个人若做了私欲嗜好的奴隶便失掉自由。青年放荡固然不能成人，成年人放荡也只能算是成年，不能算是成人。成年人、青年、小孩子都该在一个道德标准下生活。双层标准、三层标准只是恕道不足的结果。青年不可以假借自由之美名去过放荡的生活；教师、家长也不可以假借放荡之罪名剥削小孩子生长所必需之自由"[①]。基于上述认识，陶行知得出结论："失掉自由，不能成人。"[②]自由是德育的宏旨，也是德育的基石、起点，是德育教人做人、成人的必要条件。

　　虽然陶行知受资产阶级自由理念的影响，又被深深打上传统伦理的烙印，但是陶行知的自由观是理智的、是进步的，具有马克思主义色彩。在给母亲的信中，陶行知说晓庄生活是"应守纪律的地方，绝对服从；应当自动的地方，绝对自由"[③]。这是晓庄在纪律与自由关系上的一个实验。陶行知以为，纪律（包括法律）的目的"无非是增进团体生活的幸福，防止个人自由的冲突"[④]。"法律之内有自由，道德之内有自由。逾越法律，侵

---

　　① 陶行知.一个教师和家长的答复[M]//华中师范学院教育科学研究所.陶行知全集：第2卷.长沙：湖南教育出版社,1985：429-430.

　　② 陶行知.一个教师和家长的答复[M]//华中师范学院教育科学研究所.陶行知全集：第2卷.长沙：湖南教育出版社,1985：430.

　　③ 陶行知.晓庄生活[M]//华中师范学院教育科学研究所.陶行知全集：第5卷.长沙：湖南教育出版社,1985：183.

　　④ 陶行知.晓庄三岁敬告同志书[M]//华中师范学院教育科学研究所.陶行知全集：第2卷.长沙：湖南教育出版社,1985：213.

犯道德，此自由之贼。"①自由是法律界标之内的自由，是道德界标之内的自由。逾越法律，侵犯道德，即意味着加害于他人，人没有如此之权利。自由意识建立在纪律精神之上，纪律精神卫护并通向自由之境。一种设计完美的教育，其目的应该是使纪律成为自由选择的自发的结果，而自由则应该因为纪律而得到丰富的机会。自由和纪律这两个原则并不对立，在儿童的生活中应该对它们进行这样的调节，使之适应个性发展的自然变化②。当然，法律有代表少数人利益的法律与反映人民利益的真正的法律。陶行知属于后者。真正的人民的法律，是为了人的发展，更有助于人的发展。在人的发展上，个人须有充分的自由："在理想的社会里，凡是人的问题都可以自由的想，自由的谈，自由的实验。"③晓庄学校就是一个试验自由的园地，它既是一个"平等之乡"，又是一个"自由之园"。

陶行知的自由观与马克思主义经典作家的自由观息息相通。马克思认为，"法律不是压制自由的手段，正如重力定律不是阻止运动的手段一样。……法律是肯定的、明确的、普遍的规范，在这些规范中自由的存在具有普遍的、理论的、不取决于个别人的任性的性质。法典就是人民自由的圣经"④；"哪里的法律成为真正的法律，即实现了自由，哪里的法律就真正地实现了人的自由"⑤。马克思针对犹太人问题又说，"自由就是从事一切对别人没有害处的活动的权利。每个人所能进行的对别人没有害处的活动的界限是由法律规定的，正像地界是由界标确定的一样"⑥。自由离不开纪律、法律，而纪律、法律又用以保障自由。

---

① 陶行知.共和精义[M]//华中师范学院教育科学研究所.陶行知全集:第1卷.长沙:湖南教育出版社,1984:44.

② 怀特海.教育的目的[M].徐汝舟,译.北京:生活·读书·新知三联书店,2002:55.

③ 陶行知.晓庄三岁敬告同志书[M]//华中师范学院教育科学研究所.陶行知全集:第2卷.长沙:湖南教育出版社,1985:214.

④ 马克思.第六届莱茵省议会的辩论[M]//中共中央马克思恩格斯列宁斯大林著作编译局.马克思恩格斯全集:第1卷.北京:人民出版社,1956:71.

⑤ 马克思.第六届莱茵省议会的辩论[M]//中共中央马克思恩格斯列宁斯大林著作编译局.马克思恩格斯全集:第1卷.北京:人民出版社,1956:72.

⑥ 马克思.论犹太人的问题[M]//中共中央马克思恩格斯列宁斯大林著作编译局.马克思恩格斯全集:第1卷.北京:人民出版社,1956:438.

（二）德育的生命取向

为了生命的自由之境，德育的应为、可为体现为尊重生命、爱护生命、顺应生命、提升生命。

尊重生命。因为人及一切生命体皆是有价值的，所以人应当对包括人在内的一切生命体心存敬重、尊重生命、尊重儿童、尊重孩子、尊重学生。陶行知反对人为改变动植物（尤其是动物）的原生状态，如鸟不在森林里，过自由自在的生活，而被关在鸟笼里，过着囚禁的生活。这就是陶夫子所反对的人们"笼中养鸟"、"盆中养鱼"的做法。他对曾国藩"爱养盆鱼识化机"很不以为然。因为鱼的世界是江湖河海，哪一处不可以认识它们的化机，何必要把活泼泼的鱼儿捉到盆里来？盆是鱼的监牢，盆鱼是上了枷锁镣铐的囚犯，"现在要舍掉江、河、湖、海之大，而要在监牢式的小盆里追求造化之机，不但是违反自然，而且是表示度量之狭隘。我素来反对笼中养鸟，所以不知不觉的对于盆中养鱼也发生一种深刻的不满"[①]。他希望众生各得其所。这是对生命选择的尊重，对生命生存方式的尊重，也就是对生命的尊重态度。

尊重儿童，尊重学生。成人尊重儿童、小孩，教师尊重学生，这是陶夫子尊重生命思想在教育领域的体现。教师以尊重学生之心，加入学生中，成为学生中的一员，师生立刻成为朋友，学校立刻成为乐园，"您若变成小孩子，您立刻觉得是和小孩子一般儿大，一块儿玩，一处儿做工，谁也不觉得您象是先生，您便成了真正的先生。您立刻会发现小孩子的能力大得很：他能做许多您不能做的事，也能做许多您以为他不能做的事。等到您重新生为一个小孩子，您会发现别的小孩子是和从前所想的小孩子是不同了"[②]。陶夫子还相信基督所说的话，小孩在天国中为最大。这种所谓"最大"就是了不起的意思，即小孩是了不起的。

诚如意大利著名教育家蒙台梭利之所言："教育者必须像一个受到对生

---

① 陶行知.不除庭草斋夫[M]//华中师范学院教育科学研究所.陶行知全集:第2卷.长沙:湖南教育出版社,1985:304.

② 陶行知.师范生的第二变——变个小孩子[M]//华中师范学院教育科学研究所.陶行知全集:第2卷.长沙:湖南教育出版社,1985:244.

命的真诚崇拜所鼓舞的人那样，当他以极大的兴趣进行观察时他必须尊重儿童生命的发展。这样，儿童的生命就不是一种抽象的概念，而是一个一个儿童的生命。这里只存在一个真正的生物学现象：活生生的个体。对每一个个体逐一观察，直接施教。必须把教育理解为对儿童生命的正常扩充与发展给予积极的帮助。儿童有成长着的身体，有发展着的心灵，即由生理和心理构成一个神圣整体，它是生命之源，也是生命本身。我们既不要损害也不要窒息存在于这两种生长形式之中的神秘力量，但我们必须等待，我们知道，这种力量的表现形式将陆续展现出来。"①教育者应充分尊重生命、尊重儿童、尊重孩子、尊重学生，尊重本身即是德育。

爱护生命。陶行知认为生命可贵，他呼吁人们"养生"、"放生"。"放生"就是基于一颗爱护生命之心，是慈悲心的表征。这是来自宗教的理念与行动，也是人类的一种"护生"文化，是人类的一种爱生、惜命精神，其本于人类爱护生命、珍惜生命之心。陶行知极具此种护生文化精神。佛家护生文化来自高僧大德的放生理念，如憨山大师放生偈、印光大师放生理念等。

明朝禅宗四大高僧之一憨山大师所作的《放生偈》有云：

> 放生子孙昌，放生家门庆，放生无忧恼，放生少疾病。
> 放生解冤结，放生罪垢净，放生观音慈，放生普贤行。
> 放生与杀生，果报明如镜，放生又念佛，万修万人证！②

印光大师亦云：须知放生原为戒杀，戒杀必从吃素始。倘人各戒杀，人各吃素，则家习慈善，人敦礼义，俗美风淳，时和年丰。何至有刀兵劫起，彼此相戕之事乎？此挽回天灾人祸，正本清源之要务也。凡有欲家门清泰，身心康宁，天下太平，人民安乐者，请皆于戒杀放生吃素念佛中求之，则求无不得矣③。

放生乃十善之首，杀生则为十恶之首。放生就是人类对于有生命的异

---

① 蒙台梭利幼儿教育科学方法[M].任钟印,主译校.北京:人民教育出版社,2001:126.

② 赵海娟,等.古生村[M].北京:光明日报出版社,2012:59.

③ 释印光.印光法师文钞全集:第1册[M].北京:团结出版社,2013:280.

类众生在其面临绝境时，予以解救释放，放归自然，使之得以存活的一种善行。生命是神圣的。以宗教观来看，生命的主权属于神，神创造了一切，神创造了生命，创造了人，神权至尊。以俗世的观点言之，生命的主权属于人。生命就是一个过程，万物并育而不相伤害，众生皆可各安其所。

爱护生命就是对生命谨慎、小心、细心，用心呵护之态度。如果说尊重生命是以生命为重的话，那么爱护生命，则不仅重视生命，而且视生命为神圣，珍惜生命。然而，正如陶夫子在追思范旭东先生时所指出的，在中国人的文化中，人生在世，往往无足轻重，一进棺材，人们才开始发现他，说他伟大。这是中国人的"轻生贵死"观的表现。生无足挂齿，似成死的陪衬；生不足道，死更为可贵。当然，为道义而死，死得其所，其重于泰山，这种死是为了更精彩的生。我们应当贵此一死。如若一个社会轻视生命，直至轻生，无视个人有意义的生，不保障此有意义的生，则此社会将有大患。所以，社会要发展一种爱护生命的机制，提供"复合维生素"（不仅仅是陶行知所提的甲种维生素——民主）以滋养生命，从而出现一种贵死又贵生——死固然可贵，生亦弥足珍贵——的人文氛围。

"养生主义"，包括"用科学养人，不用科学杀人"[①]。陶行知有感于诺贝尔奖而对科学中人及学科学用科学的人发出忠告："在科学家的手里实掌握着人类之生杀权。用科学养人不用科学杀人，才是科学家的天职。若存着一个杀人的心去学科学，那便是世界上最大的恶人。"[②]陶老夫子力主"生物学"要成为真正的生物学，而不能变为"死物学"。他在一封书信中说："一般学校研究生物之方法，除了死读书之外，如果有实验，便是杀生。教师变成屠户，生物馆不啻为死尸陈列馆。晓庄生物学应该注重养生。我们的责任在于指导孩子和生物做朋友，认识他，爱护他，研究他，等他死了再把它陈列出来，作为永久之纪念。"[③]"学以明生"，即要求学习

---

① 陶行知.血染的诺贝尔奖金[M]//华中师范学院教育科学研究所.陶行知全集：第2卷.长沙：湖南教育出版社,1985:336.

② 陶行知.血染的诺贝尔奖金[M]//华中师范学院教育科学研究所.陶行知全集：第2卷.长沙：湖南教育出版社,1985:336.

③ 陶行知.生物学或死物学[M]//华中师范学院教育科学研究所.陶行知全集：第5卷.长沙：湖南教育出版社,1985:231.

科学的人明了自己的生命，明了众生，从而愈加益生、护生。

德育要教学生养生、爱惜生物、爱护生命，不应教学生杀生。这是仁慈教育，仁者胸怀的教育。陶行知看到，小学中的教师捉到一只蝴蝶、蚱蜢，便用针一根，活活地钉在一块板上，把它处死，说是做标本。这样把活的东西弄死，太嫌残忍，增长儿童残酷的心理。陶夫子主张，"我们要教小孩子能仁慈，知道爱惜生物，这点是很紧要"[①]。并举例"达尔文研究生物学，他也不轻易杀害生物。中国老年人，多爱惜生物，放生戒杀，虽近迷信，也是仁者胸怀。中国的蛙，向来由政府禁止捕捉的，但是在英国，别说普通人的捕捉，便是生物实验室中想要解剖一只蛙，也要向政府去纳护照"[②]，因此陶行知要求"教小孩子养生，不当教小孩子杀生"[③]。这是爱护生命的教育，由此护生的仁慈之心，推以及人，由爱惜生物而产生关爱他人、珍惜生命之心。

顺应生命。即"顺性利导"。只有顺应生命、依循生命，才能发展生命、引领生命、提升生命。生命之势如水，水有其性，生命也有其性。只有因势利导、顺水推舟、顺其自然，依循其内在逻辑，才有生命的循序渐进、苗壮成长。这就是陶子曾提出的"顺性利导"[④]教育原则。环境包括教育对儿童生命发展之作用是有限的。过去有一种观点，如"人是环境的产物"，认为环境对于人的发展具有决定作用，这是错误的。相对于遗传而言，环境之于人的发展，其作用更大些，但环境可以促进或阻碍生命的发展，但决不能创造生命。我们可以影响与环境有关的变异，影响物种和个体的有限的微小变异，但我们不能影响其变种，变种受到生命本体的起源的某些神秘关系的制约，并且这种制约力量超过环境因素的改变所产生的作用。环境对个体生命施加的影响越大，个体生命就可能越不固定或变得

① 陶行知.生物学或死物学[M]//华中师范学院教育科学研究所.陶行知全集:第5卷.长沙:湖南教育出版社,1985:231.

② 陶行知.儿童科学教育[M]//华中师范学院教育科学研究所.陶行知全集:第2卷.长沙:湖南教育出版社,1985:584.

③ 陶行知.儿童科学教育[M]//华中师范学院教育科学研究所.陶行知全集:第2卷.长沙:湖南教育出版社,1985:584.

④ 陶行知.美国活动教授之一段[M]//华中师范学院教育科学研究所.陶行知全集:第1卷.长沙:湖南教育出版社,1984:97.

越强。环境的作用可分为有利于生命或窒息生命两个方面。在生物进化中，其内部因素是物种变异和个体变异的基本力量。不论哪一种变异，其发展都源于内部。按照著名幼儿教育家蒙台梭利之见，"孩子们之所以生长，并非由于给予营养，由于他呼吸，由于他被置于适宜的温度条件下；儿童成长是由于其内部潜在的生命在发展，使生命本身成为看得见的，是由于生命的胚胎按照遗传决定的生物学规律发育。青春期的到来不是由于孩子欢笑、跳舞，或进行体操锻炼或营养良好；而是由于发育到了特定的生理阶段。生命自己表现自己，生命的发生与发展受到不可逾越的规律的限制"①。师傅领进门，修行在个人。教育力量在于引导，教育者不能包办、代替、越俎代庖。所以，教育的个体功能是有限的。生命具有自主活动的能力，它在适宜的环境下能够按照生命力的方向前进。

《孟子·公孙丑上》曾用寓言故事嘲讽那些急于求成、事倍功半的教育者："宋人有悯其苗之不长而揠之者，茫茫然归，谓其人曰：'今日病矣，予助苗长矣！'其子趋而往视之，苗则槁矣。天下之不助苗长者寡矣！以为无益而舍之者，不耘苗者也；助之长者，揠苗者也；非徒无益，而又害之。"②从前，宋国有个人，嫌禾苗长得太慢，就一棵一棵地往上拔高一点。一番辛劳后满意而归，并对人说：今天可把我累坏了，我帮助苗长高了！他儿子听说后，到地里一看，苗都死了。天下不助苗生长的人真少啊。以为没有用处而放弃的人，就是不给禾苗锄草的懒汉。妄自帮助它生长的，乃拔苗助长之人。如此做法，非但没有好处，反而害了它。

禾苗生长有其自身的内在逻辑顺序，存在着不以人的意志为转移的规律，人不能将自己的意志强加于其，而只能顺应其生长逻辑与规律。教育与种庄稼一样，教育者只能遵循人的发展（包括人的品德发展）规律，不能一厢情愿地强迫、强制，以至违反其发展之序，成人之道。顺应生命成长之道，就是引领生命。教育者所能做的仅仅是扶持、辅助、帮助，激发受教育者内在动力，而不能一厢情愿地干涉、专断、强求。陶行知针对有人抛出的"树苗自由，不能成长；青年自由，不能成人"的观点，提出人生"出头处要自由"思想，即人之成人成长成材规律论。山芋苗的成活需

①蒙台梭利幼儿教育科学方法[M].任钟印，主译校.北京：人民教育出版社，2001：126.
②杨伯峻.孟子译注：上册[M].北京：商务印书馆，1984：62.

要"底下可以安根，上面可以出头，山芋乃可活"①，其不可以在往上长之处，遭遇过分的压制。

提升生命。陶行知曾提出创造五生世界——少生、好生、贵生、厚生、共生之世界②——的理论：五生主义或五生论。其要义是提升生命，提升生命质量。陶行知曾寄语全国教师"你若把你的生命放在学生的生命里，把你和你的学生的生命放在大众的生命里，这才算是尽了教师的天职"③。这就是说，教师要将自己的精神生命，即一颗火热的心放到学生身上，放到大众身上，捧着一颗忠诚之心，则教师生命得以提升，学生乃至大众生命也得以提升。以陶行知之见，提升儿童生命的核心是培养和发挥儿童的创造力，解放儿童的创造力，让儿童自己创造他们的世界："教育是要在儿童自身的基础上，过滤并运用环境的影响，以培养加强发挥这创造力，使他长得更有力量，以贡献于民族与人类。教育不能创造什么，但他能启发解放儿童创造力以从事于创造之工作。"④教育要实行儿童的五大解放，归还儿童自己的世界，让儿童创造他们的世界；成人加入儿童的队伍，与儿童一起创造儿童的世界。在《生活即教育》一文中，陶行知提出"生活即教育，要是儿童的生活才是儿童的教育，要从成人的残酷里把儿童解放出来"⑤。把小孩看成小大人，以为大人能做的事小孩子也能做的观点是错误的。小孩就是小孩，小孩既不是大人，也不是小大人。陶行知希望"用教育的力量，来达民之情，顺民之欲"⑥，"生活即教育是要解放人类

---

① 陶行知.平等与自由[M]//华中师范学院教育科学研究所.陶行知全集：第2卷.长沙：湖南教育出版社,1985:23.

② 陶行知.教学做合一下之教科书[M]//华中师范学院教育科学研究所.陶行知全集：第2卷.长沙：湖南教育出版社,1985:298.

③ 陶行知.儿童节对全国教师谈话[M]//华中师范学院教育科学研究所.陶行知全集：第3卷.长沙：湖南教育出版社,1985:31.

④ 陶行知.创造的儿童教育[M]//华中师范学院教育科学研究所.陶行知全集：第3卷.长沙：湖南教育出版社,1985:522.

⑤ 陶行知.生活即教育[M]//华中师范学院教育科学研究所.陶行知全集：第2卷.长沙：湖南教育出版社,1985:184.

⑥ 陶行知.生活即教育[M]//华中师范学院教育科学研究所.陶行知全集：第2卷.长沙：湖南教育出版社,1985:184.

的"①。

"工学团"是以人生为大前提，其真正的宗旨是"培养合理的人生"。因为要培养合理的人生，所以反对学校、工厂及一切忽略人生之组织，而要创造一种富有人生意义的工学团。陶行知理想的学校"古庙学校是一个有生命的学校。在这个学校里是有生命的潜伏，有生命的自由，而且是有生命的奋斗"②。他希望学校是工学团，是个集工、学、团于一身的共同体：工以养生，学以明生，团以保生。"工学团"教人"养生"、"明生"、"保生"。工是工场，是生产，是工作，学是科学，是长进，是了解自己，团是集团，是团体，是团结。工以养生，学以明生，团以保生，就是"以大众的工作养活大众的生命，以大众的科学明了大众的生命，以大众的团体的力量保护大众的生命"③，"人人生产，人人长进，人人平等互助，人人自卫卫人"④。工学团是一个小工场，是一个小学校，是一个小社会，它包含着生产的意义，长进的意义，平等互助、自卫卫人的意义。这三种意义，陶行知称之为"三一主义"⑤。总之，工学团是将工场、学校、社会打成一片，产生一个富有生活力的新细胞，是力的凝结，力的集中，力的共同发挥。这种力就是生命力，生命活力。工学团即是提升生命的共同体。

---

① 陶行知.生活即教育[M]//陶行知全集:第2卷.长沙:湖南教育出版社,1985:184.

② 陶行知.古庙敲钟录[M]//华中师范学院教育科学研究所.陶行知全集:第2卷.长沙:湖南教育出版社,1985:510.

③ 陶行知.普及什么教育[M]//华中师范学院教育科学研究所.陶行知全集:第2卷.长沙:湖南教育出版社,1985:636.

④ 陶行知.古庙敲钟录[M]//华中师范学院教育科学研究所.陶行知全集:第2卷.长沙:湖南教育出版社,1985:559.

⑤ 陶行知.古庙敲钟录[M]//华中师范学院教育科学研究所.陶行知全集:第2卷.长沙:湖南教育出版社,1985:557.

附录一

陶行知的生活德育思想

摘　要：生活德育，是陶行知生活教育的应有之义。生活德育是生活所原有的德育，生活所自营的德育，是生活所必需的德育。生活德育过程是在自治中学习自治、在民主生活中学习民主，在自动上培养自动力。它采用的方式主要是启发、实行、熏染、自省。

关键词：陶行知；生活；生活教育；德育

陶行知虽然没有明确地提出"生活德育"一语，但他高度重视德育，视德育为教育的根本，他的德育理论就是生活德育的概括，他的德育实践就是生活德育的展开。生活德育是生活教育的应有之义，生活德育也是生活教育的重要组成部分。生活德育以生活为中心，给生活以教育，并通过生活且在生活教育的各个方面来实施。我们今天正致力于生活德育的实践尝试和理论探索，在中小学开设了"品德与生活"、"品德与社会"等课程。因此，继承和发扬陶行知的生活德育思想及实践经验对于今天的学校德育大有裨益。

一、生活德育的性质

陶行知认为，生活即教育，生活是教育的中心，生活与教育是同一过程，教育与生活相联系，到处是生活，即到处是教育；整个的社会是生活场所，亦即教育的场所，所以，学校即社会。陶行知在《生活教育》一文中说:"生活教育是生活所原有,生活所自营,生活所必需的教育。教育的根本意义是生活之变化。生活无时不变,即生活无时不含有教育的意义。"[1] 教育包含在生活之中,教育须与生活相结合。"生活即教育"是说:过什么生活便是受什么教育;要想受什么教育便须过什么生活。生活教育是供给人生需要的教育,人生需要什么,我们就教什么。陶行知的生活教育含有道德之义、道德教育之意。1929年冬,陶行知在晓庄办的乡村教师讨论会上讲"生活即教育",他说:我们此地的教育,是生活教育,是供给人生需要的教育,不是作假的教育。人生需要什么,我们就教什么。人生需要面包,我们就得过面包生活受面包的教育;人生需要恋爱,我们就得过恋爱生活也受恋爱的教育。照此类推,照加上去,是那样的生活就是那样的教育。根据此理,人生需要道德,我们就得过道德生活受道德的教育。而且,健康的生活、劳动的生活、科学的生活、艺术的生活、改造社会的生活皆包涵道德的生活。不论什么生活,都需要道德,都需要德育。所以说,生活教育,生活中心的教育,也就是道德教育。

陶行知根据当时的中国实际,明确提出应该过健康的生活、劳动的生活、科学的生活、艺术的生活、改造社会的生活。他竭力反对地主资产阶级达官显贵少爷小姐们的腐朽没落的生活,也反对一些人过的愚昧无知糊里糊涂的生活:"同在一社会,有的人是过着前进的生活,有的人是过着落后的生活。我们要用前进的生活来引导落后的生活,要大家一起来过前进的生活,受前进的教育。前进的意识要通过生活才算是教人真正的向前去。"[2] 用生活影响生活,引领生活,提升生活,使生活与生活相磨擦,"生活与生活一磨擦,便立刻起教育的作用。磨擦者与被磨擦者都起了变化,便都受了教育。"生活教育是运用生活的力量来改造生活,要运用有目的、有计划的生活来改造无目的、无计划的生活。以生活来引领生活,就是用进步的生活、现代的生活来影响、引导落后的生活,使生活与生活相磨擦,从而提升生活的品质和质量。生活教育教人向前、向上、向好的方面变化。可见生活教育本身即是道德教育。生活即教育这一命题本身就意味着道德教育,德育与生活之间是一而二、二而一的关系。

生活教育的要旨是教人做人,而道德又是做人的根本。所以,德育是"生活即教育"这一命题的要义。陶行知深刻体会到道德为本、智勇为用,认识到"德操"、"心志"之于人的重要意义。他说："德也者，所以使吾人身体揆于中道，智识不致偏倚者也。身体揆于中道，而后乃能行其学识，以造人我之幸福；学识不致偏倚，而后乃能指挥身体，以负天降之大任。道德不立，智勇乃乖。"[3] 后来他又说，近世所倡的自动主义含义之一是"德育注重自治"。自治就是人之为人的自理与自立，也就是陶行知在育才学校时提出的"自我教育"与"筑造人格长城"。他在《每天四问》一文中又说：道德是做人的根本。根本一坏，纵然使你有一些学问和本领，也无甚用处。智勇是工具，是"用"，道德才是根本，是"体"。所以，生活之本是做人，道德教育教人做人，生活德育是生活教育之要义。

二、生活德育的过程

陶行知在《育才学校教育纲要草案》中提出"育才学校的教育过程"，其基本精神是在"行"上即在"做"中教与学，即一般"教学做"过程；教学做合一，是生活法，是教育法，是生活德育法，但它不是具体的方法，而是形而上的方法。在此将教学做合一视为生活德育的过程，这一过程主要包括在自治中学习自治，在民主生活中学习民主，在自动中培养自动力。

在自治中学习自治。受过西洋文化洗礼的陶行知十分重视学生自治问题，在他看来，学生自治与团体自治相通。学生指全校的同学，有团体的意思；自治指自己管理自己，有自己立法、执法、司法的意思；学生还在求学时期，因此学生自治与别的自治有不同之处，即它有一种练习自治的意思。概而言之，学生自治就是学生结起团体来，大家学习自己管理自己的程序；从学校方面来说，就是为学生提供种种机会，使学生能够组织起来，养成其自己管理自己的能力。由此而知，学生自治不是自由行动，而是共同治理；不是取消规则，而是大家立法守法；不是放任，不是和学校宣布独立，而是锻炼自治、自理、自立的能力。

以陶行知之见，要养成学生自治的能力，学校首先须树立学生是生活主人的观念。办学的人为学生做的事愈多，愈是害学生，"因为为人，随便怎样精细周到，总不如人之自为"[4]。其次，学校应"划出一部分事体出来，让学生自己治理，大家既然都有切肤的关系，所定的办法，容或更能合乎实在情形了"[5]。再次，须有学生自治的组织体系。育才学校的最高权力机关"校务委员会"，下设"指导"与"自治"两体系，自治体系由学生组成，包括校学生自治会、校学生生活委员会、组学生生活委员会、学生自治小组四个层次。《育才学校公约草案》第九条规定：育才学校的自治体系在运用学生的集体与组织的力量训练学生的自治能力。

在民主生活中学习民主。学生要成为过民主生活的人，最需要的是学校发扬民主。他说："民主的时代已经来到。民主是一种新的生活方式。我们对于民主的生活还不习惯。但春天已来，我们必须脱去棉衣，穿上春装。我们必须在民主的新生活中学习民主。"[6]专制生活可以培养奴才和奴隶但不能培养人民做主人，而"民主教育是教人做主人，做自己的主人，做国家的主人，做世界的主人"[7]。怎样实现在民主生活中学习民主？在陶行知看来，首先，要有自觉的纪律。他说："民主生活并非乱杂得没有纪律。民主要有自觉的纪律，人民只可以在民主的自觉纪律中学习做主人翁"[8]，"民主不是绝对的自由。民主有民主的纪律，与专制纪律不同。专制纪律是盲从。民主纪律是自觉的集体的，不但要人服从纪律，还要人懂得为什么"[9]。其次，学校应是"民主的温床"。学生有自治的权利和义务、事体和机会，并有制度和组织保障。再次，要有民主的校长和教师以及民主教育的课程和方法。

在自动上培养自动力。他说："生活、工作、学习倘使都能自动，则教育之收效定能事半功倍。所以我们特别注意自动力之培养，使它贯彻于全部的生活工作学习之中。自动是自觉的行动，而不是自发的行动。自发的行动是自然而然的原始行动，可以不学而能。自觉的行动，需要适当的培养而后可以实现。故自动不与培养对立"，相反地，"自动"有待于正确的培养。只有在自动上培养自动，才是正确的培养[10]。所以，陶行知提出育才学校的根本方针是"在自动上培养自动力"。

三、生活德育的方式

陶行知生活德育总的办法是在生活中并通过生活进行德育，其指导思想是"顺性利导"、"随事寓教"、"潜移默化",具体表现在运用启发、实行(实际行动)、熏染、自省等方式上。

启发。陶行知认为,教育的方法首重启发思想[11]。启发法旨在启发自知之明,引发独立思想。他利用"四块糖果"进行的教育就是运用启发法,启发学生的自知之明,从而收到德育之效。

一天,陶行知在校园看到学生王友用泥块砸自己班上的同学,当即便喝止了他,并让他放学后到校长办公室来一趟。大家都以为陶行知是要好好"教育"一下这个学生。

放学后,陶行知回到校长室,发现王友已经等在门口准备接受"惩罚"了。陶行知却掏出一块糖果送给王友,并说:"这是奖给你的,因为你按时来到这里,而我却迟到了。"王友惊疑地接过糖果。随后,陶行知又掏出一块糖果放到他手里,说:"这第二块糖果也是奖给你的,因为我不让你再打人时,你立即就住手了,这说明你很尊重我,我应该奖你。"王友更惊疑了,他眼睛睁得大大的。

陶行知又掏出第三块糖果塞到王友手里,说:"我调查过了,你用泥块砸那些男生,是因为他们不守游戏规则,欺负女生;你砸他们,说明你很正直善良,且有批评不良行为的勇气,应该奖励你啊!"王友感动极了,他流着眼泪后悔地喊道:"陶……陶校长你打我两下吧!我砸的不是坏人,而是自己的同学啊……"

陶行知满意地笑了,他随即掏出第四块糖果递给王友,说:"为你正确地认识错误,我再奖给你一块糖果,只可惜我只有这一块糖果了。我的糖果没有了,我看我们的谈话也该结束了吧!"说完,他就走出了校长室,而那个叫王友的学生以后再也没用泥块砸学生了。

这则教育故事体现了陶行知教育的辩证法,错中有对之处,消极的行为含有积极的因素,用奖励积极因素的办法促使学生领悟到错误之处,给学生以巨大的触动,从而收到好的教育效果。在一定意义上,赏识能激发一个人的上进心和主体能量。

实行。即实际行动。学生是道德行动的主体,道德教育须重视"实行"。育才学校有"五路探讨"：体验、看书、求师、访友、思考。此"五路"是根据"行是知之始"及自动的原则安排的。作为修养方法，它与《中庸》所倡导的修养方法——博学、审问、慎思、明辨、笃行之程序相反。陶行知说，体验相当于笃行；看书、求师、访友相当于博学；思考相当于审问、慎思、明辨。这就把传统的道理颠倒过来。"体验"即笃行，是根本，是第一位。行是知之始；行动是思想的母亲。陶行知指出，"修身伦理一类的学问，最应注意的，在乎实行。但是现今学校中所通行的修身伦理，很少实行的机会；即或有之，亦不过练习仪式而已。所以嘴里讲道德，耳朵听道德，而所行所为却不能合乎道德的标准，无形无影当中，把道德与行为分而为二。若想除去这种弊端，非给学生种种机会，练习道德的行为不可"[12]。

熏染。熏染即陶冶。陶行知有着深厚的传统文化修养和西学素养，深谙渐习、熏染和潜移默化之道。这体现在他的德育思想和德育实践中就是陶冶教育，即爱的陶冶、环境陶冶和艺术陶冶。①爱的陶冶。这是对学生的感化教育。陶行知认为人格要互相感化，习惯要互相锻炼。先生应感化学生、锻炼学生。他奉劝办学同志：待学生如亲子弟。在他看来，师爱与教育是二而一的关系："教育是教人化人。化人者也为人所化。教育总是互相感化。互相感化，便是互相改造"[13]，"真教育是心心相印的活动。唯独从心里发出来的，才能打到心的深处"[14]。陶行知的一生就是与儿童工作联系在一起的，真正体现了"捧着一颗心来，不带半根草去"的爱心精神。②环境陶冶。陶行知在办晓庄和育才学校时均重视校址的选择：晓庄学校位于南京郊外老山山麓；育才学校之所在更是透着山水之灵气和历史之意蕴，著名史学家翦伯赞在《记古圣寺》一文中称赞道："象这样幽静而美丽的地方，真是不可多得。"[15] 这些均体现了陶行知在选择校址上的匠心。学校人文环境和精神环境是陶行知更为重视的。在校容建设中，育才学校重视建设"艺术化的校容"，"整个的环境表示出艺术的精神，使形式与内容一致起来"[16]。陶行知还特别重视校风建设，关注教师的教风和学生的学风。③艺术陶冶。陶行知十分重视艺术的陶冶作用。在晓庄时，陶行知成立了"晓庄剧社"，他"深信戏剧有唤醒农民的力量。从心头滴下来的眼泪是能感动人的"[17]。育才学校更是重视艺术感化作用，专门设置了音乐、戏剧、文学、社会、自然、绘画等兴趣组和特修课。这固然是为培养有特殊才能之幼苗而专设，同时也是对全校学生进行的陶冶教育。育才师生经常为当地群众和到重庆举办画展、音乐会、戏剧演出。这些活动既使育才儿童的艺术才能得到了锻炼和表现的机会，又使他们在艺术实践中受到了教育，增长了社会阅历。

自省。即在教育者指导下受教育者的自我教育。按照陶行知的教育理想，育才学校要养成儿童之自我教育精神，着重自我批评。因为自我批评是发展民主的有效手段，是促进儿童自觉性的利器。所以，陶行知要求学生除跟教师学外，还跟伙伴学，跟民众学，走向图书馆去学，走向社会与自然界去学，一面要积极参加集体生活，一面又要冷静地思考问题。以陶行知之见，要培养儿童自我教育精神，学校应给予儿童充足的自由支配的时间，以便儿童自由活动和独立思考一些问题。陶行知还要求学生"每天四问"，作为进德修业的参考。方与严说："'每天四问'，是我们每天做人做事的警钟，也是一切有血性有志气有正义感的人，做人做事的宝筏，能把我们的人生渡上更高境界的宝筏。"[18]

四、结语

现代学校的全部注意力，都集中于向学生的头脑灌输更多的关于周围世界的知识、更多的科学真理和道德准则。学生认识了许多事物，了解了许多知识，但是他并不认识和了解自己[19]。知识仅仅是生活德育的手段，用以帮助学生从理性上认识"生活"，再从理论到行动，获得道德体验，便会在心理上固化"生活"，形成道德信念。若知识作为手段变成了目的，德育也就会异化。目前，尽管学校德育学科课程有很大的变革，如原来的"思想品德课"改为"品德与生活"、"品德与社会"等，虽然从德育课程理念到目标、内容甚至形式，都有较大的变革，可谓革故鼎新，但德育课堂仍然换汤不换药，新瓶装旧酒，德育局限于课堂现象仍很普遍，师生流于知识授受形式依然如故，教学围绕课本现象不见改观。我们从陶行知生活德育思想与实践中或许会得到一些有益的启示。

德育注重教学做合一，已经成为有识之士的共识。在实际行动中，人与人之间便发生了直接的道德关系，包含着道德的教与学。在爱中才能学会爱，在关心中才能学会关心，在履行责任中才能学会负责，在生活中学会做人，道德的教学做是合一的。美国卡内基基金会在20世纪90年代中提请学校注意：一个人的公民义务责任感不是从天上掉下来的。只有采取正义的行动，我们才能成为正直的人；只有采取稳定的行动，我们才能成为稳健的人；只有采取勇敢的行动，我们才能成为勇敢的人[20]。陶行知生活德育所注重的"在自治中学习自治"，"在民主生活中学习民主"，"在自动上培养自动力"已成了德育公理。

参考文献：

[1]陶行知.生活教育[M]//华中师范学院教育科学研究所.陶行知全集：第2卷.长沙：湖南教育出版社，1985：633.

[2]陶行知.生活教育之特质[M]//华中师范学院教育科学研究所.陶行知全集：第3卷.长沙：湖南教育出版社，1985：27.

[3]陶行知.为考试事敬告全国学子[M]//华中师范学院教育科学研究所.陶行知全集：第1卷.长沙：湖南教育出版社，1984：21.

[4]陶行知.学生自治问题之研究[M]//华中师范学院教育科学研究所.陶行知全集：第1卷.长沙：湖南教育出版社，1984：135.

[5]陶行知.学生自治问题之研究[M]//华中师范学院教育科学研究所.陶行知全集：第1卷.长沙：湖南教育出版社，1984：135.

[6]陶行知.领导者再教育[M]//华中师范学院教育科学研究所.陶行知全集：第3卷.长沙：湖南教育出版社，1985：597.

[7]陶行知.民主教育[M]//华中师范学院教育科学研究所.陶行知全集：第3卷.长沙：湖南教育出版社，1985：569.

[8]陶行知.创造的儿童教育[M]//华中师范学院教育科学研究所.陶行知全集：第3卷.长沙：湖南教育出版社，1985：529.

[9]陶行知.创造的儿童教育[M]//华中师范学院教育科学研究所.陶行知全集：第3卷.长沙：湖南教育出版社，1985：529.

[10]陶行知.育才二周岁前夜[M]//华中师范学院教育科学研究所.陶行知全集：第2卷.长沙：湖南教育出版社，1985：445.

[11]陶行知.美国活动教授之一段[M]//华中师范学院教育科学研究所.陶行知全集:第1卷.长沙:湖南教育出版社,1984:98.

[12]陶行知.学生自治问题之研究[M]//华中师范学院教育科学研究所.陶行知全集:第1卷.长沙:湖南教育出版社,1984:134.

[13]陶行知.地方教育与乡村改造[M]//华中师范学院教育科学研究所.陶行知全集:第2卷.长沙:湖南教育出版社,1985:128.

[14]陶行知.第二年的晓庄[M]//华中师范学院教育科学研究所.陶行知全集:第2卷.长沙:湖南教育出版社,1985:134.

[15]安徽省陶行知教育思想研究会.陶行知一生[M].长沙:湖南教育出版社,1984:293.

[16]陶行知.育才二周岁前夜[M]//华中师范学院教育科学研究所.陶行知全集:第3卷.长沙:湖南教育出版社,1985:442.

[17]陶行知.第二年的晓庄[M]//华中师范学院教育科学研究所.陶行知全集:第2卷.长沙:湖南教育出版社,1985:133.

[18]陶行知.每天四问[M]//华中师范学院教育科学研究所.陶行知全集:第3卷.长沙:湖南教育出版社,1985:473.

[19]苏霍姆林斯基.给教师的建议[M].北京:教育科学出版社,1984:339.

[20]夏人青.强化人文教育 培养时代新人——对国外高等教育改革一大趋势的分析[J].外国教育研究,2002(04):32-35.

（原载于合肥工业大学出版社2009年出版、徐明聪主编的《陶行知德育思想》第192—200页。收入本书时有改动）

附录二

高等教育的生活哲学新探

摘　要：生活哲学之于高等教育，具有积极的理论意义与实践价值。相对于科学主义的高等教育，生活哲学观的高等教育彰显实践的、生成的、现实的人的本性，其秉持重创造、过程、个性、差异的生成性思维方式，能激发每一个人固有的生命活力，培养合理的人生。

关键词：生活哲学；高等教育；生成性思维

基于认识论和政治论高等教育哲学这种分类的缺失，我国高等教育学者从不同维度提出诸多的高等教育哲学观。对于这些哲学观，本文不予置评，只拟从生活哲学的视角，以科学主义高等教育哲学为靶子，提出一种高等教育哲学。

一、生活哲学与科学主义哲学之异义

（一）生活即是人的自我生成之过程

生活哲学首先要回答：何为生活？陶行知将生活界定为：有生命的东西，在一个环境里生生不已，就是生活[1]。生命的生生不已就是生命"通过摄取和排泄来实现的新陈代谢，是一种自我完成的过程"[2]。就人言之，生活就是人与环境之间相互作用而产生的新陈代谢和自我更新现象，或曰，生活就是人生，就是人的自我生成之过程[3]。人的生活，作为人的自

我生成过程，又是经由人的对象性活动而实现的。赫勒认为，在生活中，"个人以多种形式使自身对象化。他通过塑造他的世界（他的直接环境）而塑造自身"，"当我把我的世界传递给他人，我是在表达自己对这一世界的体验；当我"传播"我的世界时，我同时也在使曾经占有这个世界的我对象化"[4]。这就是作为主体的社会的人的对象性活动。

人的生活乃是人之于环境的关系性建构，即人的对象性活动，人的感性活动，人的革命的实践。这样，人就并非唯"物"或唯"事物"的人（旧唯物主义的"人"），亦非唯"心"或唯"精神"的人（唯心主义的"人"）。生活哲学观照的人乃人之精神与物质交互作用而建构的实践的人、现实的人、生成的人。这是一种具体的人，具体的社会关系中的人，而不是抽象的人。马克思说，人是"对象性的、感性的存在物"[5]，即是说，人是对象性关系中的具体的人。人的一生正是通过这种对象性的感性的活动，通过革命的实践，通过作为教育的生活（life as education），而持续地自我建构、自我生成。陶行知曾言："有吃饭的生活，便有吃饭的教育；有穿衣的生活，便有穿衣的教育；有男女的生活，便有男女的教育。"过什么生活便是受什么教育，过科学的生活便是受科学的教育，过劳动的生活便是受劳动的教育，过艺术的生活便是受艺术的教育，过社会革命的生活便是受社会革命的教育[6]。所以，生活即教育，这种教育"与生俱来，与生同去。出世便是破蒙，进棺材才算毕业"[7]。人的现实生活过程具有教育作用，亦是人之自我建构、自我生成。人在生活中，亦在教育中，生活意味着教育，意味着人的自我生成、自我生长。

（二）生活世界观与科学主义世界观大异其趣

生活哲学的世界观是"生活世界观"，它是相对于科学主义的世界观（即科学世界观）而言的。近代哲学的世界观是一种科学主义的世界观。它是牛顿力学所描绘的自然观的哲学化，是一种天人二致、主客两分的世界观。此种世界观把世界看作与人无关的、本质既定的、独立自存的、自我封闭的、只有线条而无色彩的实体性存在。这样一种世界观由于难以说明主客体的统一，易于导向人与自然的相互奴役，而被现代哲学所摒弃。马克思从来不谈论与人无关的自然、世界或存在，而只讲人的现实世界。而人的现实世界无非是他们的实际生活过程[8]。

生活世界观是一种生成性思维。世界观本身即是"观"世界，包含观世界什么，怎么样观世界，等等。生成性思维重创造、过程、个性、差异。近代科学世界观是本质主义思维。此种思维认定任何事物都有其先天的恒定本质，不论事物如何发展，事物的本质都不会改变。这样，人便是客观世界之外的渺小的旁观者，是自然的仆役，它必须顺从自然。而顺从的前提是认识自然，认识事物的本质。这种本质主义思维把人之外、之上或之后的异世（科学世界、理念世界）或超世（神学世界）作为世界的本质或本质的世界，并用彼岸世界来解释人生活于其中的周围世界、此岸世界。相反，生活世界观则不承认异世或超世的存在，它认为只有人生活于其中的现世，并从现世即人自身或人的生活出发来解释人、世界以及异世或超世的产生[9]。简而言之，本质主义思维是一种"岸上学游泳"的思维方式，而生成性思维则是一种"水中学游泳"的思维方式，其表征的是天人合一式的心路历程，即对象的人化和人的对象化，二者皆要经由生活实践和生活体验路径，是属于同一过程的不同思维运作。

二、科学主义高等教育哲学之现实偏差

现代高等教育所面临的诸多问题，从根本上说就是因为科学主义高等教育哲学的偏差所致。

（一）高等教育的效率主义疏于人的生活

科学主义高等教育哲学只重视效果、效率及社会效益，而并未将人、人生、人的生活考虑在内。正如学者葛剑雄所批评的：大学在招聘或录取研究生时"就看是否名校，是否985、211大学。同样是这些学校的毕业生，还要拼其他条件，成绩积点、竞赛、实习、社团、证照，甚至户籍、相貌、家庭条件、社会关系，多多益善"[10]。在这些"多多益善"的条件面前，人还是一个整个的人吗？学生如此，教师何尝不是！大学教师既要有教学工作分满足教学工作量，又要有科研工作分，还要有社会服务工作；既要发表论文、论著，又要跑课题，争项目，拼奖项，以应付针对教师的

名目繁多的考核。套用中小学生的话"分分分，学生的命根；考考考，老师的法宝"，大学教师现如今是"分分分，老师的命根；考考考，领导的法宝"。大学人，实实在在地"碎片化"、"命分化"了，成了陶行知所批评的"不完全、命分式的人"，遑论"做一个整个的人"[11]、"培养合理的人生"[12]。

（二）高等教育的工具主义致使大学异化和错位

科学主义教育哲学过于偏重实用型功利性知识，导致学校发生异化与错位。在2013年10月10日由中国科学技术大学承办的"一流大学建设系列研讨会"上，中国首批"985"大学（C9或九校联盟）校长或校长代表与美国大学联盟（AAU）、欧洲研究型大学联盟（LERU）、澳大利亚八校联盟（G08）的负责人，共同签署的《合肥宣言》正确地指出，近现代社会，越来越把大学当成工具，与培养现代经济运作所需的知识和技能捆绑在一起，与支持国家发展的科研活动捆绑在一起。这种工具主义方法贬低了、甚至放弃了大学的深层能量和无形产出，而政府和社会大众从大学获得的利益，大部分正是来自他们的深层能量和无形产出。倘若国内和国际政策环境持续强调短期临时性利益，忽视长期性发展，强调现存已知性，忽视探索求知性，侧重狭窄性，而忽略广博性，那么，各国的大学都将面临丧失影响力的风险[13]。大学被当成工具而趋于世俗化、庸俗化，学术的资本化而疏于其追求真理和智力冒险的本体意义，以致丧失其作为一种生活方式的特质和探微知著与创生（创造性生成）的美，最终损害原始性的创新。

（三）高等教育的专业主义造成人格分裂、人生乏味

科学主义高等教育哲学过于专业化，而使人才培养趋于实用化、就业导向式，以致于人的分裂和人生的乏味。过分专业化、单纯强调专业知识灌注与专业技能训练的大学，其"教育青年人的方式，对于青年人的训练，人们接收的大量信息——这一切都有助于人格的分裂"。具体表现为，为了训练的目的，人的理智认识被分割得支离破碎，而其他方面被遗忘，被忽视；为了专门化需要，对青年人应该进行的充分而全面的培养被弄得残缺不全；过高估计提高技术才能的重要性而损害了其他更有人性的品

质[14]。爱因斯坦曾警告世人："用专业知识教育人是不够的。通过专业教育，他可以成为一种有用的机器，但是不能成为一个和谐发展的人。要使学生对价值有所理解并且产生热诚的感情，那是最基本的。他必须获得对美和道德上的善有鲜明的辨别力。否则，他——连同他的专业知识——就更像一只受过很好训练的狗，而不像是一个和谐发展的人。"[15]专业主义的高等教育的全部注意力，都集中于向学生的头脑灌输更多的关于周围世界的知识、更多的科学真理和道德准则。学生认识了许多事物，了解了许多知识，但是他并不认识和了解自己[16]。

三、生活哲学观的高等教育之价值与使命

（一）生活哲学的生活世界观及其生成性思维方式与高等教育"独立之精神、自由之思想"特质具有内在的契合性

学术大师陈寅恪所追求的自由思想、独立精神即是一种创生品格——创造性的生成性品格："唯此独立之精神，自由之思想，历千万祀与天壤而同久，共三光而永光。……思想而不自由，毋宁死耳。……我要请的人，要带的徒弟都要有自由思想、独立精神。不是这样，即不是我的学生。"[17]牛津导师的"喷烟"活动体现的即是一种生成式教育理念：对大学生真正有价值的东西，是他周围的生活和环境。一切他真正学到的东西，从某种意义上说，是靠他自己的智力积极活动，不是作为被动的听讲者而学到的[18]。正如著名经济学家、教育家王亚南所说的："真正的大学教育，并不是要大家到学校里来，张着口，让老师像'填鸭'般地灌进一些在他认为'营养'的东西。而是要大家在就学期间，利用学校的人的、物的环境，利用一切可能的机会，自己去寻觅'食物'，自己去消化。自己找来的东西，自己消化了的东西，往往是最有益于自己身体的。"[19]这又离不开大学"老一辈人"的参与、扶持与帮助。正如怀特海所言，大学是青年人和老一辈人共同参与的探险活动的家园，其教育是训练对于生活的探险，研究则是智力的探险[20]。大学之所以存在，主要原因并不在于仅仅向学生们传授知识，也不在于仅仅向教师们提供研究的机会，而在于它使青年人和老一辈

人融为一体，对学术进行充满想象力的探索，从而在知识和追求生命的热情之间架起桥梁。这种充满想象力的探索会产生令人兴奋的环境氛围，知识会在这种环境氛围中发生变化。青年人富于想象力，而大学的任务正在于将想象力与经验融为一体，从而加强青年人的想象力，并使这种想象的活力保持终生[21]。

（二）生活哲学观的高等教育彰显实践的、生成的、现实的人的本性

生活哲学，不仅批判哲学领域的庸俗主义，更是对整个社会生活领域所发起的庸俗化的抗争，是试图把人从唯"物"主义的泥潭中拯救出来的一种努力[22]。生活世界观的高等教育将人作为实践主体，意味着人学的转向，人之本性探究的转型。这正暗合了学者张应强对高等教育的定性：高等教育是"属人"的教育，而不是"唯物"的教育，是"人性"的教育，而不是"人力"的教育。这就是"以塑造完美人格为核心的高等教育哲学"。即高等教育把"人"作为现代化的主体和主题，造就现代化的人——具有主体意识、批判精神和创新能力的实践主体[23]。陶行知在谈到"生活教育现代化"时说过："做一个现代人必须取得现代的知识，学会现代的技能，感觉现代的问题，并以现代的方法发挥我们的力量。时代是继续不断地前进，我们必得参加在现代生活里面，与时代俱进，才能做一个长久的现代人。"[24]培育现代人，造就整个的人，培养合理的人生，过现代生活，这是生活哲学观的高等教育的重大使命。

（三）生活哲学观的高等教育帮助青年人成为他自己

这种高等教育让青年人清楚地了解过去，直面现实，并清楚地认识人类的久长，深深地意识到地球的渺小，意识到人类个体生活之短暂，与此同时，还让青年人从内心感到个人能够达到的那种伟大，认识到尚有不知的东西。这种人能够"真切地认识自己、生命和世界"，其心灵反映着世界，也和世界一样伟大。这种人具备了伟大的灵魂，他"会敞开心胸，让宇宙间每一处的风自由吹入"[25]。这种教育引导学生形成人与人之间的良好关系以及"对别人和对集体的适当关系"，指导学生理解人们的动机、幻想

和疾苦，并教导他们了解和热爱世间万物——男女老幼、飞禽走兽、树木花草、日月星辰。这样，学生就会逐渐养成一种与人同甘共苦、同舟共济的良好品质和体谅关心他人的情怀。这样的人就能在力所能及的范围内尽量满足他人的愿望和需要，"建立人与人之间和谐美好的关系"[26]。

（四）生活哲学观的高等教育绝非仅仅为生活做准备，它本身就是生活

"当初，为了'准备生活'而进入学院和大学的学生现在发现学院和大学本身就是生活，它们不再是一首插曲，而是成了主旋律。"[27]2009年世界高等教育大会公告提出"高等教育的社会责任"之一，是"高等教育绝非仅仅为了应对现实和未来世界的需要而传递纯粹的技能，更要承担起引导人们致力于构筑和平、捍卫人类权利和实现民主价值等公民道德教育的责任"[28]。哈佛大学前校长德里克·博克也表达了同样的见解，"重要的是向本科学生灌输公民责任和义务感，使他们以后把他们的才干用于处理主要的社会问题"。因此哈佛在大学教育的生活实践方面卓有建树。在哈佛，50％以上的本科生在校期间拿出一定时间辅导贫穷儿童，担任为无家可归人办的中心的工作人员，访问老年人住户，或为某种社会机构工作。这些本科生精力旺盛，才智也很出色。……社区服务计划能够帮助穷人，同时有助于本科学生理解那些生活环境和自己极不相同的人的感情和问题。社区服务计划最好的效果是，学生参加了这些活动，将会增长见识，树立助人为乐的思想，成年以后，他们会坚持下去，为社会做出贡献。如果在学校没有参加这种活动，可能不会树立这种思想[29]。这样的高等教育不是仅仅满足于贴近生活、贴近实际，而是活生生的实际生活，是学生对象性的生活实践。

参考文献：

[1]陶行知.生活教育[M]//华中师范学院教育科学研究所.陶行知全集：第2卷.长沙：湖南教育出版社，1985：180.

[2]恩格斯.反杜林论[M]//中共中央马克思恩格斯列宁斯大林著作编译局.马克思恩格斯选集：第3卷.北京：人民教育出版社，1972：121.

[3]李文阁.生活哲学:一种哲学观[J].现代哲学,2002(3):7-16.

[4]陈学明,等.让日常生活成为艺术品——列菲伏尔、赫勒论日常生活[M].昆明:云南人民出版社,1998:127.

[5]马克思.1844年经济学哲学手稿[M].中共中央马克思恩格斯列宁斯大林著作编译局,译.北京:人民出版社,2000:107.

[6]陶行知.教学做合一下之教科书[M]//华中师范学院教育科学研究所.陶行知全集:第2卷.长沙:湖南教育出版社,1985:288.

[7]陶行知.生活教育[M]//华中师范学院教育科学研究所.陶行知全集:第2卷.长沙:湖南教育出版社,1985:634-635.

[8]李文阁,于召平.生活世界:人的自我生成之域[J].求是学刊,2000,(27)5:151-158.

[9]李文阁,于召平.生活世界:人的自我生成之域[J].求是学刊,2000,(27)5:151-158.

[10]葛剑雄.中国的教育问题?教育的中国问题?[N].光明日报,2014-01-06(16).

[11]陶行知.学做一个人[M]//华中师范学院教育科学研究所.陶行知全集:第1卷.长沙:湖南教育出版社,1984:594.

[12]陶行知.古庙敲钟录[M]//华中师范学院教育科学研究所.陶行知全集:第2卷.长沙:湖南教育出版社,1985:568.

[13]中国科学技术大学新闻中心.中国科学技术大学新闻辑刊(2013)[M].合肥:中国科学技术大学出版社,2014:26.

[14]联合国教科文组织国际教育发展委员会.学会生存——教育世界的今天和明天[M].华东师范大学比较教育研究所,译.北京:教育科学出版社,1996:193-194.

[15]爱因斯坦.培养独立思考的教育[M]//爱因斯坦文集:第三卷.许良英,赵中立,张宣三,编译.北京:商务印书馆,1979:310.

[16]苏霍姆林斯基.给教师的建议[M].杜殿坤,译.北京:教育科学出版社,1984:339.

[17]陈寅恪.讲义及杂稿[M].北京:生活·读书·新知三联书店,2002:463-464.

[18]裘克安.牛津大学[M].长沙:湖南教育出版社,1986:87.

[19]王岱平,蒋夷牧.王亚南与教育[M].福州:福建教育出版社,1981:148.

[20]怀特海.教育的目的[M].徐汝舟,译.北京:生活·读书·新知三联书店,2002:146.

[21]怀特海.教育的目的[M].徐汝舟,译.北京:生活·读书·新知三联书店,2002:137-138.

[22]李文阁.我为什么要提出"生活哲学"这个概念?[J].长白学刊,2007(1):9-13.

[23]张应强.高等教育现代化的反思与建构[M].哈尔滨:黑龙江教育出版社,2000:7.

[24]陶行知.攻破普及教育之难关[M]//华中师范学院教育科学研究所.陶行知全集:第2卷.长沙:湖南教育出版社,1985:782.

[25]罗素.走向幸福[M].王雨,等译.北京:中国社会出版社,1997:167-168.

[26]海伦·杜卡斯,巴纳希·霍夫曼.爱因斯坦谈人生[M].高志凯,译.北京:世界知识出版社,1984:31-33.

[27]布鲁贝克.高等教育哲学[M].王承绪,等译.杭州:浙江教育出版社,1998:21.

[28]联合国教科文组织.社会变革与高等教育发展新动力[J].赵叶珠,等译.中国高等教育,2009(17):58-61.

[29]博克.美国高等教育[M].乔佳义,编译.北京:北京师范学院出版社,1991:139-140.

（原载于《现代大学教育》,2014年第4期,第8—11页。收入本书时有改动）

后　记

本书写写停停，停停写写，已有十多年时间。当初作为一个计划开列的著作直到今天才付梓，也算是对当初的该计划的一个交代。这里不能不说起我对陶行知研究的缘起。缘起者，因缘而起也。因何缘而起陶行知研究？

此缘之一：大学毕业后留校做教学工作，方向是中国教育思想史（中国古代教育文选），因此对此方面的图书尤感兴趣。1987年12月27日（《陶行知全集》购回后在每册书扉页上所记的日期）当时的芜湖市图书馆（今已不复存，另觅新址）于门前小广场上正在降价处理一批图书，其中就有湖南教育出版社出版的《陶行知全集》，看到后欣喜若狂，当即购回。偶尔也翻一翻，只是看看而已，还谈不上研究。大概是在1994年，因一直担任"德育原理"课程主讲教授的肖先绪先生退休，因此我被安排来主讲该门课程。虽然有上此门课程之条件（那时已是硕士、讲师），教"公共教育学"课程亦有若干年，但我的研究方向并非道德教育。因此接手后甚觉虚空，虚是因为己之无所有，空是由于教材之玄空。于是便展读陶老夫子的思想和实践成果《陶行知全集》，希冀从中汲取有益养料，充实于课堂教学内容之中。从此走上学习、借鉴与研究陶行知教育思想之路。本书附录所选两篇文章，是学习与思考陶行知教育思想的成果。附录一文章收录于徐明聪主编的《陶行知德育思想》一书之中，其基本观点如摘要，作为附录的目的主要是自我反思，即不能将陶行知德育理论看作一个固化的德育模式，不能视之为生活德育；附录二是在陶行知生活教育理论基础上提炼出来的高等教育之生活哲学观点，认为生活哲学之于高等教育，具有积极的理论意义与实践价值。相对于科学主义的高等教育，生活哲学观的高等教育彰显实践的、生成的、现实的人的本性，其秉持重创造、过程、个性、差异的生成性思维方式，能激发每一个人固有的生命活力。

此缘之二：安徽师范大学具有陶研的优良传统。老一辈专家如柳之榘、晋启生、杨克贵、钱广荣等先生播撒陶研种子，并薪火相传，陶研在安徽师范大学蔚为风气，除了学校层面的陶研中心，还曾成立大学生陶行知教育思想研究会。至20世纪90年代和21世纪初，在历史意识淡漠的大背景下，陶行知研究也呈式微之态。但是历史是不能忘记的，因此我们于2007年5月成立安徽师范大学陶行知教育思想研究中心这一校级科研机构，希冀接续陶研事业。又因烦琐的管理等因素，我们于2016年终止其作为校级科研机构建制，改为教育科学研究所下设的二级机构。在这前后十年时间里，得到诸多领导和专家的关心和支持。值得一提的是，著名陶研专家、安徽师范大学原教育系主任、安徽省陶研会副会长杨克贵教授，为了陶研事业，发挥余热，不吝赐教，尽力竭虑，包括无偿提供一些陶研资料，谋划陶研中心运作，传布陶研最新信息，等等，真正体现"捧着一颗心来，不带半根草去"的精神。

此缘之三：中国哲学界在20世纪末21世纪初兴起生活哲学之研究，使我有缘将之与陶行知生活教育理论做一比较和联结，径直称生活教育、生活主义即生活哲学。陶行知虽没有德育哲学一说，但是哲学、学校哲学、教育哲学等术语屡见于其著作、文章和演讲之中。尤其是陶行知之于德育的形上之思，在我看来，具有哲学意味，故而原打算的《陶行知德育思想》书名，改为《陶行知的德育哲学》。我非哲学科班出身，也未受什么哲学培训班学习与培训，迄今仍不知哲学为何物，但是朦胧地感觉陶行知的教育，尤其德育之思中影影绰绰闪烁着其早年所崇奉的王阳明心学影子，尽管前者对"心"的理解与后者大相径庭。本想将陶行知有关"心"（包括诚、爱、真、觉——自觉觉人）的思考与论述贯穿于本书之始终，但由于才力所限，不免差强人意。

正值该书即将出版之际，特别感谢安徽师范大学教师教育协同创新中心执行主任阮成武教授以及安徽师范大学出版社编辑王一澜女士！

金维才

2018年9月12日